大方
sight

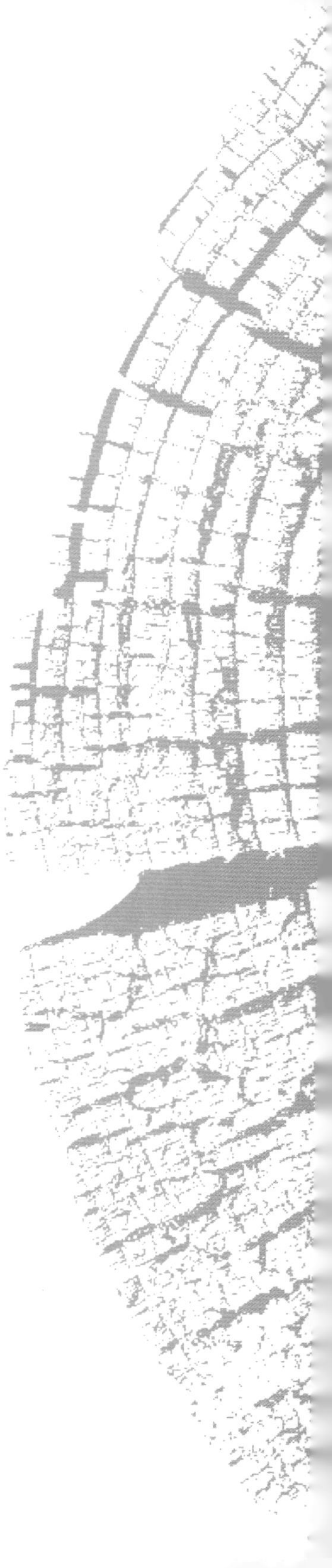

考古中国

15位考古学家说上下五千年

许宏 等著

中信出版集团 | 北京

致敬上下求索的中国考古人。

本书遗址根据考古发现时间排序，三星堆按惯例以 1929 年为发现时间，秦始皇帝陵以系统考古工作开始的 1962 年排序。

本书图片如无标注均为作者供图。

目录

总序

考古中国，唤回我们的文化记忆

许宏
中国社会科学院考古研究所研究员
中国社会科学院研究生院教授

何为考古？为何考古？

对于公众来说，考古这门“无用之学”是一门富于神秘感的学科。它的神秘，在于对未知过去的好奇。可以说，满足人类与生俱来的好奇心，就是它最基本也是最大的功用。在考古发掘中，你不知道下一分钟会有怎样的意外收获。考古是一门残酷的学问，新的发现在时时完善、订正甚至颠覆我们既有的认知。这恰恰是考古学最大的魅力所在。从这个意义上讲，尽管考古学是研究过去的学科，但是最不该有因循守旧的特质。

尽管考古学是研究过去的学科，但它又是一门全新的学问，是百年前才兴起的“舶来品”，属于近代兴起的广义的科学范畴。它不钻故纸堆，而是要“上穷碧落下黄泉，动手动脚找东西”，属于典型的田野派。

读到“考古学”（archaeology），国人马上会联想到宋代金石学家吕大临的《考古图》，这是“考古”二字最早的中文出处。但用“考古学”对译 archaeology 却是先行接受西方影响又熟谙中国古典文献的日本学界所为，之后，这个词又辗转回到中国，国人当然会有亲切感。

考古人是一群怀有野心的人，他们要通过物质遗存，去探究逝去的人类历史的方方面面。上限是上古的人类起源，下限则可限定为上一秒。除了近代产业考古，你还听说过西方的“垃圾考古学”吧？不看你的身份证，但如果让我们分析研究你三五天内产生的全部垃圾，我们会提交出一份关于你几乎全部生活信息的系统报告，包含你各方面的隐私。因而，考古学是一门打通古今的学科。我们像侦探，试图把支离破碎的材料，通过逻辑推理甚至想象力，尽可能地拼接，最大限度地迫近真实；我们也像是翻译，把无字“地书”解读为大家都能读懂的书。

考古是一门本源性的学科，它会源源不断地给其他学科乃至公众提供灵感和给养。考古学号称“文科中的理工科”，它具有交叉学科和综合性学科的特点，多学科合作是其最大的亮点和长处。“科技使考古插上了翅膀”，是我们最愿意说的一句充满自豪感的话。在本书正文的介绍中，多学科合作实践所带来的丰硕收获比比皆是。

“无用之用，方为大用”，除了丰富你的文化给养，这门“无用之学”还有安顿身心之功效，当我们的视野扩至数千年乃至数十万年，空间上鸟瞰全球乃至更远的星系，身边的小事当然就会被看淡，从而有一种释然旷达的感觉。如果对未来做个预测，那么考古学是否会成为最后才被人工智能所取代的行业之一？考古可以认为就是一种高级智力游戏，所以至少在可以预见的将来，我想它很难被所谓的高新 AI 技术所取代。

这就是我作为一个考古老兵对自己学科的一种良好的“自我感觉”。

影响中国历史的大遗址

说起来，考古是一门研究时空的学问。百年探索，我们已可以初步把握中国古代文明的时空分布和谱系脉络。

本书撷取了 15 处大遗址，请 14 位亲身参与考古工作的考古学家来细致讲解，这是一场饕餮盛宴。这里的“大遗址”，主要包括反映中国古代历史各个发展阶段涉及政治、宗教、军事、科技、工业、农业、建筑、交通、水利等方面的历史文化信息，具有规模宏大、价值重大、影响深远的大型聚落、城址、宫室、陵寝、墓葬等遗址、遗址群。[1]

有学者对这些“大遗址”的重大意义做了提炼：第一是认知中国文化之源的地位；第二是拥有探索中国国家文明起源的意义；第三是展现中华文明 5000 多年连续发展的最佳例证；第四是中国文化多样性的生动诠释；第五是对中国这样的文明古国、国土大国与文化大国的空间表达；第六是传统文化与现代文明交融共生、相互辉映的典型例证。[2] 本书推出的 15 处大遗址就从

1. 国家文物局：《“十一五”期间大遗址保护总体规划（2006）》。
2. 贺云翱：《“大遗址”事业展现了考古学的重大社会价值》，《大众考古》，2018 年第 8 期。

各个方面对上述历史意义做了生动的阐释。

空间分布

总体上看，广袤的东亚大陆像一把坐西北朝东南的大座椅，座椅的椅背由高原、山岭、戈壁、沙漠等自然屏障组成，这使得古代中国文化形成相对独立发展的特性。值得注意的是这种屏障作用的相对性，这种自然屏障并不是不可逾越的，从内亚[3]地区到东亚腹地的通道有很多。甚而，在500年前的大航海时代、200多年前的工业化时代到来之前，中国西北地区至大北方地区一直是古代中国改革与开放的前沿阵地。

这样一个相对封闭的地理空间，又可以看作是一个大盆地。盆地内的两大河流——黄河和长江都大体呈东西向，便于内部的沟通交流。号称“东亚大两河流域”的黄河流域和长江流域，其间又少有大的山脉等自然阻隔，华北和华中大平原实际上是连成一片的，从作为大平原北缘的燕山山脉到作为其南缘的南岭山脉，其间的直线距离在1500千米以上。秦汉时代之后，北至东北的三江平原，南至南海的广大区域都纳入了帝国的版图。这就是孕育出古代中国的大温床。

在大家熟知的中国地形图上，除了高耸的青藏高原外，巨大的中国版图基本上是由西北的黄色高原高地（第二阶梯）和东南的青绿色低地平原（第三阶梯）两大板块组成的。这两大自然地理板块的分野，也大致是两大人文板块的分野。著名地理学家胡焕庸在1935年就发现并提出从黑龙江的瑷珲（今黑河）到云南腾冲之间的连线，是我国现代人口分布的一条重要的地理分界线。这条“胡焕庸线”与第二、第三阶梯的分界线和400毫米等雨线大致吻合，其西北侧和东南侧，大致分布着6%左右和94%左右的人口。回望古代，这条线还是畜牧游牧和定居农耕、旱作农业和稻作农业（吃面和吃米）、空足的鬲和实足的鼎的大致分界线，这条线两侧的人口比例，在数千

3. 内亚一般指以蒙古高原为核心的亚洲腹地。（编者注）

年的时间里也应该是少有变化的。

“一方水土养一方人”，异彩纷呈的文化是人类对各具特色的自然环境适应的产物。从宏观的自然地理态势及由此生发的人文特征看，可以将古代中国先民赖以生存的东亚大陆大致分为三大板块，就本书涉及的遗存点而言，它们在各区的空间分布是：

中原及左近地区（7处）

包括现河南境内的渑池仰韶村、巩义双槐树遗址及其所代表的仰韶文化，洛阳二里头遗址及其所代表的二里头文化和安阳殷墟遗址及其所代表的殷墟文化；现陕西境内的西安阿房宫秦大型宫室遗址，临潼秦始皇帝陵，扶风唐法门寺地宫。

显然，地处第二、第三阶梯，以及两大人文板块交界处的中原地区，是最适合于定居农耕的区域之一，是中国古代文明发生、发展的腹心地区。以二里头文化为先导，中原中心最终形成于公元前1800年前后；此后，夏商周三代广域王权文明大放异彩，引领中国古代文明的潮流，形成东亚大陆最早的核心文化；接下来是最早的中央集权的帝国文明的形成与发展。

东南沿海与南方地区（5处）

包括现浙江境内的杭州良渚遗址及其所代表的良渚文化，慈溪唐、五代至北宋时期的后司岙窑址；现江西境内的南昌西汉海昏侯墓；现广东境内的广州南越王墓，阳江南海Ⅰ号南宋沉船遗存。

长江流域与黄河流域一道，并称为“东亚大两河流域”。这里在新石器时代晚期即出现了基于稻作农业的古国，后来成为汉帝国的南土，唐宋时代制瓷业大放异彩。南岭以南的东南沿海，在秦汉之后得以开发，宋代的广州和泉州更成为海上丝绸之路尤其是瓷器外销的起点，中国古代文化从这里走向世界。

半月形文化传播带上（3处）

包括现陕西境内的神木石峁遗址及其所代表的石峁文化、靖边明代清平堡遗址；现四川境内的广汉三星堆遗址及其所代表的三星堆文化。

“半月形文化传播带”的概念，出自我国著名考古学家、四川大学教授童恩正的笔下。他指出，从东北大兴安岭、内蒙古的阴山山脉、宁夏的贺兰山脉、青海东北部的祁连山脉，到四川西部通向云南西北部的横断山脉，这一北一南两列山脉及其邻近的高地，在地理上如同一双有力的臂膀，屏障着祖国的腹心地区——黄河中下游和长江中下游肥沃的平原和盆地；在文化上，这一地带则自有渊源，特色显著，构成了古代华夏文明的边缘地带[4]。

他用生态环境相似从而形成文化传播来解释这一地带出现的各种文化相似现象。指出这一边地半月形文化传播带的位置，恰好从两面环绕了黄河中游的黄土高原。其主要地貌为山地或高原，平均海拔 1000—3500 米。此外，太阳的平均年度辐射值大致相近，此地带的年平均温度相当接近，农作物及木本植物的生长期接近，降水量大致位于 400 毫米及 600 毫米两条等雨线之间，是一种基本上由高原灌丛与草原组成的地带。这条传播带上分布着汉藏语系、阿尔泰语系的各族群，是中国与欧亚大陆中西部文化交流的前沿阵地。

从考古学视角来看，地处半月形文化传播带上的新石器时代石峁文化既有来自内亚的文化因素，又有东亚大陆内地的文化因素；到了青铜时代，西来的权杖文化和中原地区以鼎、爵为代表的礼容器文化都见于这一弧带区域，但权杖基本没能进入这一地带所圈围的东亚大陆腹心地区，而鼎、爵等中原王朝文明的礼器，则没能突破这个半月形文化传播带。既出现了金质权杖，又有中原风格礼容器出土的三星堆—金沙文化，恰好就位于这个半月形文化传播带的内缘。从战国时期到明代，历代长城就建筑于这一文化传播带上，成为农牧接合部一道独特的风景线，上演了一幕幕的历史悲喜剧。抛开广大的中国北方地区，一部完整的中国古代史是无从谈起的。

时间分布

就在东亚大陆这个历史大舞台上，现代智人在经历了数万年的演化发展

---

4. 童恩正：《试论我国从东北到西南的边地半月形文化传播带》，《文物与考古论集》，文物出版社，1987 年。

新石器时代至青铜时代早期主要考古学文化的年代与分布

年代（公元前）	地区						
	长江上游	黄河上游	黄河中游	长江中游	黄河下游	长江下游	西辽河
3500			仰韶文化晚期	大溪文化	大汶口文化中期	崧泽文化	红山文化
			↓	油子岭文化	↓	↓	↓
		马家窑文化		↓		良渚文化早期	
		↓		屈家岭文化		↓	
				↓			
3000						良渚文化中期	小河沿文化
							↓
			庙底沟二期文化		大汶口文化晚期		
			↓		↓	良渚文化晚期	
2500				石家河文化		↓	
				↓			
	宝墩文化		中原龙山文化		海岱龙山文化	广富林文化	
	↓	齐家文化	↓	肖家屋脊文化	↓	↓	
2000		↓		↓			
			新砦类遗存				
			二里头文化		岳石文化		
	三星堆文化	区域青铜文化	↓		↓	马桥文化等	夏家店下层文化
1500	↓	↓	二里岗文化			↓	↓
			↓				
							魏营子文化
			殷墟文化	区域青铜文化	殷墟文化		
			↓	↓	↓		↓
						区域青铜文化	
1000	十二桥文化			西周文化			

引自许宏：《最早的中国：二里头文明的崛起》，生活·读书·新知三联书店，2021 年。略有改动

后，于距今[5]10000年前后进入了新石器时代。考古学揭示出的距今五六千年以来的东亚大陆展现了这样的图景：距今大约6000年以前，广袤的东亚大陆上的史前人群，还都居住在面积不大的聚落中，以原始农业和渔猎为主，过着大体平等、自给自足的生活。各区域文化独立发展，同时又显现出一定的跨地域的共性。

此后的东亚大陆，开始进入社会复杂化的阶段，并很快出现了早期国家，进入狭义的文明时代。延续了数千年的中国古代文明史，可以划分为三大阶段：邦国（古国）时代、王国时代和帝国时代。其中邦国（古国）时代处于新石器时代，呈现出无中心的多元状态，其是否属于不平等的前国家阶段——酋邦（chiefdom）时代，尚存争议。著名考古学家苏秉琦先生称其为"满天星斗"的时代。王国时代即夏商周三代的广域王权国家时代，它呈现出的是有中心的多元状态，可谓"月明星稀"，或可称为早期王朝时代。再向后就是秦汉王朝开启的一统化的帝国时代了，可谓"皓月凌空"。只有到了帝国时代，中央集权与郡县制的专制皇权才建立起来，从而最终结束了分权代理式的"封建社会"。这三大阶段中的两个大的历史节点，就是二里头与秦王朝。本书涉及的遗存在时间维度上可分为：

"满天星斗"的邦国（古国）时代（4处）

距今5500—3800年间，也就是考古学上的仰韶时代后期至龙山时代，被称为"东亚大两河流域"的黄河流域和长江流域的许多地区，进入了一个发生着深刻社会变革的时期。随着人口的增长，这一时期开始出现了阶层分化和社会复杂化现象，区域之间的文化交流和摩擦冲突都日趋频繁。许多前所未见的文化现象集中出现，聚落形态上发生着根本的变化。众多相对独立的部族或古国并存且相互竞争。如中原及周边的仰韶文化、石峁文化、陶寺文化、王湾三期文化，西北地区的大地湾文化、齐家文化，辽西和内蒙古东部的红山文化，山东地区的大汶口—龙山文化，江淮地区的薛家岗文化，长

---

5. 距今指距1950年，非距"今年"，下同。（编者注）

江下游的凌家滩文化、崧泽文化、良渚文化，长江中游的屈家岭—石家河文化，长江上游的宝墩文化等，在文化面貌上各具特色，异彩纷呈。

那是一个“满天星斗”的时代，邦国林立是那个时代最显著的特征。有的学者称其为“邦国时代”或“古国时代”，有的则借用欧美学界的话语系统，称之为“酋邦时代”。本书所介绍的4处新石器时代遗址：河南渑池仰韶村、巩义双槐树，浙江杭州良渚和陕西神木石峁及其所代表的考古学文化，就是其中4个最耀眼的星团。

“月明星稀”的王国时代（3处）

公元前2000年前后，兴盛一时的中原周边地区的各支考古学文化先后走向衰落；代之而起的是，二里头文化的分布范围首次突破了地理单元的制约，几乎遍布于整个黄河中游地区，二里头文化的因素向四围辐射的范围更是远大于此。至此，延续至北宋时期的中原中心正式形成。

二里头文化与二里头都邑的出现，表明当时的社会形成了由若干相互竞争的政治实体并存的局面，进入广域王权国家阶段。黄河流域和长江流域这一东亚文明的腹心地区开始由多元化的邦国文明走向一体化的王朝文明。本书选取了3处青铜时代的都邑——河南洛阳二里头、安阳殷墟和四川广汉三星堆，从中可以窥见中原广域王权国家的兴盛和东亚大陆多元青铜文明的辉煌。

“皓月凌空”的帝国时代（8处）

公元前221年，秦始皇统一六国标志着帝国时代的来临。在都邑的空间布局上，秦汉帝国延续了始于二里头时代“大都无城”的传统，庞大的首都圈形成的不设防郭区，彰显了帝国国力的强盛和帝都的巍巍大气。陕西阿房宫大型宫室建筑和秦始皇帝陵，都是其首都圈内大型工程的典范。从江西南昌海昏侯墓可以一窥汉帝国王室的富足与奢靡，同时期处于广东的分裂政权南越国的王墓，也令人叹为观止。这是一个时代的见证。

有学者把整个中国古代的帝国时期分为三大阶段。其中第一阶段是上升期，指秦汉帝国，“第一中间期”是魏晋南北朝时期；第二阶段是鼎盛期，指隋唐帝国，“第二中间期”是五代十国，宋辽金元其实有很大的过渡性；第三阶段是衰败期，指明清帝国。这是有道理的，然而政治军事上积贫积弱的宋代在文化上还是绽放出了光彩，说起来不逊于那些所谓的盛世。

本书收取了 4 处从唐代到明代的遗址，它们分别是陕西扶风唐法门寺地宫、浙江慈溪后司岙唐至北宋窑址、广东阳江南海 I 号南宋沉船遗迹，以及陕西明代长城边的营堡清平堡遗址，一展中古时代至近古时代精神信仰世界的样态、手工业与对外贸易的兴盛和真切的边地生活图景。

大发现见证中国考古百年史

今年，正好是中国考古学诞生百年。本书收录的这 15 项考古发现，从 1921 年发现的河南渑池仰韶村，到 2020 年发现的陕西靖边清平堡，就是中国考古百年发现与研究史的缩影；从“50 后”到“70 后”的 14 位考古学家，活跃于 20 世纪 80 年代直至今日，见证了中国考古学的转型与发展。

从这些大发现中，我们可以窥见若干考古学方法技术的进步，嘉惠学林。譬如，中国考古学之父李济先生，系第一代“海归”，他在主持安阳殷墟发掘工作之初，就开始安排对遗址进行地形测绘，到了发掘后期的 20 世纪 30 年代，殷墟的发掘方法已经由原来局限性较大的窄探沟法改为全面采用大规模探方法[6]，从而发现了大量遗迹现象并基本上摸清了其结构和相互关系。李济先生对殷墟陶器和青铜器的研究可以看作是中国考古类型学的肇始，而梁思永先生在殷墟发掘中对“后冈三叠层”[7]的判定，则标志着考古地层学[8]在中国的确立。同样是梁思永先生，在总结了山东章丘城子崖城址和河南安阳小屯建筑基址发掘经验的基础上，首次辨识出了夯土这一具有中国特色的文化遗存。到了

6. 详见本书第 157 页石峁篇的考古小知识。（编者注）
7. 在此处地点的地层堆积中，从仰韶、龙山和商代文化的叠压关系确认了这些文化的发展序列。
8. 详见本书第 129 页良渚篇的考古小知识。（编者注）

20 世纪 60 年代二里头遗址的发掘，我们的前辈则可以比较从容地全面揭露面积达 10000 平方米的大型夯土宫室建筑基址了。新兴的遥感考古和水下考古，则使得中国考古学进入了“陆海空”全面发展的新阶段。

遗址的发现是有标准的。考古发现，应以遗存进入学者的视域、开展工作并将其公之于世为准。如在瑞典学者安特生 1921 年在仰韶遗址开展工作的前一年，即 1920 年的秋天，他派往河南的采集员刘长山先在渑池县仰韶村收购到零碎石器，并到采集地进行了考察和采集。但学术界一般并不以 1920 年刘长山的考察为仰韶遗址的首次发现。同样，1959 年，著名史学家徐旭生先生是在已知遗址情况的偃师当地高姓文物干部的引导下踏查了偃师二里头遗址，当年即发表了调查报告。学术界均以徐旭生的发现而非高姓干部甚至村民的发现为该项考古发现的始点。

以此为标准，广汉三星堆遗址的发现时间就有可商之处。一般都把三星堆遗址的发现时间上溯到 1929 年，即当地村民在遗址范围内的月亮湾地点掘出玉石器之年[9]。但如按上述标准观之，则最早公布月亮湾出土这批玉石器材料的学者，是当时任教于华西协合大学的美国地质学家戴谦和（Daniel Sheets Dye），时为 1931 年，而对该遗址点的首次试掘是在 1934 年春季。

全球文明史视角下的古代中国

英国艺术史学家和考古学家、牛津大学教授杰西卡·罗森爵士，正是在前述童恩正教授的半月形文化传播带的基础上，提出了一个特殊的人文地理学概念，她称之为美丽的“中国弧”。她认为，古代中国的版图可以从自然和文化的角度分为 3 个区域：一是东南的中原地带；二是西北方的草原地带；

9. 这一时间属于此后人们对当时英文报告的误读，发现时间应为 1927 年，已为美国旧金山亚洲艺术博物馆馆长许杰指出，详见《四川文物》2006 年第 5 期。

三是在这两个气候、经济、文化颇为不同的地理区域中间的那个弯弯的、像半月形的区域，就是“中国弧”[10]。

罗森教授认为，在“中国弧”的西侧，中国古代文化发展的步伐和整个欧亚大陆中心地区同步；在“中国弧”的东侧，古代中国则是另一种独特的面貌，与欧亚草原的发展步伐并不一致。正是这个美丽的“中国弧”，成为东西方交流的纽带和桥梁。“中国弧”是理解欧亚历史长时段效应的一把钥匙，是一个“超稳定结构”。更有学者指出，半月形文化带的形成显然与青铜时代全球化的出现有很大关系。可以说，边地半月形文化传播带和“中国弧”，就是我们从欧亚大陆文明史的视角解读早期中国的一个重要的切入点。

是的，中国从来就不是自外于世界的，它一直是在汲取其他文明体先进要素的基础上扬弃、创新，生发出自身特色的。2018 年 5 月 28 日，国务院新闻办公室召开新闻发布会，请国家文物局、教育部、科技部有关负责人介绍了中华文明起源与早期发展综合研究成果有关情况。国家文物局副局长关强代表项目执行专家组在介绍中说，“中华文明在自身发展过程中，广泛吸收了外来文明的影响。源自西亚、中亚等地区的小麦栽培技术、黄牛和绵羊等家畜的饲养以及青铜冶炼技术逐步融入中华文明之中，并改造生发出崭新的面貌”。这显现了我们在看待自身文明与其他文明之间关系上的一种自信。

“只懂中国已经搞不清中国了。”在研究中，我们常常发出这样的慨叹。

到目前为止，人类已经历了几波大的文明潮了。第一波大潮，可以上溯到人类走出非洲，在距今 10 万年前后。在几万年之内，人类的足迹就几乎踏遍了全球陆地的绝大部分，包括我们所在的东亚。这应该就是全球化的开端。

第二波大潮，就是大约 10000 年前的“农业潮”。在此之前是数百万年的攫取经济（狩猎和采集），之后人类驯化动物和植物，定居的农耕经济开

10. 刘歆益：《沟通东西方的“中西弧”》，《人民日报》，2017 年 6 月 13 日。

始。由积蓄到私有财产、人口繁衍、社会分层，人类走向了社会复杂化的阶段，出现了国家。

既有的研究表明，彩陶之路是距今 5000 多年以来形成的以彩陶为代表的中西农业文化之间的交流通道，并以人群的迁徙为主要交流方式。距今约 5500 年以后中亚的锯齿纹彩陶等对中国西北地区的仰韶文化晚期—马家窑文化存在一定影响，而中国彩陶文化也渐次分南道、北道西行，影响到费尔干纳盆地和克什米尔地区。陕西神木石峁遗址出土的部分石人面形象、铜器以及绵羊、山羊、黄牛等家畜，显现了与欧亚草原地带某些考古学文化的联系。东亚大陆最早的一批邦国（或古国）就出现于这一阶段。

第三波大潮，即青铜潮。从大约 5000 年前的欧亚大陆西部开始，这是人类出非洲之后的第一个大十字路口。文字的出现，马的驯化和马拉战车的发明，与金属文明的发生与初步扩散大致同步。西方学者早年编的一部文集叫《世界体系：500 年还是 5000 年？》[11]，考古学者当然认为是 5000 年。东亚大陆若干地点进入青铜时代，在距今 3700 年前后。东亚最早的成系统的文书，是距今 3300 年前后的甲骨文，马拉战车与其大体同时出现于殷墟。

具体而言，关于铜器冶铸技术问题，也如不少学者已分析指出的那样，东亚大陆龙山时代前后用铜遗存的出现，应与接受外来影响关系密切。考古学观察到的现象是，出土最早的青铜礼容器的中原地区，也是东亚大陆最早出现广域王权国家的地区。二里头文化青铜礼器的出现和当时的中原社会，都经历了文化交流中碰撞与裂变的历程，其同步性引人遐思。可以认为，是青铜礼器及其铸造术，催生了最早的“中国”，而二里头遗址出土的北方式长身战斧和环首刀等，更是这一中原腹地最早的青铜文明与欧亚草原青铜文明文化交流的力证。至于广汉三星堆文化所见包括受中原地区影响在内的各种外来文化因素，在欧亚大陆区域文化交流中更是再正常不过的事。

至于后来在殷墟时代最早出现于东亚大陆的家马与马拉战车、带有多条

11. 安德烈·冈德·弗兰克，巴里·K. 吉尔斯主编，社会科学文献出版社，2004 年。

斜坡墓道的王陵大墓与大规模的杀殉习俗、显现出深厚解剖学底蕴的秦始皇陵兵马俑，甚至在波斯帝国之后兴起的秦汉帝国，都应放到欧亚大陆文明交流的大的历史背景下才能对其有深刻的了解。唐宋时代及其后兴盛的陆上丝绸之路和海上丝绸之路沿线的文化遗存，更表明在“哥伦布大交换”前，全球文明间的物品与信息“大交换”早已不绝于途了。

第四波大潮，是从 260 年前开始的。英国开始的工业潮、蒸汽机，然后是电气化、信息化、智能化，随之而来的是欧洲殖民运动、资本主义、狭义的全球化……中国当然也被裹挟着进入了这个前所未有的全球化时代。

显然，从狩猎采集时代，到农业时代，到工业时代，再到互联网时代，有一个加速度的趋势。在这样的加速度中，我们如何自处？人与自然的关系，人与人的关系，人与技术的关系，都是我们必须深入严峻思考的问题。从这个意义上讲，一个考古人跟大家讲的 10 万年到 500 年前的历史离我们远吗？

考古中国，唤回我们共同的文化记忆。在这里，我们 15 位考古人向您发出诚挚的邀请，让我们感知考古学的发现之美、思辨之美，共享发现古代中国之美！

考古小知识

考古学

考古学是根据古代人类活动遗留下来的实物遗存来研究当时人们生活及社会状况，并解析人类文化、社会发展，探究其背景、原因、规律的学科。考古学研究的是古人类的遗存，恐龙化石不是考古学的研究对象。金石学是考古学的前身。考古学的分支有：古文字学、甲骨学、简牍学、印章学、古钱学等。考古学时代可分为旧石器时代（距今 300 万年—距今 1 万年），以打制石器为特征；中石器时代（旧石器向新石器过渡阶段，距今 1 万年）；新石器时代（始于距今 9000—8000 年，以磨制石器为特征），之后是青铜时代、铁器时代。中国断代考古又分为夏商周（西周至春秋）、战国秦汉、两晋南北朝、隋唐、宋元明清五大阶段。

相关阅读

[1] 中国社会科学院考古研究所:《中国考古学》之新石器时代卷、夏商卷、两周卷、秦汉卷、三国两晋南北朝卷，中国社会科学出版社，2003—2019 年。

[2] 刘莉、陈星灿:《中国考古学：旧石器时代晚期到早期青铜时代》，生活 · 读书 · 新知三联书店，2017 年。

[3] 许宏:《大都无城：中国古都的动态解读》，生活 · 读书 · 新知三联书店，2016 年。

魏兴涛
河南省文物考古研究院
研究员、副院长

动脉影摄

仰韶

1921

中国现代考古学的起点

当案（仰韶村）

时间：1921 年

位置：河南省三门峡市渑池县仰韶村

时代：新石器（距今约 5000 年）*

面积：30 万平方米

文化是黄河文化的主根脉

渑池仰韶村遗址入选“百年百大考古发现”

巩义双槐树遗址入选“百年百大考古发现”

韶文化距今 7000—4700 年

河南郑州大河村遗址出土的仰韶文化晚期彩陶双联壶
引自郑州市文物考古研究所编著：《郑州大河村》，科学出版社，2001 年

仰韶文化是我国发现最早、发现和发掘遗址最多、分布地域辽阔、延续时间长、影响十分深远、内涵极为丰富的新石器文化，代表了中国新石器时代的一个非常重要的发展阶段，在中国考古研究中占有无可替代的重要地位。

仰韶文化是黄河中游地区一支重要的新石器文化，因 1921 年由安特生发现于河南渑池仰韶村而命名。距今 7000—4700 年，遗址数量众多，据第三次全国文物普查数据，仅河南就多达约 3000 处，豫晋陕交界地区遗址分布尤其密集。

仰韶文化大体可分为初、早、中、晚四个时期，分布在豫西晋南、渭河流域、甘青、豫中、汉水中游、晋中、豫北冀南、晋北冀北河套等多个区域。每一区域各个时期基本都代表一种类型，该文化实际上是一支巨大的文化丛体或文化系统，内涵极其丰富。目前，考古界对仰韶文化的理解并不一致，有的研究者坚持使用统一的仰韶文化的概念，是为“大仰韶”；有的将其视为一个大的时代概念，称为“仰韶时代”，而按区域将仰韶文化某一阶段的“类型”分别称为不同“文化”，例如“半坡文化”“庙底沟文化”“西王村文化”“大河村文化”等。

仰韶文化器物群丰富，主要陶器有小口尖底瓶（或平底瓶）、钵、盆、罐、碗、壶、缸、瓮等。仰韶文化的彩陶发达，曾被称为“彩陶文化”，尤以仰韶文化中期庙底沟期彩陶为其典型代表，以弧边几何形构成的图案为主，线条柔美流畅，在周边诸多文化中大范围传播，达到史前艺术巅峰，研究者盛赞其掀起了中国史前一次波澜壮阔的艺术浪潮，代表史前艺术的伟大成就。

仰韶村的发掘：标志着中国现代考古学的诞生

仰韶村首次发掘

1921 年，瑞典地质学家安特生，根据当时中国地质调查所采集员刘长山所收购来的具有明显人为加工痕迹的石器判断，这些石器的来源地——河南渑池仰韶村附近可能存在着一个尚未被发现的石器时代文化遗址。于是，他来到仰韶村进行了考察，考察结束后，便向中国政府提出了进行考古发掘的报告，在得到农商部和地质调查所的同意并取得河南省政府的支持后，安特生便带队于同年 10—12 月在仰韶村展开了考古发掘工作。

此次发掘出土了大批陶器、石器等文物，首次从发掘品证实中国历史上曾经存在非常发达的新石器文化。对于这次发掘，意义重大：

1. 河南仰韶村的遗址发掘是得到中国官方批准、由当时中国最早的科研机构——中国地质调查所多名人员参加的，有计划、有充分准备的一项科学工作。

鹳鱼石斧（钺）图陶器（汝州阎村出土）
引自《华夏考古》2021 年第 3 期

鹰形鼎（华县太平庄出土）
引自《华夏考古》2021 年第 3 期

彩陶豆（华阴西关堡出土）
引自《华夏考古》2021 年第 3 期

2. 发掘工作中充分运用了地质地层学，科学属性显著。发掘的动因是为了搞清楚这处新石器时代遗址的内涵和文化特征，是中国第一次以学术研究为目的的正式发掘。

3. 发掘过程中，采用开探沟的发掘方法、绘制精细的测绘图、记录出土遗物情况等，都是至今仍在考古工地上常见的工作方式。

4. 所做工作涉及调查发掘、整理资料、比较分析、编撰报告、论述认识、发表报告论文，涉及当今田野考古工作和研究的全过程。

5. 工作目标明确，即为了探索中国史前文化。工作中开创了运用考古手段从实物资料方面发现、命名、研究中国古代文化的一整套方法。自此，将首次发现、经过研究具有典型文化特征的遗址命名为考古学文化的方式成为惯例。

6. 安特生将仰韶村及其后在陕、甘、青的发掘明确自称为考古工作，并就仰韶村出土古代器物、所属文化及渊源征询当时英、德、瑞典考古学家的意见，修正自己的认识，其本人也被公认为一名考古学家。

7. 仰韶文化发掘与研究成果的示范效应很快激发了学术界将目光和精力投向广阔田野、探讨中国文化源头问题的热情及期盼，开辟了通过出土古代实物研究中国历史的新方法、新思路与新的学术类别，启发了中国现代考古学技术、方法和理论体系的建立。

8. 中国考古学界主流意见认为，仰韶村遗址的发掘标志着中国现代考古学的诞生。

仰韶文化的发掘与研究

自 1921 年仰韶村遗址的发掘揭开了用考古学探索我国悠久史前文化的恢宏序幕，经过 100 年来数代考古工作者的辛勤探索，仰韶文化的发掘与研究得到了极大发展。仰韶文化作为学术研究史最长的中国新石器文化，历经百年的研究史大致可以划分为如下三大阶段：

第一阶段，20 世纪 20—40 年代。其中 20 年代主要是安特生为追溯彩陶来源对陕、甘、青进行的考古调查发掘以及1926年李济对山西夏县西阴村仰韶文化遗址的发掘。1931年河南安阳后冈遗址发掘，梁思永首次按堆积层次清理和收集遗物，发现仰韶、龙山、小屯“三叠层”，第一次从地层学证据上明确仰韶文化、龙山文化的先后顺序及它们与商代文化之间的关系。

第二阶段，20世纪50—80年代。从50年代中期开始大规模地发掘了一批仰韶文化遗址，著名的有陕西西安半坡、华县元君庙，河南三门峡庙底沟、洛阳王湾，山西芮城西王村等。在半坡遗址的发掘中，完整地揭露出一处仰韶文化聚落，被学界认为是聚落考古的开端。这一时期通过重新认识到仰韶村遗存分属仰韶、龙山两大阶段，豫西一带的仰韶文化早于龙山文化，仰韶文化所处历史阶段最终被确定。70—80年代，发掘了陕西临潼姜寨、渭南史家，河南濮阳西水坡，甘肃秦安大地湾等遗址，都收获丰硕。

第三阶段，20世纪90年代至今。90年代初河南渑池班村遗址的发掘，可以认为是标志着考古学科向复原历史和社会研究的高度发生转变。于2000年开始的河南灵宝西坡遗址发掘工作，取得了以发现仰韶中期多座特大型房址、墓地为代表的重要成果。2004年开始至今的陕西高陵杨官寨遗址发掘也收获颇丰。近年，郑州西北区域巩义双槐树等遗址的一系列考古勘探发掘成果尤其显著。

仰韶文化类型与重要遗址

由于仰韶文化是分布面积达数十万平方千米、延续达2000多年的一支巨大的文化系统，在文化分期、分区和类型划分、谱系方面，可分为多个阶段和多个类型。早在1959年，石兴邦和安志敏先生最先提出仰韶文化可以划分为半坡和庙底沟两个类型，创学术界在考古学文化下区分类型之举。此后，学界对仰韶文化的类型划分提出多种方案：其中有将仰韶文化划分为四期、早晚两大阶段、至少18个类型的细致、全面的划分方案；更为流行的则是三期说：将以半坡、庙底沟和西王村遗址为代表的仰韶遗存作为仰韶文化早、中、晚三期。当然，随着材料的增加和研究的深入，近年我们感到应当在半坡期之前增加以山西翼城枣园遗址为代表的仰韶文化初期。

百年来，考古学家发现的仰韶文化重要遗址颇多，举其要者有：河南三门峡庙底沟、南交口，灵宝西坡、底董、城烟，洛阳王湾，郑州大河村、西山、青台、点军台、汪沟，巩义双槐树，安阳后岗，濮阳西水坡，汝州阎村、洪山庙，邓州八里岗，淅川下王岗、龙山岗、沟湾，南阳黄山；陕西西安半坡，临潼姜寨，华县元君庙、泉护村，华阴横阵，渭南史家，高陵杨官寨，宝鸡北首岭、福临堡，扶风案板，南郑龙岗寺，铜川李家沟、瓦窑沟，西乡何家湾，商县紫荆；山西芮城东庄村、西王村，夏县西阴村，翼城枣园，垣曲古城东关；甘肃秦安大地湾，庆阳南佐；湖北枣阳雕龙碑，郧县大寺；内蒙古凉城王墓山；河北易县北福地，磁县下潘汪，正定南杨庄等。这些遗址都经过了较大面积的发掘、较充分的考古研究，他们或者在文化内涵上是一定区域内某一或几个时期的典型代表，或者是某一层次上的中心聚落，基本可反映出仰韶文化及其文明化进程中的核心发展成就。这些遗址共同支撑起了仰韶文化的丰富内涵。

西水坡M45[1]：中华第一龙

1987 年 5 月，濮阳市文物部门为配合中原化肥厂修建引黄供水调节池工程时，在河南省濮阳市的西南隅，一片被当地人俗称为西水坡（或应作“西水泊”）的地方，发现了一处古文化遗址，命名为西水坡遗址。据放射性碳素测定，西水坡蚌塑龙虎图案距今已有 6500—6300 年的历史。

西水坡遗址平面呈曲尺形，总面积 5 万余平方米，包含仰韶、龙山、东周和汉代等多时期文化遗存。其深埋于沼泽地下、数千年前的蚌塑龙等动物图案使西水坡遗址大放光彩，因其为迄今发现时代最早、较成熟逼真的龙的

1. M 代表基葬，后文 F 代表房址。H 一般代表灰坑。（编者注）

濮阳西水坡仰韶文化早
期龙虎图案（M45）

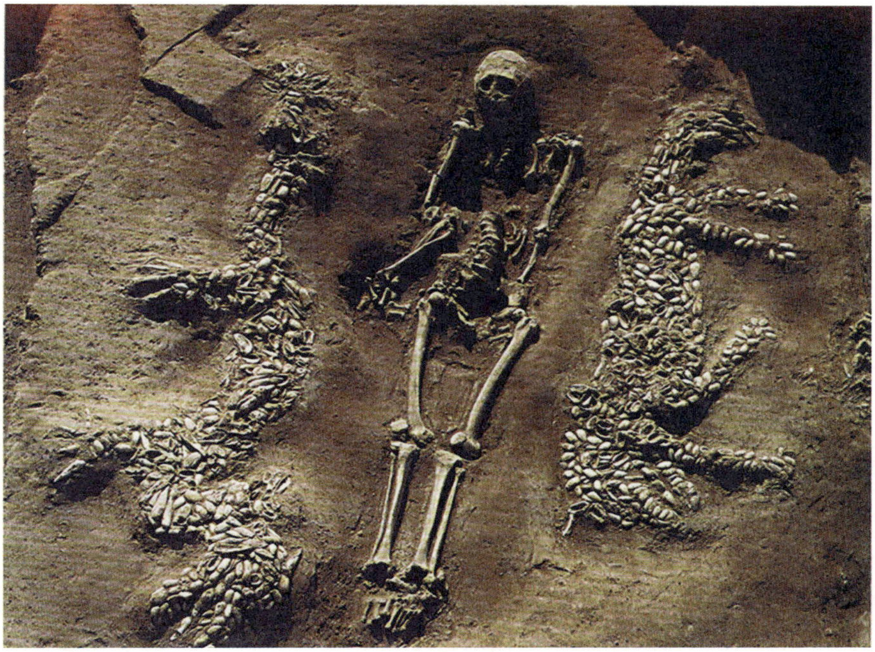

造型而被誉为“华夏第一龙”，濮阳也因而有“龙乡”之美称。该遗址后入选“20世纪河南十项重大考古发现”。

西水坡遗址中发现的蚌塑图案相当于仰韶文化第二期，此时期遗址面积较大，遗址区周围挖筑有用于防护的大型壕沟。3组蚌塑图案均处于遗址中心高地上。第1组位于第45号墓（M45）墓主的两侧。墓主右侧为龙，头北背西，身长1.78米，高0.67米，昂首曲颈，张口瞠目，弓身长尾，前爪扒，后爪蹬，作灵动奔走状；左侧为虎，头北背东，身长1.39米，高0.63米，头微低，目圆睁，形似下山之猛虎。另外，在龙、虎图案的西部和北部，还分别有2处蚌壳，西部的蚌壳较乱，无一定形状与规律，疑为摆塑图案后的遗留；东部的蚌壳为在一对人胫骨旁摆塑成三角形的图案。位于蚌图之中的墓主系一壮年男性，仰身直肢葬式[2]，头南足北，身高1.84米，龙、虎蚌壳图案正是为此人而精心摆塑的。在本组蚌图的东、西、北三面各有一座未成年人的墓葬。

2. 古代葬式之一，一般有仰身直肢葬、屈肢葬、俯身葬等，另有瓮棺葬主要用于儿童。（编者注）

第2组蚌图位于第1组南20米处的浅穴中，其图案有龙、虎、鹿和蜘蛛。龙头南背北，虎头北面西。鹿在虎背之上，极像一只站立着的高足长颈鹿。龙、虎、鹿三者联为一体；蜘蛛摆塑于龙头之东，头向南。在蜘蛛与鹿之间，放置有一柄制作精致的石斧。

第3组蚌图位于第2组之南25米处的一条灰沟中，其上摆塑人骑龙和虎的图案。人骑龙摆于灰沟的中部偏南，龙头东背北，昂首长颈，舒身高足，作腾飞状。龙背上骑一人，双手一前一后作驾驭状，头微侧，似回首观望。虎摆塑于龙的北面，头西背南，仰首翘尾，四足微曲，鬃毛高竖，作奔跑状。另外，在龙的南面、虎的北面和龙、虎的东面还有成堆或散乱的蚌壳，在龙、虎以西还有一只舒身展翅的飞禽，因被晚期遗迹破坏而形状不详。在飞禽与龙之间还有许多零星的蚌壳，看似并非随便扔弃之物。从整体看，这条灰沟好像一条天空中的银河，零星的蚌壳就像银河系中无数的繁星，人骑龙和虎腾空而起，极富动感。

3组蚌图在一个平面上自南向北一字排开，层位一致，年代相同。蚌图发现后，关于其性质、用途在学术界引起了激烈的讨论。有人主张，蚌图应该是某位首领或巫师的葬礼活动场面或某种宗教行为的记录。著名考古学家张光直先生认为，龙、虎、鹿的艺术形象是我国古代原始道教上的龙虎鹿三蹻。如此，在仰韶文化早期阶段，我国就已经出现了原始道教观念的萌芽。

中国社会科学院学部委员冯时先生认为，在第3组蚌图南约25米的一座下肢胫骨、腓骨和足骨已不存在的墓葬与3组蚌塑图共同构成了一幅完整的45号墓墓主死后升天的图景，是中国最早的天文宗教祭祀遗迹，表明当时已具有立表侧影、分至四气、原始历法、恒星观象、北斗建时、二十八宿与四象体系、盖天观等系统的天文知识，从而将中国二十八星宿体系的滥觞期及古老的盖天学说的产生年代大大地提前，表明仰韶文化早期已经出现高度发达的知识体系、思想观念、农时意识、宗教和王权的制度。

不论是哪一种观点，与同时期大量普通遗址相比，西水坡3组蚌图及相关遗存都反映出仰韶早期阶段，中原地区的一些区域聚落之间已经率先出现分化的情况，聚落成员开始分层，开启了社会复杂化和文明化进程，是中华文明悠久历史和优秀基因的重要实证。

中国是龙的国度，华夏儿女作为“龙的传人”，数千年来一直将龙视作中华民族的精神象征。西水坡遗址所出土的蚌塑龙图是龙崇拜的真实反映，把崇敬龙的历史向前追溯到了新石器时代中晚期，表明龙崇拜的传统源远流长。

豫晋陕交界：中华文明的初曙

结合第三次全国文物普查，我们近年对豫晋陕交界区域河南三门峡地区的新石器时代遗址开展了较全面的考古调查，其中灵宝盆地是仰韶文化尤其是中期的核心分布区，在1000多平方千米的范围内发现新石器时代遗址193处，灵宝市是中原地区新石器遗址数量最多、分布最密集的县市。通过区域聚落调查结合文化谱系的研究可知，进入仰韶时代后，当地文化和聚落便开始了稳定、持续的大发展，经仰韶初期、早期千余年的长期积累，到距今约5800年开始的仰韶中期，无论聚落数目、聚落总面积、聚落面积均值，都达到了顶峰。这时，聚落规模出现明显差异，应已经出现区域核心聚落、聚落群中心聚落、聚落组中心聚落和一般聚落的分化，呈现出了“金字塔”形多层级的区域聚落结构。

西坡遗址位于河南省灵宝市阳平镇西坡村西北，是一处现存面积仍达40万平方米的中心聚落遗址，2000—2013年先后进行了8次发掘和系统钻探，取得以仰韶文化中期的聚落环壕、特大型房址、大型墓地为主要代表的重要发现。

其中特大型房址F105，规模宏大，结构复杂，是迄今所见最大的一座仰韶文化中期房屋建筑遗迹，平面略呈弧角正方形，以半地穴式主室为中心，四周设置回廊，东南侧有一条斜坡式门道，开创了中国回廊式古典建筑之先

灵宝西坡遗址仰韶文化
特大型房址 F105

河，推测很可能是高耸的重檐大屋顶结构，具有殿堂性质。

西坡墓地是在仰韶文化中期的核心地区首次发现的该时期墓地，为认识西坡聚落的整体布局及这一时期的埋葬习俗、社会结构提供了十分重要的新资料。墓葬成排分布，均为长方形竖穴土坑墓，墓主头向基本一致，随葬品有陶器、石器、骨器、玉器和象牙器等，多非实用器，应已具有礼器的性质，出土的一批钺等玉石器为中原地区所首次发现。

陕西高陵杨官寨遗址面积达80余万平方米，2004年持续至今的发掘表明，其聚落布局规划性甚强，规整严谨的大型环壕、大片成排布置的墓地、专门的制陶作坊区、带引排水沟槽的大型池苑系统，以及制作精美、高等级器物等重大发现，填补了许多学术空白，并体现出关中地区仰韶中晚期超大型中心聚落的非凡内涵。

结合三门峡一带同时期的普通聚落遗址，这一时期聚落内部遗迹出现了面积达200平方米以上处理考究的特大型房址、百余平方米经精心加工的大型房址、数十平方米的中型房址、十余或唯有几平方米的小型简陋房址；墓

宝西坡遗址出土仰韶
期玉器
人民日报》，2020 年
5 日 05 版

葬方面有墓口达 17 平方米的大型高等级墓葬、中型墓葬、仅可容身的很小的墓葬、甚至灰坑[3]乱葬，各个等级差距明显。此时已分化出平民、显贵、首领、甚至“王”的地位差别，已经进入复杂社会，开始出现古国。由于豫晋陕交界地区仰韶中期庙底沟期是在当地仰韶初期、早期文化基础上发展而来的，在整个仰韶文化中最为发达，也最早出现社会复杂化现象，因此发生的文明化现象应属于原生文明，并且是中原早期文明的中心、源头和最重要的代表。

双槐树：中华文明的胚胎

双槐树遗址位于河南省巩义市河洛镇双槐树村，2013 年以来，经过一

3. 是古代人们利用废弃的井或建筑取土后的凹坑倾倒垃圾形成的，土壤呈灰色，故名。（编者注）

河南巩义双槐树遗址仰韶文化中晚期牙雕蚕
引自《人民日报》，2020 年 7 月 25 日 05 版

系列文物调查勘探和考古发掘工作，确认这里是一处仰韶文化中晚期面积巨大、遗存丰富的核心聚落，现存面积达 117 万平方米。发现有仰韶文化中晚期三重大型环壕、4 处共 1700 余座经过严格规划的公共墓地、大型院落夯土基址、大型中心居址、具有最早瓮城结构的围墙、版筑的大型夯土地基、夯土祭坛等，另有数量众多的房址、灰坑、人祭坑及兽骨坑等遗迹。其中大型夯土建筑群基址面积 4300 平方米，主体建筑以道路为界，分为东西两个区域，其上建筑密布；二号院落面积 1500 余平方米，发现门道 3 处，南墙偏东者为“一门三道”，门外东西两侧各发现门塾 1 处。双槐树的大型中心居址和大型建筑群初具中国早期宫室建筑的特征，似具准宫城性质的“宫殿”区，为探索夏商周三代宫室制度的源头提供了重要素材。大型院落建立在大型版筑夯土地基之上，连同“一门三道”门址为中国古代高等级、大型宫殿式建筑形制开启了先河。

双槐树遗址位于伊洛河汇入黄河的“洛汭”地带，契合了《易·系辞上》中“河出图，洛出书，圣人则之”的独特地理位置。被认为是古国时代的“都邑”，被誉为“早期中华文明的胚胎”。国家“夏商周断代工程”首席科学家李伯谦表示：中华 5000 年文明的源头，目前来看，就在双槐树，可称为“河洛古国”。“中华文明探源工程”首席专家王巍指出：双槐树遗址的发现，填补了中华文明起源关键时期、关键地区的关键材料，“是实证中原地区 5000 多年文明的重要证据”。

仰韶文化的传播

王仁湘先生对仰韶文化彩陶进行了全面系统的研究。在他看来，仰韶彩陶的传播掀起了一次史前艺术浪潮，促使了仰韶文化进行扩张。中国新石器时代南与北、东与西的不同区域，曾出现过多次文化交流。影响最大、最广的阶段，正是在仰韶文化中期的庙底沟期[4]。

庙底沟时期大规模的文化扩张，集中体现在彩陶文化的传播上。庙底沟期仰韶文化在仰韶早期基础上发展提升以后，以它所在的豫晋陕交界一带的中心区作为源头，影响远至其东黄河下游的大汶口文化，其北河套地区的阿善文化和辽河地区的红山文化，其南长江中游的大溪文化，以及西北地区的前马家窑文化，在这些区域都发现过一些具有庙底沟期仰韶文化风格的彩陶。在播散的过程中，有传承，也有变化。

东向：黄河下游地区，扩展到大汶口文化。大汶口文化早期遗存中发现有典型的花瓣纹、回旋勾连纹彩陶，基本构图与庙底沟期相似。

西向：黄河上游地区。庙底沟期彩陶对西北部地区的传播过程中，彩陶的器形与纹饰基本上没有明显变化，在青海民和县和循化县等地发现的同期遗存，甚至可以直接划入仰韶文化系统。

北向：塞外地区。庙底沟期彩陶影响的塞外区域，可分为东西两片，一片是内蒙古中南部的河套地区，另一片是辽河红山文化分布区。河套地区发现了一些典型仰韶文化早、中期彩陶，最流行的是宽带纹，还有鱼纹、叶片纹、花瓣纹和菱形纹等。辽河流域发现的新石器时代彩陶多属红山文化，有宽带纹等，推测应当与受到了仰韶文化的影响有关。值得注意的是，在庙底沟遗址曾出土一片旋纹彩陶，纹样特征具有红山文化风格，可能体现出红山文化的彩陶反过来对仰韶文化也产生了影响。

南向：大江南北。向南方的影响跨越长江，波及更远的地方。仰韶文化对南方最明显的影响体现在长江中游地区。长江支流汉江是彩陶传播的一个重要通道，在河南淅川，湖北郧县、枣阳一带都发现了一些典型庙底沟期风格的彩陶。由垂弧纹和直角斜弧边三角纹组合而成的“西阴纹”彩陶并不仅限于晋南、豫西、鄂西北、关中、陇东地区，它还传播到江南洞庭湖地区和

4. 原文为庙底沟文化。王仁湘：《史前中国的艺术浪潮——庙底沟文化彩陶研究》，文物出版社，2011年。

大汶口花瓣纹陶器　动脉影摄

仰韶花瓣纹陶器　动脉影摄

庙底沟彩陶盆

引自王巍主编:《中国考古学大辞典》彩版 5，上海辞书出版社，2014 年

仰韶人面鱼纹盆

引自王巍主编:《中国考古学大辞典》彩版 5，上海辞书出版社，2014 年

北面的河套以北地区。

西南向：横断山区及邻近地区。从黄河上游地区向南观察，彩陶对长江流域也有强烈影响。在嘉陵江上游和邻近成都平原的岷江上游地区都发现有一些彩陶，影响持续到仰韶文化晚期阶段。从中可知黄河文化影响了长江上游地区远古文化的发展，密切了两条大河之间的文化发展关系。

韩建业先生更将仰韶文化强势对外影响和传播的这一重要阶段径称为“庙底沟时代”。指出在裴李岗文化雏形的基础上，庙底沟期形成了最早的中国文化圈，东达海岱，西至甘青，南达江湘，北逾燕山，涵盖了现代中国的大部地区。如果将全新世的亚欧大陆划分为三大文化圈，那么最早的中国这个稍小的文化圈，实际上是早期东方文化圈的主体部分，在西、北两个方向则与早期西方文化圈和早期北方文化圈有所交错。

就最早的中国文化圈内部来说，具备中心区、主体区、边缘区三个层次的多元一体结构。晋西南、豫西及关中东部为中心区，最具代表性的花瓣纹彩陶线条流畅，设色典雅；双唇口小口尖底瓶、折腹釜形鼎等典型器造型规整大气。向外是主体区，即黄河中游地区（南侧还包括汉水上中游、淮河上游等），是除核心区之外的整个仰韶文化分布区，花瓣纹彩陶造型因地略异，线条稚嫩迟滞，其中偏东部彩陶多色搭配，活泼有余而沉稳不足。再向外是边缘区即黄河下游、长江中下游和东北等仰韶文化的邻近地区，时见花瓣纹彩陶，但主体器类仍为当地传统，常见的是在当地器物上装饰庙底沟风格的花纹。

韩建业进一步认为，仰韶文化庙底沟期早期中国的三层次结构长期延续，至商周时期甚至发展为四层结构，与文献记载商周王朝的内外服制度吻合，成为秦汉直至现代中国多民族国家、多元一统政治文化的基础。

考古小知识

考古学文化、类型、遗址及其命名

1. 考古学文化：指属于同一时代，分布于同一地区，并且具有共同特征的文化遗存。考古学文化的命名规则一般有以下 2 种：
   以首次发现典型遗址的地名命名，如：良渚文化；
   以某遗址某一期的典型文化命名，如：庙底沟二期文化。
2. 考古学类型：考古学类型是考古学文化下的一种概念。仰韶文化因文化分布区较大，不同地域、不同时期会分出若干拥有鲜明特征，有别于其他区域或时期的类型。考古学类型的命名一般以典型遗址的地名来命名，如仰韶文化分为半坡类型、庙底沟类型、西王村类型等。
3. 考古学遗址：指人类活动遗址、领域。
   命名规则：一般是遗址所在地或附近的最小地名，如村、县、乡、墩等的名称，以加大排他性和唯一性，如：石峁遗址。

相关遗址

青台遗址

位于河南郑州荥阳市广武乡青台村东，为从仰韶文化中期一直延续到晚期的文化遗存，距今 5300 年至 5100 年。青台遗址发现于 1922 年，面积 10 余万平方米。2015 年以来，青台遗址东部发现了 9 个陶罐组成的“北斗九星”图案，其西部发现了 4 个瓮棺将九星罐和其东部的圜丘包围，为仰韶时期的祭祀文化研究提供了重要素材。

相关阅读

[1] 梁思永等：《小屯龙山与仰韶》，商务印书馆，2015 年。
[2] 严文明：《仰韶文化研究》，文物出版社，1989 年。
[3] 张忠培，严文明撰；苏秉琦编：《中国远古时代》，上海人民出版社，2017 年。
[4] 王仁湘：《大仰韶：黄土高原的文化根脉》，巴蜀书社，2021 年。

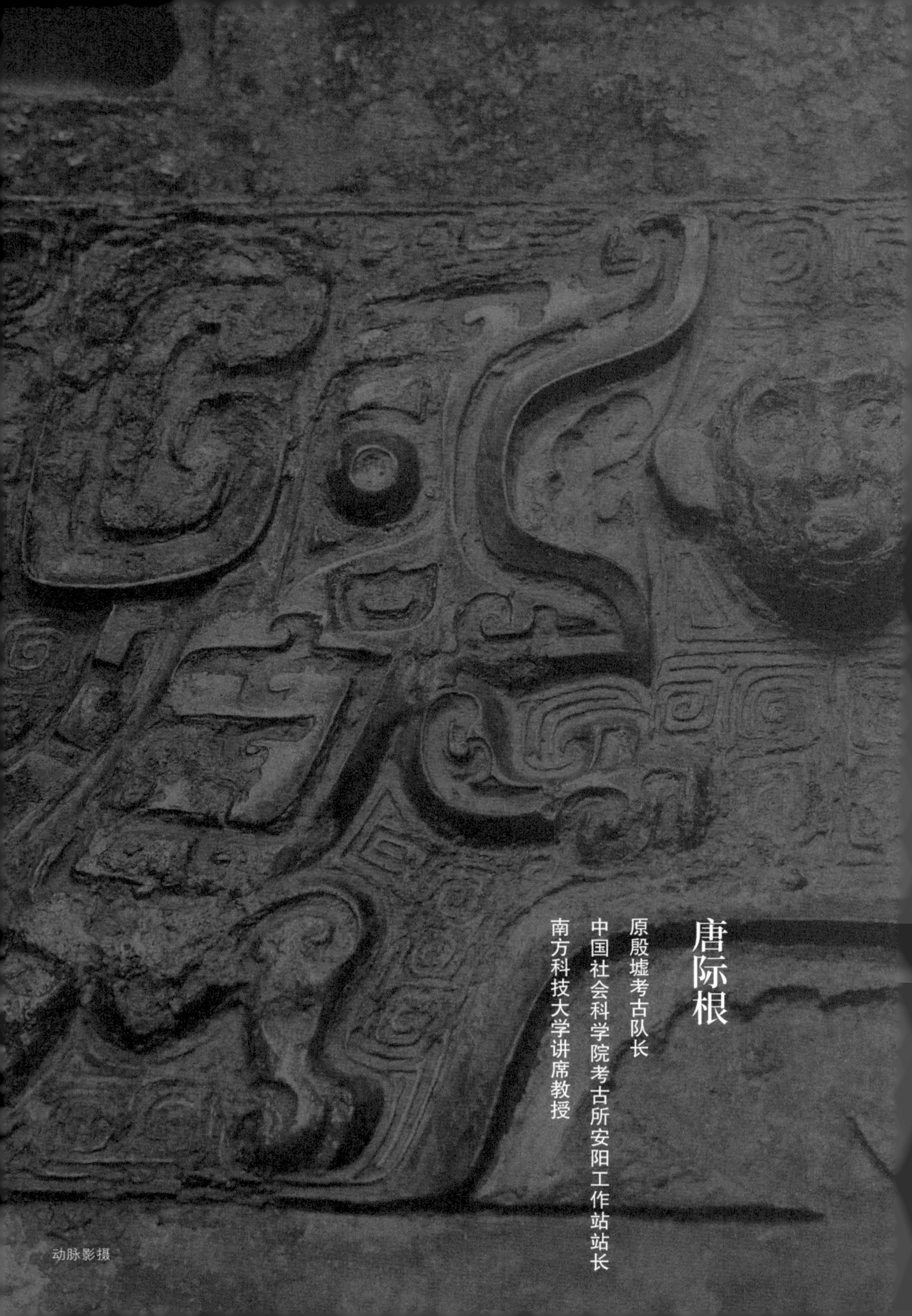

唐际根

原殷墟考古队长

中国社会科学院考古所安阳工作站站长

南方科技大学讲席教授

动脉影摄

殷墟

1928

一片甲骨惊天下

当案
发掘时间：1928 年
立置：河南省安阳市
时代：商代
面积：40 平方千米
6 年列入世界文化遗产名录
安阳殷墟（含洹北商城，后冈遗址）入选“百年百
古发现”

3000 年前的商王朝，在人们的心中遥远而神秘。想要走近商王朝，就必须了解安阳殷墟。

殷墟位于河南省安阳市，是中国商王朝晚期的都邑所在地。商朝人称之为大邑商，今人则称之为殷墟或安阳殷墟。殷墟的发现与甲骨文有关。1899 年，甲骨文为人们所知后，学术界开始关心甲骨文的出土地。1908 年，罗振玉、罗振常等学者确认甲骨卜辞出自安阳。1928 年，殷墟作为甲骨文出土地被确认后 20 年，当时的“中央研究院”决定发掘殷墟，最终确定殷墟是中国商王朝的最后一个都城所在。商王朝建立于公元前 16 世纪，多次迁都后，于公元前 13 世纪将都城迁至位于今天安阳的大邑商。殷墟遗址最辉煌的时期是自公元前 13 世纪到公元前 1046 年。我们在殷墟所见到的遗物，基本上都是商王朝晚期留下的。

殷墟博物馆建于 2005 年，我参与了殷墟博物馆的设计、建造，曾经连续工作过 52 个小时没有睡觉，这是一段很难忘的经历。殷墟博物馆并非类似于首都博物馆、苏州博物馆那样的城市博物馆，它被定义为遗址博物馆。殷墟博物馆包括室内和室外两部分。室内部分按照主题分为不同展厅，展出了很多文物；室外部分则选取了部分有代表性的遗迹加以展示，包括在原址上复原出来的房基，如商王朝的宫殿区、王陵区、作坊等。当然还有许多尚未复原的其他遗迹，如普通居民区。今天我们参观殷墟博物馆，实际上是通过行走回溯到 3000 年前，亲身去感受历史。

殷墟与商王朝：都邑文明

从甲骨文到商王朝

1928 年时的考古发掘条件远不能和今天相比，那时国力虚弱，也缺乏考古发掘的先进设备，只能进行挖长条沟那样的简单作业。通过一代代考古学家的辛勤工作，殷墟的王陵遗址、宫殿宗庙基址逐渐被发掘出来，考古发掘

1 年春，殷墟第四次发掘

年春，小屯村北洹河及殷墟之形势

结果证实了《史记·殷本纪》中商王朝的存在，我们在殷墟遗址看到的文物就来自司马迁在《史记》中提到的那个商王朝。殷墟遗址将地下的遗迹和典籍里的商王朝连接了起来，初步构建出商王朝的真实模样。

那么，商王朝到底是什么样子呢？经过多年研究，基本上可以这样划分商王朝的分布范围：早期的商王朝，建立以后迅速扩张；商王朝中期时，南面跨过长江，西面控制了关中平原；晚期的商王朝则开始收缩，回到以河南为中心的相对局促的地方。严格来说，这只是商王朝的文化地图。西周初年，武王伐纣，商王朝覆灭。此后这里成了一片废墟，“殷（商）（废）墟”之名由此得来。

殷墟遗址发掘之前，人们对商王朝的认知和了解基本只来自司马迁在《史记·殷本纪》中的记载。史书的文字记载有其片面性甚至是主观性。殷墟出土的甲骨文，则直接证实了商王朝的存在。有了物质证据，才可以说商王朝是确确实实存在过的一个朝代。

甲骨文证明了商王朝的存在和商王朝的王位传承序列。大乙是商王朝的奠基人，盘庚是商王朝的第 19 代（一说第 20 代，甲骨文和《史记》的记载略有差别）统治者。但是，殷墟发掘出的商代青铜器、玉器、墓葬、房子、水井、道路，均属商王朝晚期，仅仅只能证明盘庚及其以后的商王朝部分，那么盘庚之前更早的商朝国王住在哪里？他们背后的商王朝历史又是怎样的呢？考古学者坚信，在安阳殷墟之外的某个地方，一定还存在着商早期、商中期的其他都城。

构建一个完整的商王朝

按照文献记载，商王朝建国后曾5次迁都。安阳是商王朝晚期的都邑已经被确认了，那么其他几处都城在哪里呢？根据多年积累的考古资料，可以得出结论：郑州商城代表商早期；郑州西北的小双桥遗址代表商朝中期国王仲丁所在的敖都；另一位国王河亶甲所居的都邑则在洹北商城；史书上还提到商王祖乙迁都于“邢”，我们推测很可能在今天的邢台。这些考古遗址加在一起共同构建出了一个完整的商王朝编年框架。从公元前16世纪到公元前1046年，商王朝以河南为中心，并辐射至周边几个省。商王朝被证实了，夏王朝的探索便有了更大的希望。

颠木由蘖：大邑商

今天的殷墟，商朝人称之为大邑商，这是商朝人对自己都城的称呼。大邑商有多大？大邑商有多少人口？大邑商延续了多长时间？有什么样的主要遗迹？有没有城墙？大邑商的布局是什么样子？这些问题，都可以通过考古发掘来回答。

大邑商面积有40平方千米。通过对大邑商出土人骨中锶同位素[1]的研究，以及陶器类型学[2]分析和岩相切片[3]分析，我们得知殷墟的商朝人最初是由四面八方迁入的。我们看到的殷墟陶器，有一部分明显来自山东，一部分明显来自河南南部，还有来自山西、陕西的陶器，据此我们知道，生活在大邑商的人来自多个地区。《尚书·盘庚篇》里有一句话，“颠木由蘖”，意思是扑倒的树木长出了新枝。盘庚迁都至大邑商之前，商王朝曾经遭受了灾难，但

1. 见本篇考古小知识。（编者注）
2. 见本书第351页后司母篇的考古小知识。（编者注）
3. 岩相即沉积环境中形成的岩石组合，切片指地质切片技术。（编者注）

商城 1 号宫殿基址

是迁到了殷墟以后，生出了新枝，恢复了生机，然后开始重新壮大。

大邑商的人口数具体有多少很难回答。据估计，在妇好那个年代有 8—10 万人；殷墟第四期，即大邑商人口最多的时候，超过 10 万人没有问题。从盘庚迁大邑商算起至商纣王失国，大邑商作为商王朝都邑存在了至少 250 年。已经发现的大邑商遗迹，包括宫殿、王陵、作坊、道路和散布各地的居民点等，但大邑商没有发现城墙。洹北商城的城墙是商中期的，晚期似乎没有筑城。

根据考古发现，我们可以窥见一些大邑商的布局。考古发现了商代的车辙，一条一条的车辙可以看出商朝的道路四通八达，形成了一个道路网，南北方向、东西方向交汇的地方形成了一个繁荣的街口。我们还在殷墟发掘出了一条 2000 多米的沟。商人这么做的目的是为了把西北方向的水疏导到东南方向，在水沟沿途布置一些作坊，比如制陶作坊、铸铜作坊等。也就是说，这条水沟里的水，是商人的工业用水。3000 多年前商朝铸铜、制陶的工匠有时候也偷懒，他们把铸铜、制陶的渣滓就近倒进水沟，这恰恰给我们留下了水渠是用来供水给工业生产的证据。在大邑商还发现很多四合院、池苑和亭子，当年一派生机和繁荣景象可以想见。

关于文明的定义有很多争论，考古学者大多认可作为文明的古代遗存，应该有城址、冶金术、发达的礼制和文字四大要素。这四个要素，在殷墟遗址中都有体现。殷墟整体的布局反映了城址的存在，出土的大量青铜器足以证明当时冶金术的发达程度，各类功能明确、制作精美的玉器说明商王朝有完整的礼制，甲骨证明了书写文字的存在。因此，殷墟遗址是商王朝都邑文明的体现。

殷墟与甲骨文：看不见的大历史与小细节

甲骨文记载的内容

众所周知，殷墟是出土甲骨文的地方。根据目前出土的甲骨，可以得知甲骨文大致记录了以下内容：

1. 事件 / 行为：

1）祭祀（对象、行为）、战争、田猎；

2）生产（省田、逆吕）；

3）生活（分娩、大食、小食、翻车）；

4）占卜、祝祷。

2. 方国：例如蜀、雀、沚等。

3. 天象：例如风、雨、雷、电等。

4. 旬夕（纪时）：例如甲午、己丑等。

5. 人物：例如国王、臣宰、贞人、众、妇好、子画等。

6. 事物：例如河流、疾病（齿疾）、梦魇等。

7. 器物：例如鬲、爵、舟、车、吕、示等。

8. 动物：例如龙、虎、羊、犬等。

甲骨文反映了商朝的社会组织

除了前文提到的甲骨文证实了商王朝与大邑商的存在，甲骨文里还包括一些其他考古资料难以直接呈现的内容，比如商王朝的社会组织。除了极少量的铜器铭文中有“王”字，很难通过一件器物来证明“王”的存在，而大量的甲骨文上有“王”字以及“小臣”“族”“三族”“五族”“多子族”等表述，这些就可以证明商王朝的社会结构。当然，经过分析殷墟发掘的墓葬也可以看出商王朝具有等级分明的社会结构，族群现象也能在墓地中反映出来。甲骨文和考古发现共同契合、相互印证了商朝的社会结构。

考古遗迹与甲骨文反映商人的社会生产与生活

商王朝时期的桥梁以及桥上的车辙，说明商人曾经驾着马车过桥；制陶作坊遗址呈现了商人如何烧窑、如何烧制陶器；殷墟出土的商朝陶水管，证明了商朝人的住宅或者村庄里已经有了排水系统，陶水管把水引入下游的水沟，水沟旁边的作坊正好可以利用这些水。通过考古发掘，我们还发现：商朝人打井，喝井水；商朝贵族出行乘坐马车；商朝人吃小米，甲骨文中的“禾”字、“麦”字、“黍”字、“年”字，都跟粮食有关；商朝人用青铜器煮鸡肉、鱼肉，可能还会煲汤，与我们今天的生活遥相呼应。

甲骨文“记录”了世界上最早的一场车祸

有意思的是，在甲骨文中还发现了世界上最早的一场车祸记录。甲骨文记载，国王在癸巳这一天占卜，询问10天之内是否有灾祸，几次占卜的结果都不好，但国王比较执拗，在甲午这一天坚持要出门打猎。出门之后，随行臣子用来驾车的马受惊，撞上了国王乘坐的车，结果臣子的车车轴断了，国王的车翻车了，坐在这辆车上的王子掉了下来。通过与考古发现结合，我们了解了商朝马车真正的结构。我们曾经根据这些资料，用三维形式给马车建模，以动漫的形式把这场交通事故还原出来，细节包括王子的形象、马的品种、马如何穿绳、穿戴，那时的兵器是什么样子，等等。可见，甲骨文和考古发现结合起来，可以共同向我们展现商朝人生动、有趣的生活。

甲骨文体现商人的精神信仰

甲骨文中有大量关于商人祭祀的信息，包括祭祀形式、时间、祭祀对象，以及祭祀用的牺牲。举个例子，甲骨文里提到了“羌”和“百羌”。羌是当时的一个民族，但是甲骨文只记录了“羌”的存在，至于羌在哪里？羌人如何被抓？为什么被杀？只有跟考古发现相结合，才能解答这些问题。根据目前的研究，羌人是商朝人从今天的陕西、甘肃一带抓过来的。商朝人基本上生活在河南，羌人则生活在陕甘一带，商人之所以能够抓住并杀掉羌

录”了车祸的甲骨拓片
陈滞冬:《甲骨文金文》,
图书馆出版社,1999 年

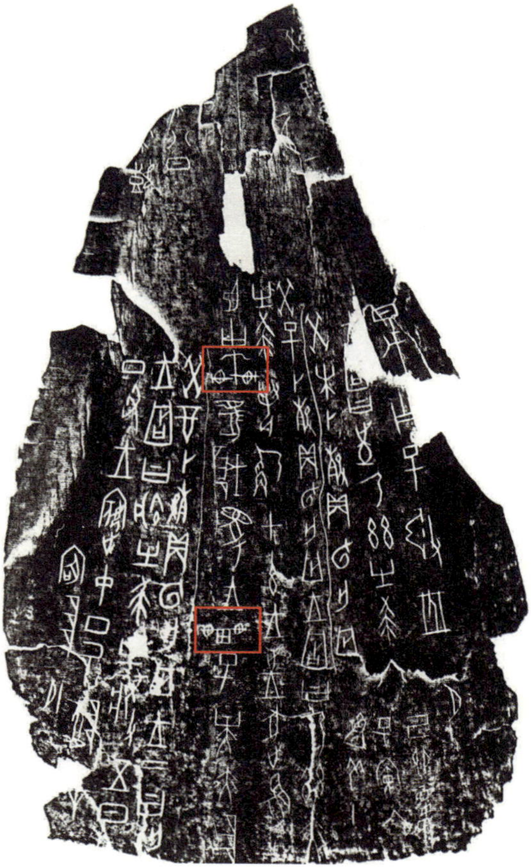

祭祀坑的头骨
唐际根:《殷墟:一个
的背影》,科学出版社,
年

人，一个很重要的原因是商人有强大的社会组织。据甲骨文记载，商人打仗的时候分左师和右师。有了左、右两支部队的建制，就可以形成合围来攻击敌人。考古发现证实，商朝兵器是10件一捆，说明当时可能已经有小队的概念。这样有组织的打仗方式在当时十分先进，所以能抓到羌人。商人抓住羌人后，杀掉羌人用于殉葬或祭祀。被杀死的羌人就埋在了殷墟王陵区，而且是一排一排、一组一组地埋。他们会一次性杀掉几十个、上百个羌人。2013年，我带着考古队在安阳殷墟发掘了3个坑，3个坑里都发现了一具一具叠压起来人骨，都没有脑袋。然而在一些大墓的墓道里或大墓附近，发现有10个一排、成排垒起来的头骨，应是用作祭祀。

甲骨文是何时被创造的？

从表面上看，超过99%以上的甲骨出土在安阳殷墟，表明这些文字是生活在大邑商的商朝人刻上去的，但是商朝人刻字的时间并不等于甲骨文被创造出来的时间。甲骨文是什么时候刻上去的？甲骨文是什么时候造出来的？甲骨文的源头是什么？这些都是不同的概念。

甲骨文的发明时间很可能比商王朝更早，至于早到什么时候，学术界争论颇多，到今天为止只形成一个共识：甲骨文一定不是我们见到的最古老的文字。一些学者认为，甲骨文创造于仰韶文化时期，距今5000多年前；也有一些学者认为，甲骨文的创制时间可能没那么早，但应是在史前时期，可是检索史前时期的考古发现资料之后，学者们意识到不管是山东龙山文化的丁公陶文，或是河南二里头的刻画符号，还是仰韶时期半坡的刻画符号，都跟甲骨文完全不同。甲骨文到底是什么时候造出来的？这个问题至今仍然是谜。根据我和常淑敏博士最新的研究结果，甲骨文是公元前15世纪前后被批量造出来的。

我们研究甲骨文创制年代的方法，叫做“源体对征”。甲骨文中有一个概念叫“取象构形”，大量甲骨文字是通过形或形旁来构形的，这些“形”或取象于日月山川、风云雷电、动物植物、人体器官，或取象于日常生活、

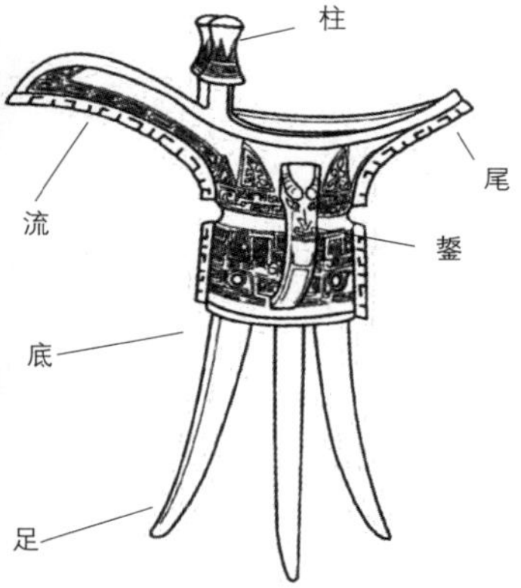

自王巍主编：《中国考古学大辞典》第 42 页，
辞书出版社，2014 年，标注为编者加

鼎 尖足 引自王巍主编：《中国考古学大辞
41 页，上海辞书出版社，2014 年

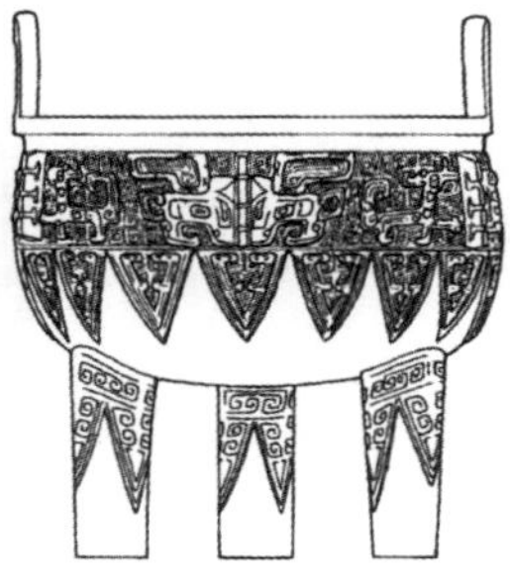
鼎 平足 引自《中国考古学大辞典》第 41 页，
书出版社，2014 年

社会活动、军事行动所涉及的各类设施和器物。这种“取象构形”的规律，给了我们研究甲骨文创制年代的机会。甲骨文中大量文字取象于器物，炊器如鼎、鬲，食器如簋、豆，酒器如爵、斝，兵器如戈、钺，日常用具如床、席、车等。因为器物在考古学里是对应年代的，一旦这些器物入字，那么我们很可能就顺势找到了文字的年代。

以“爵”字为例，在考古发现中出土的商早期偏晚的爵（公元前 15 世纪前后），其特点是底部平直，而殷墟出土的爵底部是尖弧形的。这 2 种爵之间的年代差了 200 年左右，这 2 种爵的年代差对于我们解决甲骨文创造时间的问题很关键。我们对所有出现在甲骨文里的“爵”字进行整理之后发现，不外乎 5 种形态和写法，这 5 种写法都映照了平底、长流的爵，也就是公元前 15 世纪的爵。为了证明甲骨文“爵”字取象的时间并不早于公元前 15 世纪，我们将甲骨文“爵”字与二里头出土的爵也进行了对比，并没有发现有取象上的关联。可见甲骨文“爵”字，反映的并非殷墟时期的爵，而是更早时期的爵，当然也不反映比商早期偏晚阶段更早的二里头时期的爵。这就证明，甲骨文“爵”字取象于公元前 15 世纪的器物。殷墟出土的青铜器铭文上也有“爵”字，这个字和殷墟时期的爵完全没有相似之处，反而和商王朝早期偏晚阶段的爵比较像。

再举一个例子，甲骨文“鼎”字。甲骨文中的“鼎”字一共有 8 种形态，将这 8 种形态的“鼎”字和殷墟出土的青铜鼎相比，也完全不相似。殷墟的鼎都是平足跟，但甲骨文“鼎”字底下是尖的，中间有空隙。考古中确实发现过这种鼎，它的器型比较特别，只产生于公元前 15 世纪。殷墟中出土的鼎铸造于商王朝晚期，殷墟的甲骨文、金文“鼎”字居然没有法取这个时期鼎的外形，而法取了公元前 15 世纪前后的空锥足带尖顶的鼎，这也证明甲骨文是法取于公元前 15 世纪前后的器物。经过我们的研究发现，今天见到的甲骨文，大多数应该是公元前 15 世纪前后被造出来的。

尽管如此，我们依旧认为，甲骨文之前极有可能已有文字存在，不能简单将甲骨文创制于公元前 15 世纪的结论等同于汉字起源的时间。汉字的源头可能更早，中国文字的历史很长，甲骨文可能是商王朝人自己创制的全新文字。这批文字的出现，不等于汉字的起源，更像是发生在中国历史上的一场汉字革命。过去有一种说法：汉字、音乐是劳动人民在劳动的过程中创造出来的，劳动人民一起喊号子，于是有了音乐；劳动人民为了交流，于是积累产生了文字。但是根据现在的研究结果，甲骨文不像是这样创造出来的，因为甲骨文造字的时间集中在公元前 15 世纪前后，而且甲骨文具有较为统一的造字规律，具有较为明显的取象构形的方式，更像是一个人或几个人在汉字革命中创制出来的。

一个纯粹做甲骨文字研究的人，如果不懂得商代的青铜器，可能未必能探究出甲骨文的创制时间，而一个纯粹做考古研究的人，即便对器物很熟悉，但是完全不懂甲骨文，也很难发现这个规律。当甲骨文与考古发掘结合起来，不仅可以发现真实、有趣的历史，还可以有许多新鲜的发现与观点。

殷墟与青铜器：神秘的青铜王国

殷墟青铜器

殷墟出土有大量的青铜器，著名的司母戊鼎[4]就是殷墟出土的。司母戊鼎

4. 又称“后母戊鼎”，下文“司母辛鼎”也称“后母辛鼎”。（编者注）

鼎　动脉影摄

妇好墓青铜钺　动脉影摄

现藏于国家博物馆，但 2006 年曾经作为庆祝殷墟列入世界文化遗产的特别展品回到安阳，在殷墟博物馆展览了一年半。司母戊鼎到达殷墟博物馆的当天，安阳举办了一个迎接仪式。第二天司母戊鼎正式展出时，殷墟博物馆里里外外游人如织，人山人海。

司母戊鼎是 1939 年由当地农民挖出来的。正式经过科学发掘出土的最有名的鼎，也有“司母”二字，被称作司母辛鼎。司母辛鼎出自著名的妇好墓中，它很重，但没有司母戊鼎重。这两件器物，从形态上、花纹上看，应该大体铸造于同一时期。有理由相信这两件鼎的主人“母辛”和“母戊”当年很可能相识。司母辛鼎涉及妇好、商王武丁，又涉及“母戊”，因而涉及了武丁的家族，意义重大。

《国家宝藏》第一季曾经展示过一件青铜器叫做鸮尊，鸮尊也出土于妇好墓。妇好墓中一共随葬了两件鸮尊，一件收藏于国家博物馆，另一件收藏于河南博物院。《国家宝藏》第二季又展示了一件青铜尊，是一件牛尊，这件青铜器收藏在殷墟博物馆。牛尊之所以重要，一是因为造型漂亮，二是

牛尊　动脉影摄

因为牛与商王朝有着密切的关系。史书记载，商人的先祖“王亥”曾经赶着牛去交易；商人用大量的牛作为祭祀的牺牲（祭品）。这件牛尊的形态看起来是一头水牛，商王朝的时候水牛应该还没有被驯化，水牛在那时如同一头猛虎，所以商朝人一旦猎获水牛，就要作为大事记录在甲骨上。

人头青铜甗　动脉影摄

青铜器背后的文化与科技

殷墟发现的青铜器还有很多，有一件青铜甗（一种炊具，功能上类似现在的蒸锅）从外观上来看很普通，但是我们在里面发现了一颗人头。由于这件甗被发现的时候已经变形，里面的头骨至今也没能提取出来。当年，大家曾以为这颗人头是不小心滚落进去的，毕竟只发现一例的话还只是孤例，但十多年后我们在殷墟又发现了另外一件装有人头骨的青铜甗，因而引起我们高度重视。为此我们对头骨做了检测，检测显示头骨的钙质流失严重，显然是被特意蒸煮过了。这是一个令人毛骨悚然的发现，说明当时商人可能会用战俘的头颅来祭祀。

虎噬人卣　动脉影摄

商代青铜器反映出的神秘祭祀文化还有虎噬人首纹铜钺。这件青铜钺出土于妇好墓。钺本是一种砍头的兵器或刑具。钺的出土，说明妇好有砍头的权力。细看这件青铜钺的纹饰，其构图是两头猛虎相对而立，中间含着一个人头，通过老虎吞噬人头的造型表达出特定的祭祀主题，考古学家将此种特定图像称为“人兽母题”。根据甲骨文卜辞记载，妇好曾经主持祭祀，这件铜钺可能是祭祀权力的象征，当然也是她手握兵权的象征。

日本和法国的博物馆各收藏有一件商代青铜卣（一

鼎鼎耳上的纹饰　动脉影摄

梁卣　动脉影摄

种酒器），也表现了老虎噬人的主题，但有学者觉得这2件青铜卣的“人兽母题”图像，表现的是老虎和人互相拥抱的姿态，人的头伸在老虎大张的口中，表情平静。有学者认为这可能是商代的祭师或“萨满”化身为“蹻”（老虎）的一种场景。也有人认为虎可能是一种图腾，虎噬人的主题表现的是向图腾献祭的场景。同样的，著名的司母戊鼎的耳外侧也有浮雕式的虎噬人纹饰。种种迹象表明，人兽母题是商代很重要的意象，背后隐藏的正是商王朝的祭祀文化。

殷墟青铜器背后的历史、文化与科技可谓博大精深。再举一个科技方面的例子。比如有一件青铜提梁卣的结构可分为3部分，每个部分可以各自分开，但合在一起则形成一个整体。卣的顶部有麻花形的提梁，这个提梁跟器体上的环是互相扣着的，却是个活扣，所以这个提梁可以来回摇摆，叮当作响。3000年前的人运用了怎样的技术，把2个死环扣在一起变成活扣？考古学家当然找到了答案。此处我们卖个关子，不将答案说明，希望读者自己去思考。倘若你找到答案，你一定会惊叹商人铸铜技术的高超精妙。

殷墟是人类的世界文化遗产

对于人类具有突出的普遍价值的文化遗产，联合国教科文组织在1972年出台了《保护世界文化遗产与自然遗产公约》。截至2019年，全球有超过190个国家签署并认可了这份公约，列入“世界遗产名录”的遗产有

1121项，分属167个国家。其中，文化遗产869项，自然遗产213项，混合遗产39项。

中国列入“世界遗产名录”的遗产有55项，与意大利数量相同，其中文化遗产37项，自然遗产14项，混合遗产4项，包括长城、莫高窟、大足石窟、云冈石窟、龙门石窟等文化遗产，还有诸如武夷山的双遗产等。被列入世界遗产名录的中国遗址中，有一类比较特殊，就是古遗址。早年被列入世界遗产名录的古遗址有北京的周口店猿人洞、西安的兵马俑，后来还有高句丽和元上都等，最新被列入的是浙江的良渚古城[5]。安阳殷墟是2006年被列入世界文化遗产的，它符合世界遗产6条标准中的4条：

·殷墟作为商王朝都邑，展现了包括文字系统在内顶峰时期的中国古代青铜文化。

·提供了非同寻常的关于商代晚期文化传统的证据，包括丰富的科学发明与技术成就，例如建立在日相与月相观察上的天文历法，刻写在甲骨上的中国最早的书写文字。

·殷墟的宫殿宗庙遗址、王陵遗址留下了中国古代建筑的杰出范例。它们奠定了中国古代宫殿制度和陵园制度的初期形态，具有重要意义。

·殷墟的考古发现，为汉字语言、古代信仰、社会制度以及若干重大历史事件留下了物质证据，从而具有突出的普遍的价值。

可以说，我们今天根据殷墟遗址所知道的商王朝，已经远远超过了司马迁认知中的商王朝，远远超过了郭沫若认知中的商王朝，超过了众多过去的历史学家认知中的商王朝。当3000多年前的甲骨文上那些零零碎碎的文献和系统发掘出来的考古材料结合到一起，我们仿佛看到了一个真实的商王朝，看到了商王朝的宏大历史，看到了商王朝的生活细节。历史长河中的吉光片羽，一直在向我们娓娓诉说。

5. 指截至2019年。（编者注）

考古小知识

锶同位素

锶是一种化学元素，元素符号是 Sr。自然界中，锶以 ^{84}Sr，^{86}Sr，^{87}Sr，^{88}Sr 4 种同位素形式存在。人体通过饮食，从自然界获得锶元素。生活在不同地区的人，因居住环境不同，摄取的锶同位素 $^{86}Sr/^{87}Sr$ 的比值不同。人牙齿中的 $^{86}Sr/^{87}Sr$ 比值，代表此个体换恒牙之前的生长环境。当个体移动到新的环境，其牙齿中的 $^{86}Sr/^{87}Sr$ 比值不会发生变化，但骨骼中的 $^{86}Sr/^{87}Sr$ 比值则会被新环境中的比值替代。据此，考古学家可以通过锶同位素了解人的生长地和死亡地。

相关遗址

洹北商城

洹北商城位于河南省安阳市北郊，南邻洹河，往西约 19 千米即进入太行山东麓，北面是漳河冲积所形成的平地，东面和南面则是开阔的冲积平原。地势总体平坦，但略呈西北高、东南低走势。洹北商城平面略呈方形，方向 13 度，与举世闻名的殷墟遗址略有重叠，其南北向城墙基槽长约 2200 米，东西向城墙基槽长约 2150 米，占地约 4.7 平方千米。安阳洹北商城是继殷墟、郑州商城、偃师商城之后，发现的又一处商代都邑遗址。它是商王朝中期的都城遗址，与殷墟王陵遗址以及殷墟宫殿宗庙遗址等，共同构建起规模宏大、气势磅礴的大殷墟遗址保护区。洹北商城的发现被誉为殷墟考古史上一次新突破，和甲骨文的发现一样意义重大。

相关阅读

[1] 李济：《安阳》，上海人民出版社，2007 年。

[2] 郑振香：《殷墟妇好墓》，文物出版社，1980 年。

[3] 中国社会科学院考古研究所编著：《殷墟的发现与研究》，科学出版社，1994 年。

[4] 唐际根：《殷墟：一个王朝的背影》，科学出版社，2009 年。

[5] 李伯谦、唐际根编：《青铜器与中国青铜时代》，中国科学技术大学出版社，2018 年。

[6] 刘庆柱主编：《中国考古发现与研究：1949—2009》，人民出版社，2010 年。

雷雨

四川省文物考古研究院三星堆遗址工作站站长

动脉影摄

三星堆

青铜时代的奇葩

1929

档案

时间：1929 年

位置：四川省广汉市三星堆镇

时代：新石器时代晚期—春秋早期（距今 4800—2600 年）

面积：12 平方千米

纪人类最伟大的考古发现之一

广汉三星堆遗址入选“百年百大考古发现”

三星堆遗址位于四川省广汉市三星堆镇，成都平原北部沱江支流湔江（鸭子河）的南岸。遗址分布面积约 12 平方千米，核心区域为三星堆古城，面积约 3.6 平方千米，是四川盆地目前发现的夏商时期规模最大、等级最高的都邑性遗址。根据对三星堆遗址的历次调查、勘探和发掘，我们掌握了三星堆遗址的分布范围和保存状况，对遗址的性质和文化内涵有了基本的认识，三星堆遗址是古蜀文明遗址并长期是古蜀国的政治、经济、文化和宗教中心。在长逾 2000 年的时间里，古蜀人在这里繁衍生息，演绎了人类文明从孕育诞生、繁荣辉煌到走向衰落的完整过程，这样的遗址在全国范围内是仅见的，在世界范围内也不多见。

“沉睡几千年，一醒惊天下”

1929 年燕氏父子的偶然发现，“广汉玉器”声名鹊起

1929 年，原中兴乡农民燕道诚在其住宅旁掏水沟的过程中，偶然发现了一些石环，根据自己早年在衙门里做过事的经验，他推测土里应该还有玉石珍宝，为了不招人耳目，等到夜色四起的时候，燕道诚才带着家人在此处进行挖掘，发现玉琎、玉圭、石珠等物品。在这之后，燕道城为了贴补家用，曾经将这些器物出售，这也使得在中兴乡挖到宝贝的消息不胫而走，传到了华西协合大学博物馆馆长葛维汉的耳中。

1934 年葛维汉的发掘——“太平场遗址”和“广汉文化”概念出现

1934 年 3 月 16 日，华西协合大学博物馆（今四川大学博物馆前身）馆长葛维汉和副馆长林名均在广汉县政府的保护下，在 1929 年燕家发掘玉石器的地点附近进行了三星堆历史上的首次考古发掘，出土了 600 余件玉器、石器和陶器，这批器物后来以广汉太平场遗物的名义保存在华西协合大学古物博物馆。葛维汉认为这批遗物年代上限为新石器时代晚期，下限到周代初

院子玉石器坑出土的玉

期，并提出了“太平场遗址”和“广汉文化”的概念。

1934年7月9日，旅居日本的郭沫若在给当时华西协合大学博物馆副馆长林名均的信中说：“在汉州发现的器物，如玉璧、玉璋、玉圭均与华北、华中发现者相似，这是古代西蜀曾与华中、华北有过文化接触的证明。”1942年，林名均在《广汉古代遗物之发现及其发掘》中认为，1929年和1934年在广汉出土的遗物非常重要，其价值在于“广汉出土器物之精工，无逊于中原，显示了古蜀文化之发达”“古蜀文化受到了中原文化的影响”“以此推之，蜀中还有更重要的文化遗存”。

作为三星堆遗址的一部分，月亮湾遗址的发现和发掘，当时不仅轰动了国内的学术界，也传扬到了国外，不过后来由于时局动荡，三星堆遗址的发掘处于停顿状态。

20世纪50年代以来的调查与试掘，“三星堆遗址”得以命名

20世纪50年代，四川省文物管理委员会和西南博物院对广汉中兴场的马牧河一带进行了多次考古调查，发现马牧河北岸月亮湾台地东部的“横梁子”一带和南岸的三星堆台地都有丰富的古文化遗存，由于当时的考古工作者没有意识到三星堆遗址的规模，因此分别称之为“横梁子遗址”和“三星堆遗址”。

20世纪60年代，四川大学师生来到三星堆遗址一带进行考古调查，根据采集到的遗物，调查者意识到马牧河两岸诸多的遗存点都应该属于同一个大遗址，于是将两岸的遗存点统一命名为“中兴遗址”。调查者还认为“中兴遗址”地处文献记载的古蜀国疆域，因此当属于古蜀文化遗址。

三星堆遗址青关山 H1
物出土情形

三星堆遗址出土的石

古故事

我在三星堆工作近40年，对我国考古事业的飞速发展感受极深。1984年我到三星堆参加发掘的时候，住的是
的农民房屋，交通工具是自行车，可以载货、很笨重的那种。因为我是重庆人，天生不会骑车，因此便在三星堆
活用，由于技术欠佳，有一次从发掘工地回驻地，过马牧河便桥的时候龙头不稳，大冬天的连人带车掉进了冰冷
中……那个时候的发掘和记录工具基本上是人手1把手铲、1块绘图板、1把钢卷尺和1本笔记本，几个人合用
皮尺、1部120相机。由于发掘工地都是露天的，因此找厕所是件极其尴尬的事情，尤其闹肚子的时候……发掘
现代科技能沾上边的活儿应该就是碳十四测年标本的采集了。现如今的考古工作环境、发掘技术和手段与以前相
完全不可同日而语，以三星堆祭祀区的第二次发掘来说，考古大棚、恒温恒湿的考古发掘舱、现场实验室、无人
RTK[1]、色谱仪、光谱仪、超景深显微镜、雷磁pH计、高频振荡仪等大量先进的仪器设备几乎成为标配，电磁探
微痕检测、生物检测、古DNA检测、同位素分析、3D扫描、3D打印等高科技被广泛应用，大量理科生在发掘
从事科技考古的各项工作。可以说，考古学越来越像是一门文理交叉、技术驱动的学科了，以理科的手段来阐释
的理念，将成熟技术尽可能多地应用于考古学来研究古代社会的方方面面，已成为考古学学科发展的大趋势。

Real-time kinematic时实动态载波相位差分技术，用于测量定位。（编者注）

1963年，四川大学和四川省文物管理委员会在月亮湾台地进行了考古发掘，发掘者认为这个遗址的延续时间很长，应当属于同一个文化系统不同时期的文化堆积。

20世纪80年代以来，三星堆遗址的分期基本确定

1986年，两大“祭祀坑”[2]的发现，更使得三星堆名扬天下。三星堆遗址主体文化堆积的年代从新石器时代晚期开始，历经夏、商、西周、春秋早期，可以分为四大发展时期：一期是新石器时代晚期阶段；二期早段是新石器时代晚期—夏王朝初期，二期晚段是夏王朝中晚期—商王朝早期；三期是商王朝中期；四期早段是商王朝晚期，青铜神树就是这个阶段的产物，这个时期也是三星堆遗址最繁盛的时期，后来发现的八大“祭祀坑”即属于这一时期；四期晚段在西周时期—春秋时期，这个时期三星堆文明开始衰落。

2. 就目前的考古发现来看，发掘者将这些器物坑定性为“祭祀坑”，不排除将来有新发现重新定性的可能。（编者注）

三星堆古城

三星堆遗址的核心是分布面积达 3.6 平方千米的南中国最大的夏商时期的古城——三星堆城址，随
“十二五”以来聚落考古的开展，使得三星堆城址的布局也逐渐清晰了起来，一个由大型多重城圈、超大型建筑
高等级“祭祀坑”、玉石器作坊、早期墓地等重要文化遗存构成的都邑性遗址的面貌浮现在了人们的眼前。以目
的认知，三星堆古城的形成，可能经过了三大阶段：每个阶段城墙的墙体结构都有所差异，可能代表了不同时期
筑墙方法。

1. 三星堆遗址第二期：夏时期，这个时期墙体的块状结构非常明显，代表了南方城址典型的筑墙方式。

2. 三星堆遗址第三期早段：商时期，这个阶段开始出现主副城墙的结构。

3. 三星堆遗址第三期晚段：商时期，这个阶段的城墙堆筑方式比较随意，但仍能看出是大平层、逐层向上
堆筑方式。

经过这三个阶段的发展，最终在商代中晚期，形成了“一大数小”、面积约 3.6 平方千米的三星堆古城。城
将三星堆古城划分出了若干个功能区。根据考古发掘，位于月亮湾小城的青关山土台是一个巨大的、人工建造的
土台，由于在夯土台上发现了三个超大的建筑基址，因此我们推测月亮湾小城可能是三星堆王国的宫城所在地。
关山一号建筑基址面积达 1000 多平方米，是商代南中国地区已知的最大的单体建筑。

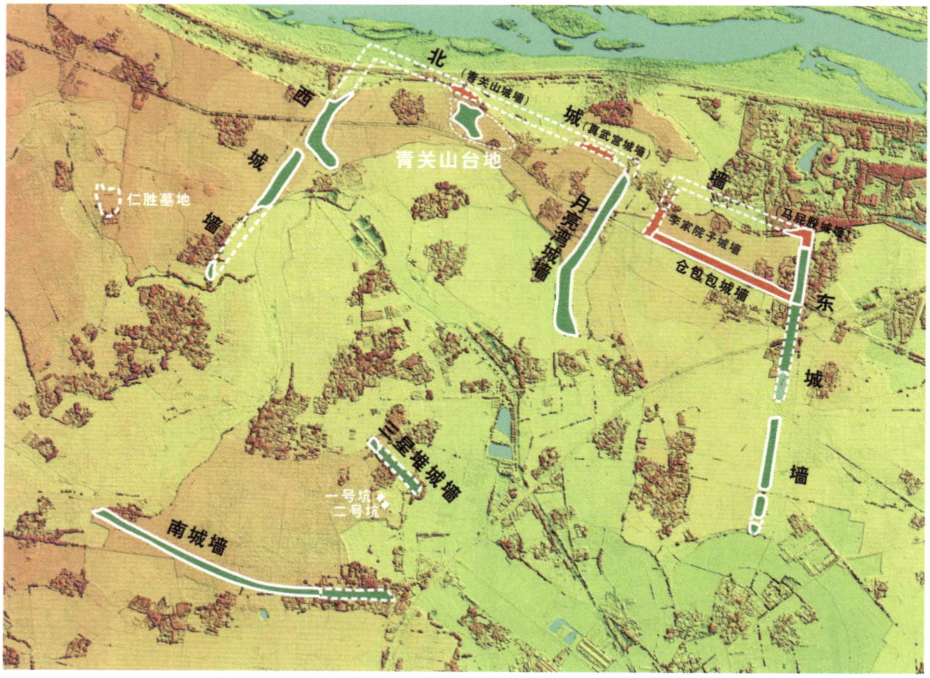

三星堆城址平面结

温恒湿考古工作舱，考古
灵变"大白"
号坑清理情形)

21 世纪以来的调查、勘探与发掘，三星堆古城的布局与演变过程逐渐明晰

进入新世纪后的"十二五"期间，借着三星堆考古被列入"中华文明探源工程"的契机，我们重点开展了区域聚落形态的考古调查以及三星堆遗址本体的勘探和发掘工作，发现、发掘了青关山大型建筑基址群并在三星堆城址的布局（一大城数小城）和形成过程（先小城后大城）方面取得了突破性认识。近年来，国家文物局和四川省委宣传部相继将三星堆遗址的考古工作纳入了"考古中国"与"古蜀文明保护传承工程"的重大项目，借着这股东风，我们再次加大了工作力度，在包括一号、二号"祭祀坑"区域在内的几处地点结合物探[3]等手段进行了考古勘探和小规模试掘，力图有所突破。

令人振奋的是，2019 年 12 月以来，我们在一号、二号"祭祀坑"所在区域相继发现了三至八号"祭祀坑"，可谓"小睡数十年，再醒惊天下"。

青关山大型建筑群位于马牧河北岸，而一至八号"祭祀坑"作为祭祀遗存位于马牧河南岸，这种宫殿区和祭祀场所隔河相望，有学者称之为是"人神分割"的、有地域特色的城市布局。

---

3. 即地球物理勘探，与钻探比具有成本低、效率高等优点。（编者注）

三星堆遗址的新发现

三星堆的 8 个“祭祀坑”

三星堆遗址现出土有陶、石、玉、铜、金、象牙、海贝、丝绸等文化遗物约 50000 件，其中 1986 年发现的 2 个“祭祀坑”出土的器物大多数造型奇特，尤其引人注目。具体来说，一号和二号“祭祀坑”中的器物除部分是中原地区商时期常见的玉石器、青铜礼器以外，很多是过去中国从未发现过的器物类型，例如青铜群像（人像、神像、面具等）、神树、神坛、太阳形器、眼睛（眼形器）、金杖、金面罩等，这些器物构成了三星堆文化最为辉煌同时也是最为独特的部分。

三星堆青铜神树　动脉影摄

2019 年 11 月至 2020 年 8 月，考古工作者在一号“祭祀坑”和二号“祭祀坑”周围新发现了 6 个“祭祀坑”。截至 2021 年 8 月，已出土金器、铜器、玉器、玛瑙器、石器、陶器、纺织物、漆木器、象牙器、象牙、海贝等重要遗物 10000 余件（片）。新发现的这 6 个“祭祀坑”与 1986 年发现的 2 个坑均为长方形或近方形土坑，基本形制和朝向大体一致，出土文物种类相似，但是这 6 个“祭祀坑”大小不一、深浅不同，面积在 3.5—19 平方米之间，坑内出土有很多新的器型，但每一个坑内的器物似乎都有所侧重，尤其是五号、六号 2 个小坑。

三号“祭祀坑”中埋藏的文物以青铜器与

三星堆的祭祀文化

大家对三星堆八大“祭祀坑”耳熟能详，其实，三星堆遗址的祭祀坑远不止 8 个。根据研究，三星堆的祭祀坑可以大致分为三个等级：第一个等级为一至八号“祭祀坑”，均为长方形坑，集中分布在南部的祭祀区；第二个等级为玉石器坑，个别玉石器坑也填埋有少量的铜器，主要发现于遗址的北部，像燕家院子玉石器坑、仓包包玉石器坑、梭子田玉石器坑等；第三个等级为陶器坑，数量众多，大多发现于居住址内，一般表现为满坑填埋的完整陶器且多被火烧过，一些陶器坑也埋有少量破损的琮、璧、璋等石质礼器，极个别的还埋有绿松石和金箔片。这些祭祀坑是三星堆文化时期从上到下、各个阶层的人们频繁进行祭祀活动的遗存，反映了古蜀国成系统、有序列的宗教祭祀活动。换句话说，三星堆文化时期的古蜀国是全民祭祀的，不论是贵族还是平民，都要进行祭祀活动，因此有学者认为三星堆文化时期的古蜀国压根儿就是一个神权古国，三星堆人把“国之大事，在祀与戎”的“祀”发挥到了极致，而“戎”被弱化到了极点（遗址内极少发现实用兵器），他们把最珍贵的资源都用来制作宗教用器，把最美好的东西都拿去献给神灵。这种“举国皆祀”的风气即使在古蜀国的历史上也仅见于三星堆和金沙时期，也就是商周时期。与殷墟不同，三星堆遗址迄今为止未发现人祭现象，兽祭也不普遍。根据研究，三星堆文化时期的古蜀国有一套独特而规范的礼仪制度，反映在礼器上有以下几点：铜器以尊、罍为中心，“顶礼（尊）膜拜”的场景屡见不鲜；玉器以璋为核心；石器则是以璧为核心。三星堆遗址出土的石璧，数量之多、形体之大，在中国其他青铜文明当中十分罕见，最大的石璧直径有 70.5 厘米，重量接近 100 斤，而且这些石璧是成套出现的，按照大小依次排列或者累置，我们称之为列璧，这种列璧现象与后来中原地区的列鼎制度是十分相似的。

三号坑器物暴露情形

四号坑灰烬层中发现的纺织品

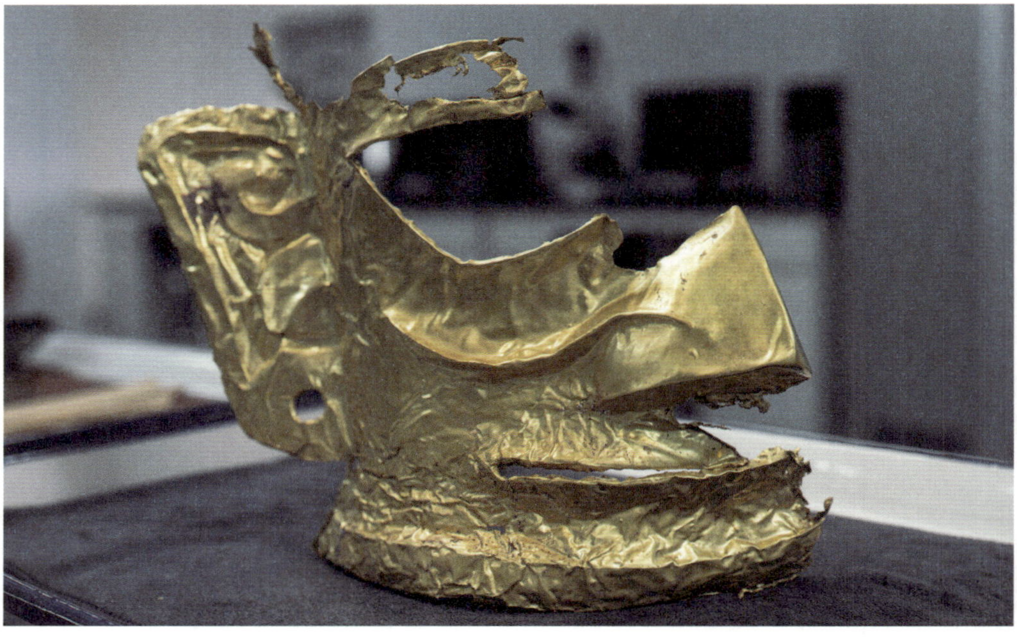

五号坑的金面具

上部发掘情形

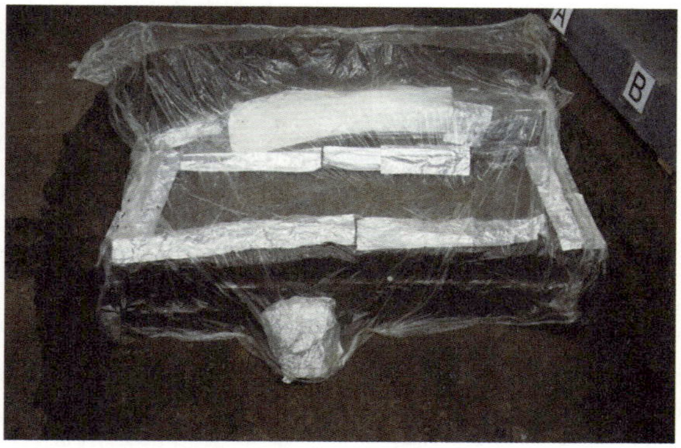

六号坑的“木箱”

八号坑上部发掘情形

象牙为主，数量均已超过300件，包括铜顶尊人像、铜顶坛人像、铜人头像、铜面具、铜神树、铜眼形器、铜蛇、铜圆尊、铜方尊、铜圆口方尊、铜圆罍、铜盆等，除此之外，还发现了金面具、玉石器、海贝等遗物。其中大型青铜面具宽135厘米、高74厘米，一件青铜器以立人手举头顶神坛的造型，形制极其复杂罕见，期待其完美现身。另有一件铜顶尊人像形制和体量也非常震撼，通高115厘米，下部为一个三星堆风格的跪坐铜人，双手合握于身前，头部顶一块方板，方板连接一中原风格的大口尊，尊的肩部还附有多条精美的龙形装饰。

四号“祭祀坑”的用火痕迹极其明显，灰烬堆积很厚，我们在灰烬层里检测到了蚕丝蛋白，也就是发现了丝织品的水解物残留，这是首次在三星堆遗址发现丝绸，堪称三星堆祭祀区第二次发掘的最大亮点之一。此外，灰烬层中还检测到竹、楠木等好几种植物的残留。坑内其他遗物计有金器、铜器、玉器、石器、陶器、象牙、纺织物等逾 700 件（片）。玉器有琮、凿、瑗等；金器有带饰、挂饰等；铜器有人像、戈、戚形方孔璧等，其中一组 3 件青铜扭头跪坐人像极为珍贵，其姿态和面部表情即使在三星堆都显得相当罕见，估计这 3 件铜扭头跪坐人像是一个组合器的底座。

五号“祭祀坑”中的器物以大量象牙器残片、玉器残片、金箔片、珠饰等小件器物为主。圆形金箔片带有穿孔、遍布全坑且分布似有规律，推测为附着在衣服或纺织物上的装饰。坑内其他器物还有金器、铜器、玉石器、陶器等，数量约 50 件（片），以大型金面具（残）、鸟形金饰最为重要，部分象牙器残片上雕刻有云雷纹、蝉纹、羽翅纹、弦纹等纹饰，十分规整、精细。

六号“祭祀坑”中发现 1 件保存完整的“木箱”，长约 1.7 米，宽约 0.57 米，高约 0.4 米，内侧涂有朱砂，四周侧板形制完整，但已完全炭化，“木箱”内的南半部现已清理，除已检测到丝织品的残留外，未发现肉眼可见的遗物或者是人骨，但在“木箱”北部西侧侧板与底板交界处出土了一把玉刀，另外填土中还发现了少量铜器、玉器、石器、陶器和木器等遗物。“木箱”类的遗存为三星堆遗址首次发现，其功用目前尚无法知晓，现已将其整体套箱切割运回了实验室进行清理。

七号“祭祀坑”由于被六号“祭祀坑”打破[4]，因此开挖较晚，目前刚发掘到器物层，象牙层开始大面积暴露出来，较为完整的象牙已发现了 60 余根，此外，填土中还出土了少量金器、铜器、石器、骨器和陶器等遗物。

---

4. 地层学术语，打破指堆积过程中破坏原有地层的现象，与之相对的是“叠压”，是一种地层堆积在另一种地层之上。（编者注）

八号“祭祀坑”目前已提取的文物包括铜器、金器、玛瑙器、玉器、石器、陶器等约3800件（片）。较大型的青铜器多被有意识地打碎，碎片主要来自青铜神树。中小型的青铜器主要包括铜人头像、铜面具、铜跪坐人像、铜“鼓”、铜铃、铜贝、铜戈等。玉器主要包括璋、斧、凿、管以及大量玉珠等。石器中的一件大型石磬极为珍贵。在灰烬堆积中还散布着不少金器，部分可辨是黄金树叶和穿孔圆形金箔片。除此之外，在部分铜器残件表面还发现了未完全燃烧的纺织物残片。目前，灰烬堆积以下的黄色沙土堆积和大型象牙已经显露了出来。

三星堆为什么有那么多象牙？

位于三星堆遗址南部的几大祭祀坑出土了大量的象牙，还有不少象牙器和象牙器坯料。此外，在遗址西部的仁胜墓地的土坑墓中、北部的青关山大型建筑基址的夯土房基内，也曾有不少象牙出土。比三星堆稍晚的金沙遗址也出土了大量的象牙和象牙制品，还出土了一件刻画有跪坐人肩扛象牙图案的玉璋，清楚地向人们展示了古蜀人用象牙进行祭祀活动的场景，而像三星堆、金沙遗址这种大量集中埋藏象牙的现象，不见于商周时期中国的其他地区。可以看出，象牙在古蜀人的心目中具有十分崇高的地位，它们被广泛用于祭祀活动，或埋入祭祀遗迹、或填进建筑基址，献给神灵，与此同时，还有部分象牙被当成财富埋进墓葬，另有部分象牙被用来制作象牙器。据研究，商周时期成都平原的气候是适宜大象生活的，因此，三星堆的象牙可能来源于或大部分来源于本地。

三星堆的青铜器

三星堆文化的青铜器以介于具象和抽象之间的人像、神像、半人半神像为造型的主题，对在宗教礼仪活动中主持仪式的祭司或者是巫师等神职人员的形象表现颇多，这与中原地区商文化青铜器以礼（容）器为造型主题的传统迥然不同。和中原地区商文化相比，三星堆青铜文化的神巫色彩更加浓厚，

三星堆文化的独特器物

三星堆青铜簪发人头像

三星堆青铜辫发人头像

反映了古代蜀人对人与神充满想象力的独特理解，也反映了古蜀国上层独特的权力架构——神职人员具有非常高的地位，也正因此，有人说三星堆是神权国家。

三星堆青铜器的人物造像既有巨大的面像（这种面像被认为是表现具有“千里眼”和“顺风耳”的神的形象，也有人认为是第一代蜀王的神像，因为传说第一代蜀王拥有“纵目”，即双眼突出），也有与真人大小相似的可能为祭司的立像等。青铜器的人物造像既有自带器座，可以独立放置的大立人，也有一些需要安装在木制身躯或者插在木桩上的面像或人像，甚至还有安放在墙壁上的眼形器。三星堆青铜器中也有很多动物的形象：虎、龙、蛇等，其中鸟的形象尤其普遍。植物型的铜器以青铜神树为代表，组合型的铜像有铜神坛等。这些器物可以说是中国青铜艺术的精华。

从三星堆青铜人头像的发饰上来看，古蜀国统治集团的组成较为复杂，他们应该是来自不同的部落甚至是不同的民族。现有的考古资料表明，成都平原地区大约是从距今5100年左右才开始有人定居，这些定居于此的人群中，有相当大一部分都是来自四川西北山地和高原的，而四川西北高原的民族众多，部落林立，即使是在汉武帝时期，四川西部山区仍然有“六夷、七羌、九氐”（《后汉书·南蛮西南夷传》）多部落的记载。在三星堆一号、二号“祭祀坑”中出土的57件人头像中，有47件为辫发的形态，其余的则为簪发，所以，我们推测辫发族是古蜀国统治集团中最为主要的族群，他们可能是掌握了世俗权力的贵族，而其余的以大立人为代表的簪发族则可能是掌握了神权的祭司阶层，地位要高于辫发族。三星堆古蜀国统治集团族群的复杂化在相当程度上也导致了三星堆文化面貌的复杂化。

三星堆文化的特征

三星堆文化是一种多元复合型文化。遗址出土数量最多的是陶器和石器，而这些器物绝大多数都具有很明显的地域特征，在文化因素中占据着主导地位。与此同时，三星堆文化还深深烙印着其他文化的印记，体现了三星堆海纳百川的包容性和吸附性：以金杖、金面具为代表的黄金制品，以大立人像、人面像为代表的青铜雕像，还有三星堆古城使用土坯的城墙筑造技术可能与西亚两河流域乃至更远地区的文明有着某种关联性。

就文明的发达程度、对后世和周边地区的影响来看，三星堆文明并没有达到中原地区夏商文明的高度，但是在艺术的想象力和创造力、大型铜器的铸造、黄金的锻打和利用方面则远远超过了当时的中原。

三星堆祭祀区第二次发掘出现的新器型，比如三号“祭祀坑”那件青铜顶尊人像，既充分说明了古蜀文化与中原文化有着密切的联系，又深刻反映出古蜀人基于自身的精神信仰及文化传统，对来自其他文明的文化因素进行了适合自身的文化选择与改造创新，从而形成了个性鲜明、独特瑰丽的区域文明。三星堆遗址的考古发现充分体现了古蜀文明、长江文化对中华文明的重要贡献，昭示了中华文明起源的多样性，实证了中华文明从多元走向一体的发展进程。

古蜀文明与中华文明

三星堆文明鲜明的地方特征，是中华文明早期阶段多样性、丰富性的生动实例

李学勤先生曾说：鉴于古蜀文明的独特性。如果没有对古蜀文明的深入研究，便不能构成中华文明起源和发展的完整图景。三星堆文明是中华文明最终形成前，众多区域文明中发展程度最高，同时也是最为独特的一朵奇葩，它以地域性鲜明的土著文化和传统的中原文化为基础，广泛吸收了来自周边以及其他古代文明的文化因素，从而呈现出独特的文化特征，极大地丰富了中华文明起源和形成过程中的文化内涵，同时，三星堆文明对于世界文明也有着杰出贡献：

1. 以神树、人像、人头像、人面像（具）、半人半神像为代表的青铜雕

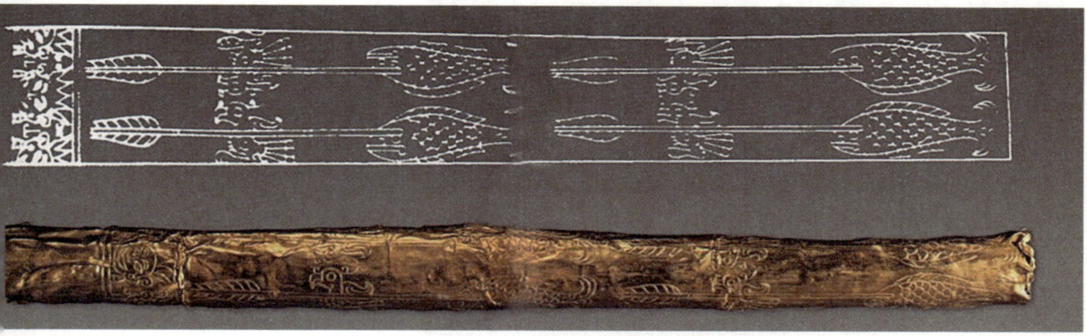

文化的黄金器

塑作品在东方青铜文明中绝无仅有；

2. 以金杖、金面具、金鸟形饰为代表的金器所展现出的辉煌的黄金工艺成就，在东方农耕文明中极为独特；

3. 种类和形制都十分丰富、近乎狂野的用玉现象在中国青铜文明中十分突出；

4. 数量惊人的象牙、海贝集中埋藏的现象，在世界青铜文明史上绝无仅有。

三星堆文化在广泛吸收其他文明因素的同时，也对周边文化产生了较大的影响。古蜀人对源于中原文化的玉璋加以改制后形成了具有自身特色的蜀式牙璋成为三星堆文化中的核心礼器，在三星堆遗址和金沙遗址中都有大量出土，数量上超过了中国其他遗址的总和。这种玉璋的传播范围非常广，在

三星堆玉璋（左）与二里头牙璋

三星堆玉璋纹饰　动脉影摄

广西、香港地区甚至越南北部都有发现。

虽然在几大“祭祀坑”中出土了很多前所未见、与人们以往对中国文明的认知有很大出入的器物，显示出三星堆文明的独特性，但必须指出，三星堆文明仍然是中国文明的一部分，不能够将其割裂开来。

首先，我们应该看到，几大“祭祀坑”虽然是三星堆遗址的最大亮点，但它们毕竟只是三星堆 2000 多年历史长河中的一个辉煌时段，并非三星堆遗址的全部，更不能将其与遗址割裂开来。前面已经提到，三星堆文化是一种多元复合型文化，其中土著文化因素自始至终占据着主导地位，这一点在遗址范围内海量出土的陶器和石器身上表现得尤为明显，几大“祭祀坑”本身也出土了不少商代晚期的蜀式陶器。

其次，虽然几大“祭祀坑”里面的器物显示，古蜀文明除受到中国其他地区尤其是中原地区的强烈影响之外，古蜀国社会的上层有可能与更遥远的地区发生了远距离的文化交流或贸易往来（三星堆遗址的主体年代与两河流域的乌尔第三王朝、古埃及新王国时期的极盛时期大体相当，也大致相当于地中海地区的迈锡尼文明时期），但目前我们找不到这种联系的直接证据。因此我们可以这样认为，来自黄河流域夏商文明的青铜铸造技术、礼器制度和用玉传统以及可能源于其他文明的雕塑艺术、尚金习俗和黄金冶炼加工技术在四川盆地这个独特的地理单元中产生了碰撞和交融，古蜀人的创造性由此被极大地激发，对这些外来的人工制品、制作技术、使用习俗和审美情趣按照自己的意愿与本土文化进行了有机的整合，从而形成了鲜明的区域特征。从这个意义上讲，那一套看似怪异的东西仍然可以视为土著文化的范畴，是古蜀文明极具开放性和创造性的生动体现，当然也是早期中国文明的一部分。

最后，即便那些看上去很怪异、“不那么中国”的器物，它们身上也有很多大家熟知的中国符号和元素：比如说铜跪坐人像（祭司）手里拿着的牙璋；铜跪坐人像（祭司）头上顶的尊；1 号大神树、大立人以及神殿上龙的形象。另外，如果大家仔细观察，就会发现云雷纹、夔龙纹、兽面纹、回纹、

兽面纹

回纹

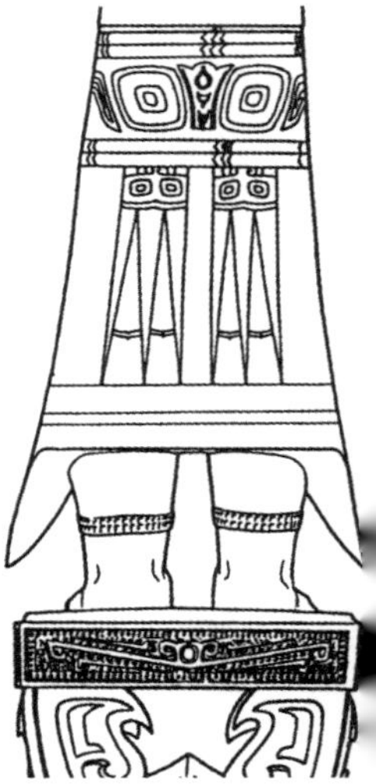

蝉纹

蝉纹、连珠纹等大量中原商代青铜器上的典型纹饰，都被应用到了大立人、小立人、兽首冠人、神树、神坛等器物上。因此，从这个角度观察，三星堆文明中那些“奇特”的物品，仍然可以视为土著文化的范畴，也是中国早期文明的一部分。

三星堆遗址上下历经 2000 年，完整地记录了人类文明从孕育、诞生、发展、辉煌到开始衰弱的过程，是一部早期蜀国的物质文化史。

四川古称蜀，是位于中国西南部的一个古老国家，这个名称曾多次出现在甲骨文和金文当中。但关于蜀的文献记载大多较为简约，而且大多有着神话色彩：“蚕丛及鱼凫，开国何茫然”“蜀之先，称王者有蚕丛、柏灌、鱼凫、杜宇、开明”，三星堆遗址的发现和发掘，不仅将传说中的蜀国历史在很大程度上变成了信史，而且还展现出古蜀国璀璨的青铜文明，再次证实了长江流域和黄河流域一样，同是中国文明的发祥地。

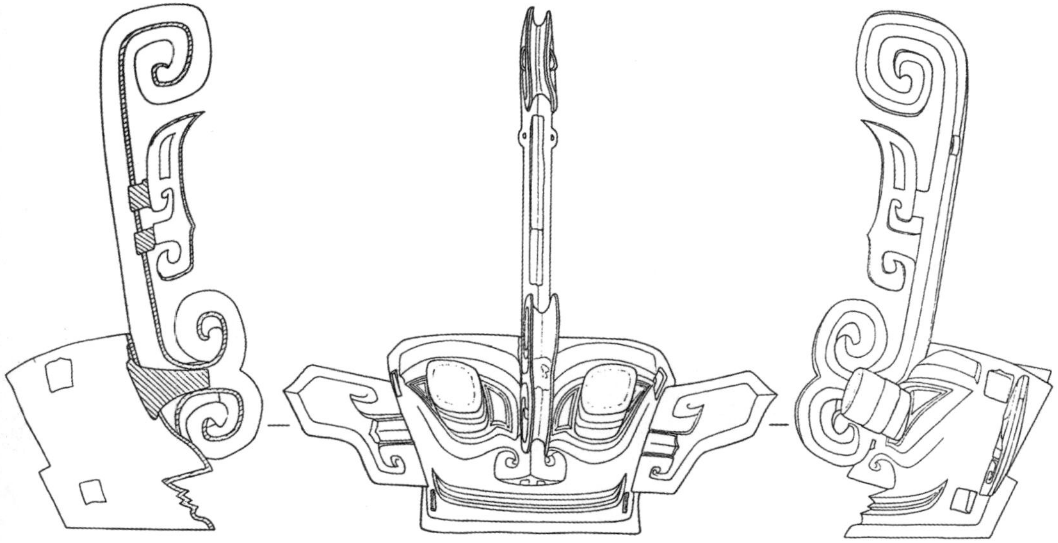

夔龙纹

三星堆文化的去向

三星堆遗址是中华文明早期多元、最终走向一体的典型样本，秦灭巴蜀后，古蜀文明最终汇入统一的中华文明。

大约从三星堆遗址四期晚段开始（距今约 3100 年），三星堆古城开始衰落，而一支与三星堆文化面貌一脉相承的考古学文化遗存，在以成都西南部的金沙遗址为中心的地域悄然兴起，经过持续的发展后，达到了相当高的文明程度，时间从距今约 3100 年延续至距今约 2700 年，使得三星堆文明在成都平原继续辉煌发展，有学者将这一阶段的考古学文化称为十二桥文化或者是三星堆—金沙文化。一般认为，这两大遗址的兴衰交替应该与古蜀国的迁都行为有关，至于是什么原因导致了迁都，是主动的原因还是被动的原因？是自然原因还是人为原因（外来族群入侵或者统治集团内斗）？说法不一，目前尚无定论。

公元前 8 世纪至公元前 316 年是古蜀国的最后阶段，在考古学上我们称之为“新一村文化”阶段，有学者称其为晚期蜀文化或者是巴蜀文化。也有一些学者结合文献记载将传说中古蜀国的五个王朝分别与各大考古学文化或著名遗址相对应：三星堆时期对应的是蚕丛、柏灌、鱼凫王朝；金沙时期对应的是杜宇王朝；新一村时期对应的是开明王朝。公元前 8 世纪，金沙文化（杜宇王朝）终结，可能来自长江中游的新一村文化（开明王朝）统治者将都城从金沙向北有所迁移，但仍然在成都市区，这一时期流行船棺葬，尚武风气盛行并与东边的巴国交恶。

公元前 316 年，秦国利用巴蜀间的矛盾，先后攻灭蜀国和巴国，从而结束了古蜀国 2000 多年独立发展的历史进程，但古蜀文明的余晖尚存，直到汉武帝大一统中国以后，考古学文化意义上的古蜀文明才基本上融入了华夏文明。

考古小知识

古遗址土样的采集与保存

古遗址里的土壤包含着大量古代社会的信息，通过现场土样提取和后期室内分析，我们可以得到所在遗址当时的环境、动物、植物等方面的信息。举个例子，通过浮选法我们可以知道土样里面包含了哪些植物种子，进而了解当时的大地植被、当时的农作物，当时的人们吃什么，等等。三星堆遗址的几大祭祀坑，填土的信息量就更大了，除前述有关方面的信息之外，还包括了有可能存在的金属器信息、纺织品信息、漆木器信息、人骨信息、灰烬成因信息等。因此，三星堆遗址祭祀区的第二次考古发掘，我们将各大祭祀坑坑口 5 厘米以下的填土（未受污染）统统采集回室内进行检测和分析。土样是怎样采集和保存的呢？其实不复杂，只要采集者、采集工具和土样包装袋不受污染，采集后存放在室内，保持阴凉通风即可，这也是为何所有参加三星堆祭祀区第二次考古发掘的工作人员都必须穿戴防护服的原因，主要目的就是最大程度地减少污染。

相关遗址

金沙遗址

位于成都市城西金沙村，遗址分布范围约 5 平方千米，主体文化堆积从商代晚期延续至春秋早期，文化面貌与三星堆一脉相承，是继三星堆之后古蜀国最为重要的商周时期遗址。一般认为，金沙遗址的出现代表了古蜀国的首都从三星堆转移到了金沙。金沙遗址各类祭祀遗迹中出土的象牙、玉器和金器数量极为庞大，其中最负盛名的是太阳神鸟金箔，其“四鸟绕日”金饰图案已被国家文物局确定为中国文化遗产标志。

相关阅读

[1] 四川省文物考古研究所编：《三星堆祭祀坑》，文物出版社，1999 年。
[2] 孙华，苏荣誉：《神秘的王国：对三星堆文明的初步理解和解释》，巴蜀书社，2003 年。
[3] 陈显丹编著：《三星堆祭祀坑发掘记》，文物出版社，2016 年。

刘瑞

阿房宫与上林苑考古队队长

1933

阿房宫

华夏民族开始
形成的实物标志

案
间：1933 年
置：陕西省西安市西郊 15 千米处
代：秦
积：54 万平方米
年，联合国教科文组织确认阿房宫遗址在宫殿类建筑
世界第一

阿房宫遗址位置图

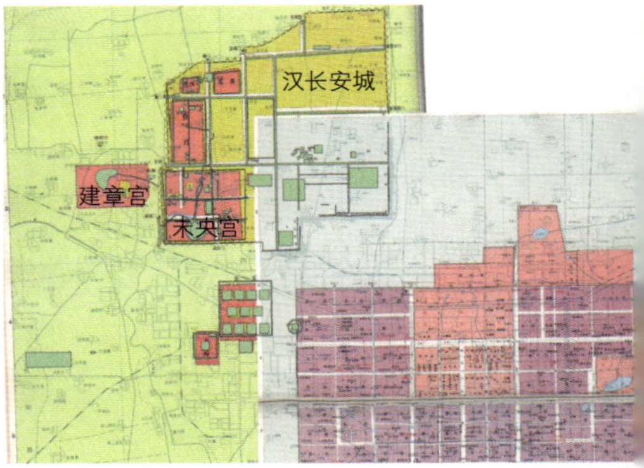

阿房宫与汉唐长安关系图

秦，是中国历史上第一个统一的多民族国家，书同文、车同轨，建长城、修直道、设郡县，许多措施对后世影响极其深远。

阿房宫、万里长城、秦始皇陵、秦直道并称为“秦始皇的四大工程”。阿房宫是秦朝统一后修建的天下朝宫，是中国国家第一次大统一和华夏民族开始形成的实物标志，历经 2230 年的沧桑，如今看来依然令人震撼和感动。

《史记·秦始皇本纪》记载，秦始皇在统一全国近十年后，越来越觉得秦孝公时修建的都城咸阳已经因人多而显得宫廷小，于是在始皇三十五年（前 212）在渭南上林苑中选址建造一座作为帝国中心的宫殿——阿房宫。不过遗憾的是，这座秦始皇心目中恢宏的建筑并没有建成。秦始皇去世后，修建阿房宫的工人被命令去进行秦始皇帝陵工程的收尾工作；秦始皇帝陵基本完工后，虽然工人又回来继续营建阿房宫，但很快秦末农民起义爆发，劳工们被少府章邯整编入军去东方镇压起义，阿房宫修建再次告停；直至秦亡，也再没有得到重启的机会，因此告终。

“六王毕，四海一，蜀山兀，阿房出。”

杜牧一首《阿房宫赋》使阿房宫众人皆知，其留下的种种谜团也成为人们茶余饭后津津乐道的话题：阿房宫到底建在哪里？项羽真的火烧了阿房宫吗？阿房宫的规划有多么宏伟……随着不断地考古勘探和发掘，关于阿房宫的迷雾也在逐渐消散，展露出这座宏伟建筑最真实的模样。

在文献中寻找阿房宫

《史记·秦始皇本纪》记载："（始皇）乃营作朝宫渭南上林苑中。……阿房宫未成；成，欲更择令名名之。作宫阿房，故天下谓之阿房宫。"司马迁告诉我们，秦始皇是在渭南上林苑一处名为"阿房"的地点，营建统一帝国的朝宫——殿建于阿房，故暂名为阿房宫。这是类似于今天考古学以发现地点来进行文化命名的方法。那么，我国古代文献记载中，阿房何在？阿房宫何在？

阿房宫的位置，除《史记·秦始皇本纪》提到的"渭南上林苑中"外，以下文献的记载则较为详细。《水经注》卷一九载"池水北迳镐京东，秦阿房宫西"，表明阿房宫地处镐京东北。《魏书·高祖记》载"幸未央殿、阿房宫，遂幸昆明池"，从前后顺序看，阿房宫位于未央宫与昆明池之间。也就是说，从传世文献看，阿房宫应位于汉长安城的西南、昆明池以北之间，对此历来学者均无异议。

可能是汉代人认为阿房宫具体位置的问题并不存在，因此在诸如《史记·秦始皇本纪》等文献就都没有记述阿房宫的具体位置。不过随着时间的推移，古人对阿房宫位置的记载逐渐增多。如《水经注》卷一九引《关中记》谓，"阿房殿在长安西南二十里"，《史记正义》引《括地志》谓阿房宫"在雍州长安县西北一十四里"。

需要指出的是，这其中我们看到的所谓的"二十里"与"一十四里"的差距，并不意味着古人对阿房宫的所在地存在分歧，而是它们的测量起点不同所导致。《关中记》传为西晋潘岳著，他说的长安是汉长安城，《括地志》为唐代著作，当时的长安为汉长安城东南方向的唐长安城。

从文献看，阿房宫具有以下两方面的特征：

1. 长条形建筑。据《史记·秦始皇本纪》记载，阿房宫"东西五百步、南北五十丈"，是一个东西长南北窄的长条形建筑。

2. 三面有墙。文献中，阿房宫亦名阿城，《史记正义》引《括地志》谓

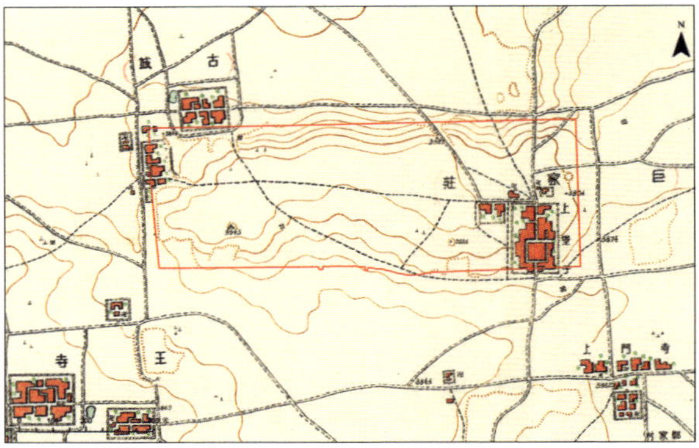

阿房宫测绘图（1933 年）

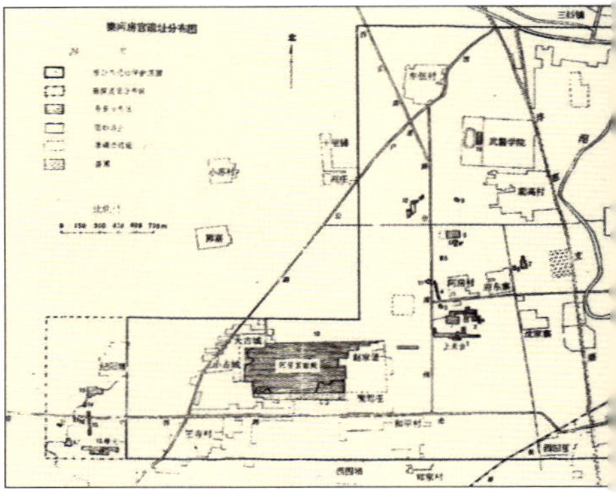

阿房宫遗址考古遗存分布图（1994 年）

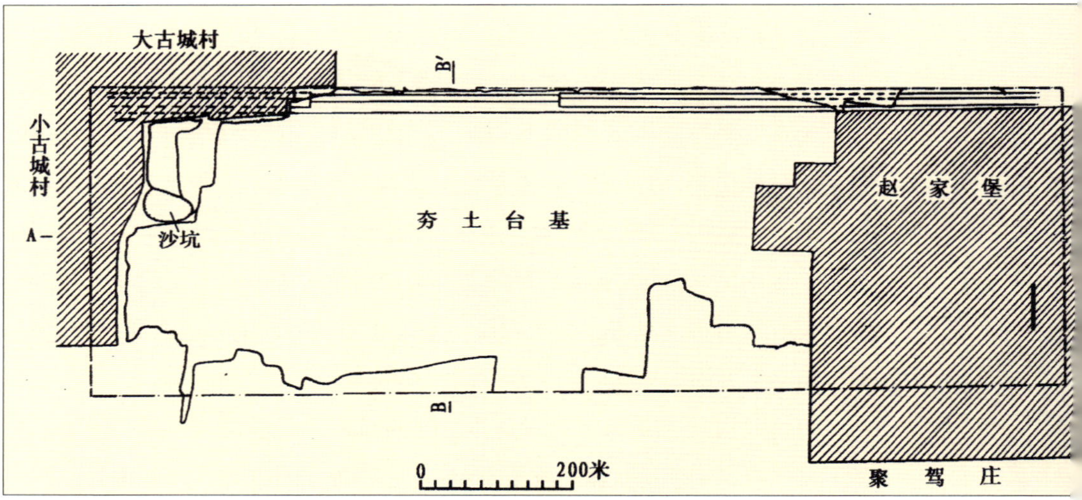

阿房宫遗址前殿台基平面图（2005 年）

“秦阿房宫亦曰阿城”。关于其城墙规模，《长安志》载：“西北（东）三面有墙，南面无墙。周五里一百四十步，崇八尺。上阔四尺五寸，下阔一丈五尺。”陈梦家先生指出“宋世量地、营造或即用三司布帛尺，长 31.57 厘米”，根据文献记载“五尺为步，三百六十步为一里”，则阿房宫墙周长 3062.69 米、墙体上阔[1] 1.420 米、下阔 4.7355 米、高 2.525 米。

综合文献描述，关于阿房宫，可得出以下结论：

1. 营于渭南上林苑中。

1. 古建筑的长边称面阔（即宽度），上阔即上侧宽度。（编者注）

2. 前殿建于阿房，暂名阿房宫。

3. 宫周仅完成了三面墙的建设。

4. 是一座东西长南北窄的长条形建筑，与汉未央宫、建章宫前殿南北长东西窄明显不同。

因此，在长安城南、昆明池北的地域内，若能找到一处东西长南北窄、三面有墙且时代为秦的建筑遗址，那它为秦阿房宫的可能性无疑就最大。

在考古中发现阿房宫

1933 年春，“国立北平研究院”史学研究所开始了在陕西地区的考古工作，当年的工作集中于渭河两岸，进行以探寻“周民族与秦民族初期的文化”为目的的区域考古调查，由徐炳旭、常惠先生负责。10 月，徐炳旭、常惠发表的《陕西调查古迹报告》中提到了调查阿房宫故址的过程。

1949 年后，关于阿房宫遗址的调查和保护逐渐展开。1994 年，西安市文物局对阿房宫开展大面积勘探调查，该是从阿房宫被焚弃以来，第一次大规模的考古勘探。这次勘探为研究阿房宫基本布局，及对后代宫殿建筑设计规划，提供了科学依据和实物资料。

2002—2004 年，由中国社会科学院考古研究所与西安市文物保护考古所组成的阿房宫考古工作队，对秦阿房宫前殿遗址进行了全面钻探。在进行全面而深入的考古勘探和发掘之后，在前殿上没有发现红烧土[2]的任何迹象，只是在台基北侧边缘发现了宽厚的夯土墙体，在经过一系列综合分析之后，“基本搞清了阿房宫前殿的范围及其所属遗迹的分布”，确认“前殿遗址夯土台基就是秦阿房宫前殿遗址之夯土台基”，并判定“阿房宫前殿遗址没有遭到大火焚烧”。同时，确认“阿房宫前殿并没有最终建成，只建成了夯土

2. 即经火焚烧的土块。（编者注）

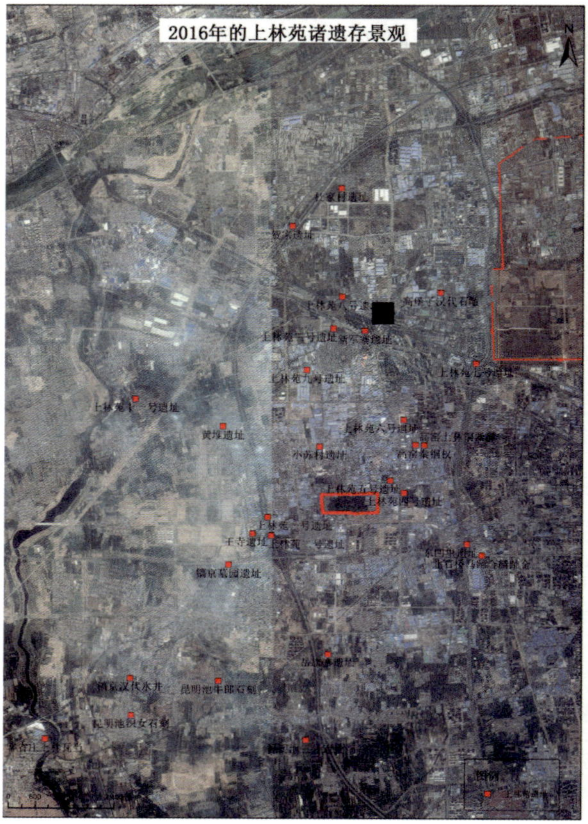

2016 年的上林苑诸遗存景观

阿房宫选址位置 DEM 模型

台基及其北墙、东墙和西墙（墙顶部有建筑）”。

2004—2007 年，在确定前殿遗址的遗存保存情况、遗址性质之后，为进一步在更大空间内寻找、确定阿房宫遗址的范围，阿房宫考古队以前殿为中心，对西至沣河、北至渭河、东至皂河、南至汉昆明池北岸的 135 平方千米内的现存夯土台基进行了大面积的考古调查和试掘，先后发现了上林苑一号至六号建筑，并在上林苑四号、五号等建筑中发现保存较好的地下排水管道等遗存，收获颇丰。

2011 年，中国社会科学院考古研究所与西安市文物保护考古研究院在阿房宫考古工作队的基础上组成了阿房宫与上林苑考古队，不断取得新的成果。

前殿遗址北墙发掘

在选址中解密阿房宫

文献中阿房宫的选址与布局

选址与布局，是阿房宫研究中两个有着密切关联的关键性问题。

司马迁在《史记·秦始皇本纪》中记载：秦始皇选择将朝宫建设在“丰镐之间，帝王之都”的上林苑中。此处“丰镐之间”，并非说要将阿房宫建设在丰京、镐京间的沣河河谷，而是指将朝宫建设在咸阳宫与丰镐之间。所以，在秦始皇看来，位于渭河北侧的咸阳宫与位于渭河南侧的丰镐二京之间的上林苑内空间，是“帝王之都”。

但究竟为何把统一秦帝国的朝宫，建设在咸阳宫与丰镐之间的上林苑内

阿房宫深孔钻探探孔土样

的“阿房”一带，在文献中却没有任何记载。因为阿房宫没有建成，因此《史记》中记载的“先作前殿阿房，东西五百步，南北五十丈，上可以坐万人，下可以建五丈旗。周驰为阁道，自殿下直抵南山。表南山之巅以为阙。为复道，自阿房渡渭，属之咸阳，以象天极，阁道绝汉抵营室也”的内容，就普遍被判定为是秦始皇设计的阿房宫布局。

考古发现阿房宫建在“水坑”之上?

通过现代绘制的等高线图观测，阿房宫是渭河向南望去视线中最高的建筑，北侧地势均低于阿房宫。从更大范围看，阿房宫南边存在一个东西宽约2500米、南北长约4000米宽阔平坦的“广场”。再向南到南山，有条宽约1000米、通畅的视觉廊道。也就是说，从阿房宫向南的视线非常开阔。这样的数据让人想到司马迁在《史记·秦始皇本纪》提到的“表南山之巅以为阙”。因此，考古人员推测阿房宫的布局有可能存在一条南向轴线。

为了进一步确定阿房宫营建之前的地貌，解决阿房宫选址及相关问题，2016年考古队在阿房宫台基上，以15—20米的间距进行了直接将阿房宫夯土台基打穿的穿透性的深孔勘探。正是这一措施，使得我们彻底改变了之前

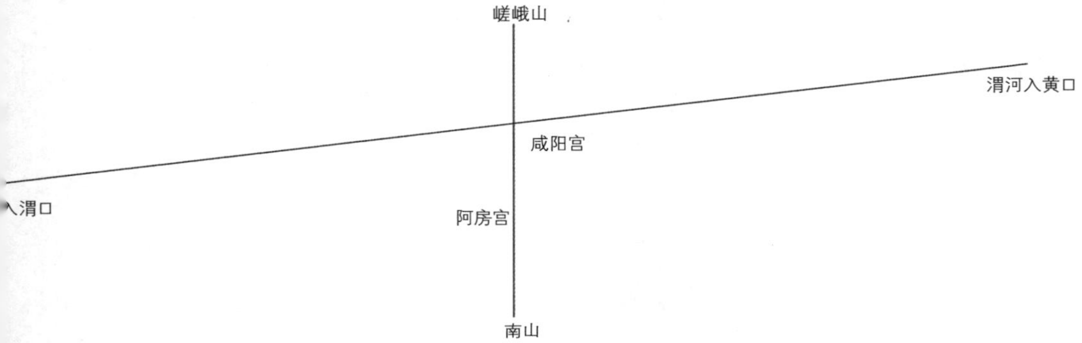

山之巅以为阙”——秦始皇咸阳轴线示意　壹原视觉改绘

阿房宫建于高地上的认识。

从已完成的阿房宫深孔勘探看，现代地势走向为北高南低，但在阿房宫营建前，西南部分的原始地势较高，向东、向北逐渐倾斜，在其之下有着厚达 1—3 米的淤泥堆积。这表明该区域在建造阿房宫之前，为河流和河流边的水湿环境。这就带给了考古学家一个更值得思考的问题：如果阿房宫择水地而建，那么在修筑之前先需要将河流改道，再进行河道清淤、夯筑等基础处理，工程量远大于普通宫殿修建。因此阿房宫选址于此，是一个强烈的人为选择，为什么非此处不可呢？

“帝国之心”

我们重新审视阿房宫为何选在这里进行建造的问题，判断在这里建造可能是和阿房宫的轴线有关。其从轴线的南端南山—沣峪口向北经阿房宫北墙中心轴线向北延伸，发现轴线北端正对着关中平原北缘的最高峰嵯峨山主峰（海拔 1422.7 米）。据测量，以南北两座山峰为起点，穿过阿房宫北墙中心点的轴线长约 79.3 千米。

但是，仅仅如此吗？要解决阿房宫为什么在“水坑”修建，还需要更秦代已经有了大地测量技术。虽然目前没有发现秦代大地测量的实物工具，但已经出土战国和汉代地图实物，如甘肃发现的秦木板地图、湖南马王堆汉墓出土的帛书地图。在这些幸运地被发现的古代地图中，城、河流、山川标记清晰准确，精确性甚至超过很多的明清地图。

自古以来，地图测绘技术都掌握在极少数人手中，相当长时间内地图绘制是绝密的技术，并不是人人都会。

那么，秦代放置地图的御府图书后来到了哪里呢？说起来这和萧何有直接关系。

章邯把修建阿房宫的人带走镇压东方的起义之后，被各地起义军推举为领袖的楚怀王曾经提出过“先入关中者为王”的约定。就是说，如果谁先打入关中，那他就是当之无愧的关中之王。我们都知道，后来是刘邦比项羽先进入关中，很快萧何就把保管在御府中的含地图在内的图书都带走，而把金玉珠宝等留给了项羽。项羽入关之后火烧咸阳宫，不久封刘邦为汉王。正因为秦的地图被萧何拿走，所以在后来刘邦和项羽的一系列斗争中，萧何等人就依靠这批地图资料，而牢牢占据了地理优势，成为最终获胜者。

从当时的制度看，秦汉时期到每年年底的时候，地方官员都要到中央汇报各地情况，这种行为称为“上计”。在上计的一系列内容中就包括对各地地图的校正工作。因此综合来看，秦代不仅有了先进的地图测绘技术，还有一系列的制度不断校正地图以确保其准确性。

因此，我们也就可以理解，秦始皇的阿房宫选址，一定是在经过全面的测量之后进行的慎重选择。然而通过地图找出来的“适合”修建朝宫的地点，其实并不合适——这里其实正好是一个“水坑”，但由于秦始皇给这个地点赋予了很高的“理想”，因此才“改天换地”，在耗费大量人力后，将水坑填满建设阿房宫。

多的证据。《史记正义》引《三辅旧事》云：“始皇表河以为秦东门，表汧以为秦西门”有东西门，也就表明秦人可能有一条东西轴线。

经测量，南北向的“南山—阿房宫—嵯峨山”轴线，向西至“汧河入渭口—渭河入黄口”轴线的西端汧河入渭口约137千米，至东端渭河入黄口约135.6千米，两者几乎相等。也就是说，阿房宫处于关中平原最宽阔之处。同时，这条东西向轴线与阿房宫将南北向轴线几乎三分！而秦人恰好以六为纪，从这些近乎巧合的数字中，我们似乎看到了秦始皇统一后进行首都咸阳布局设计的宏大理想。

因此，秦始皇之所以选择一个河流、湿地、湖泊等的水湿环境，在此地营建朝宫，是因为这是唯一的“帝国之心”。横向东西乃关中之中，纵向南北乃近乎黄金分割之地。

在名赋中重读阿房宫

杜牧的《阿房宫赋》妇孺皆知，其将阿房宫的富丽堂皇表现得淋漓尽致，也让后人对项羽火烧阿房宫深信不疑。考古发掘显示，阿房宫其实没有建成，也不存在火烧过的痕迹。《史记·项羽本纪》记载项羽“烧秦宫室，火三月不灭”应为秦咸阳宫。那么，杜牧为何写《阿房宫赋》，又提及项羽火烧阿房宫一事？

杜牧出生的唐德宗贞元十九年（803），祖父杜佑从淮南节度使的职位上入朝为相，之后为相三朝，权倾一时。现在看来，杜牧也算是官三代。杜牧的家，位于唐长安城的安仁里，其位于朱雀门街东第一街，从北往南第三坊，也就是小雁塔所在的那个里坊，与阿房宫直线相距12.3千米。他家的家庙位于延福坊，也就是今天太白路和科技路一带所在的里坊，与阿房宫直线相距10.5千米。此外，阿房宫与唐长安城的西墙，直线相距6.9千米。因此无论从哪里开始计算，杜牧到阿房宫的距离都算很近，那是不是像很多人认为的那样，杜牧《阿房宫赋》中对阿房宫的描述就一定真实可靠呢？

其实，杜牧写作《阿房宫赋》不是偶然。长庆四年（824），年仅15岁的唐敬宗即位，敬宗好游戏，大修宫室，贪好声色，于是年方21岁的杜牧就作了《阿房宫赋》，假借秦事讽刺敬宗。对于写这篇文章的本意，他后来在自己所写的《上知己文章启》中明确地指出，“宝历大起宫室，广声色，故作《阿房宫赋》”。因此这就说明，杜牧作《阿房宫赋》其实有着明确的政治目的，即借古讽今，提醒皇帝勤政爱民。至于阿房宫真实的情况是怎么样的，那并不是他考虑的问题。因此，我们也就不难理解为什么杜牧记述的阿房宫有问题了。

从阿房宫看秦汉都城

随着项羽入关火烧咸阳宫后大封诸侯，秦二世而亡。关中大地，咸阳以西封给了雍王章邯，以东则给了塞王司马欣，之后项羽东归。虽然我们并不知道塞王司马欣和雍王章邯封地的具体边界，不过从阿房宫地处咸阳以西，更靠近章邯雍王都城废丘的位置看，它应属章邯所辖。从文献记载看，地处关中的阿房宫并没有引起雍王章邯（曾任秦朝负责营建的少府一职）的重视，应该不久就没于“荒野”。

如我们所知道的，先一步进入关中、理应成为关中之王的刘邦，被强势的项羽以汉中亦属关中的“歪理”，分封到汉中，称汉王。由于他手下的人大多来自东方，因此并不愿意长期留在陕南的汉中，于是发生了众所周知的“萧何月下追韩信”。以此为契机，刘邦“明修栈道，暗度陈仓”，继而“还定三秦”，翻过秦岭再次进入关中。刘邦围章邯于废丘，到栎阳后塞王司马欣投降。于是以栎阳为根据地，让萧何“侍太子，治栎阳”，刘邦自己则亲临前线，最后在定陶即帝位，建立大汉王朝。

新生的汉朝，一开始计划以洛阳为都，但是在娄敬和张良的建议下，刘邦再回关中，以栎阳为都，不久就让萧何启动了长安城的营建。数年后，自栎阳“徙都长安”，开始了影响深远的长安时代。

从文献看，在营建未央宫前殿的时候，刘邦曾经视察发现前殿规模甚大，因此甚为生气。当萧何解释了建设规模庞大的前殿的原因是“非壮丽无以重威”，也就是说，希望通过宏大的建筑来体现国威、君威之后，刘邦转怒为喜，完全认可了未央宫前殿的建设。至今，我们还可以在地面上看到宏伟的未央宫前殿。

当然，如果略微比较的话，未央宫前殿南北长400米、东西宽200米，要远远小于阿房宫东西长1270米、南北宽426米的规模，大体仅仅相当于阿房宫的14.7%。后来汉武帝兴修的建章宫“度比未央”，其前殿规模也远远小于阿房宫。之后无论是汉魏，还是隋唐，乃至宋元明清朝宫的规模，都远远不及阿房宫——阿房宫是迄今为止古代世界最大规模的夯土建筑——这就如同秦始皇帝陵是古代世界最大规模的陵墓一样。

因此，无论负责营建未央宫的萧何，还是汉王朝创立者的刘邦，对在长安城未央宫前殿“近在咫尺”的阿房宫，都采取“视而不见、听而不闻”的态度，丝毫不敢把未央宫前殿与阿房宫进行比较。当然，之后的帝王也同样没有秦始皇的气魄，来“表南山之巅以为阙”，建设一座更加宏大的建筑。

刘邦在建都长安之后，其周围含阿房宫在内原属秦上林苑的庞大空间，部分延续着上林苑的功能，部分则被赏赐给百姓耕种。70多年后，汉武帝即位，经过长时间休养生息的汉王朝，早已摆脱了汉初“天子不能具钧驷，而将相或乘牛车”的经济窘境，各方面得到巨大发展。于是“年轻气盛”的汉武帝在自己南郊游猎遇阻后，决定扩修上林苑，他所扩上林苑的北界，就是阿房宫。他将阿房宫向南直至南山、东至蓝田、西起周至的庞大空间，建成了统一的上林苑。此后，阿房宫就成为宏大上林苑中一个“不起眼”的土台子，在“门禁森严”的上林苑中慢慢地自生自灭。

考古小知识

古人的交往

考古学家可以通过器物材料的产物来重建古人的交往。如产自新疆的玉料出现在三星堆的器物中，可以证明早在夏商时期，古蜀平原就与西域有着交流的可能；考古学家也可以通过器物的形制、特征追溯古人交往的痕迹，如秦始皇帝陵发现的希腊雕塑风格的俑、南越王宫发现类似印度和希腊风格的八角形石柱，不同程度上可以证明古代文明之间的交流。那些用物质进行交换的古人，也很有可能会有思想、语言方面的交流。

相关遗址

雍城

雍城遗址位于陕西省宝鸡市凤翔县城南。秦国从公元前 677 年到公元前 383 年在此定都。迁都栎阳后，秦人的宗庙仍设于此，直至秦王政的加冕典礼仍在此举行。

1959 年后，考古人员对此处多次进行勘查发掘。1988 年，国务院公布雍城遗址为全国重点文物保护单位。雍城平面呈不规则长方形，东西长 3400 余米，南北宽 3100 余米。东南两面依水筑城，垣外有护城壕。城内探明 8 条纵横相交的大道；城中部偏西处和北部有宫殿区；中部偏北的马家庄附近有宗庙遗址，由门塾、围墙、中庭和三组呈“品”字形排列的主体建筑构成，在中庭等处发现有祭祀坑。南郊的雍水南岸一带有大批小型秦墓。城西南的三畤原有秦公陵区，已探明陵园 13 座。1976—1986 年，在此发掘了秦公一号大墓，墓主可能是春秋晚期的秦景公。

栎阳城

栎阳是战国时秦献公和秦孝公的都城，位于今陕西省西安市阎良区新兴街道、武屯街道一带。筑于秦献公二年（前 383），后秦国迁都咸阳，栎阳在汉代成为一座重要的商业性城市。

1964 年，陕西省文物管理委员会对古栎阳遗址进行了 15 天的调查和试掘。1980—1981 年，中国社科院考古所栎阳发掘队又进行了两年的勘探和试掘，发现南墙和西墙、城内的道路和大量的建筑遗址，后因地下水位较高而被迫暂停了考古工作。2001 年，栎阳城遗址被国务院公布为全国重点文物保护单位。2013 年开始，中国社会科学院考古研究所与西安市文物保护考古研究院联合组成的阿房宫与上林苑考古队，重启栎阳城考古。以 1980—1981 年考古发现城址为起点，先后确定了一号、二号、三号 3 座古城。并在三号古城中勘探发现、试掘确定了多座大型宫殿建筑，判断其时代为战国中期至西汉前期，正是秦汉栎阳为都的所在地。该项工作入选 2017 年全国十大考古新发现。

咸阳城

咸阳是战国中晚期的秦国都城，也是统一后秦王朝的政治中心和国家象征，位于今陕西省西安市西北、咸阳市东区域。秦孝公十二年（前 350），秦国迁都咸阳，营建宫室，至迟秦昭王时，咸阳宫已建成。

最初，咸阳宫位于渭河以北的阶地上，后在秦始皇统一六国过程中不断进行扩建。秦迁都咸阳后，咸阳宫一直是历代国君的大朝之地。秦始皇统一近十年之后在渭水南岸开始修筑新朝宫——阿房宫，计划用其取代渭北旧有的宫廷——“先王之宫廷”，这里的“宫廷”即咸阳宫。历代秦王接见各诸侯国使臣、秦始皇接见贵宾，为皇帝祝寿举行盛大国宴，与群臣决定国家大事都在咸阳宫中进行。

秦末，项羽攻入咸阳，屠城纵火，咸阳宫大半被夷为废墟。

相关阅读

[1] 韩保全：《秦阿房宫遗址》,《文博》，1996 年第 2 期。
[2] 杜征：《秦阿房宫遗址考古调查报告》,《文博》，1998 年第 1 期。
[3] 中国社会科学院考古研究所、西安市文物保护考古研究院：《阿房宫前殿遗址的考古勘探与发掘》,《考古学报》,2005 年第 2 期。

王宁远
良渚水利系统考古领队
浙江省文物考古研究所研究馆员

良渚

1936

中华文明 5000年的实证

案

间：1936 年

置：浙江省杭州市余杭区瓶窑镇和良渚街道

代：新石器时代晚期（距今 5300—4300 年）

积：100 平方千米

015 年度全国十大考古新发现（良渚古城外围

利工程）

年，良渚古城遗址成功列入世界遗产名录

杭良渚遗址入选“百年百大考古发现”

良渚古城复原图

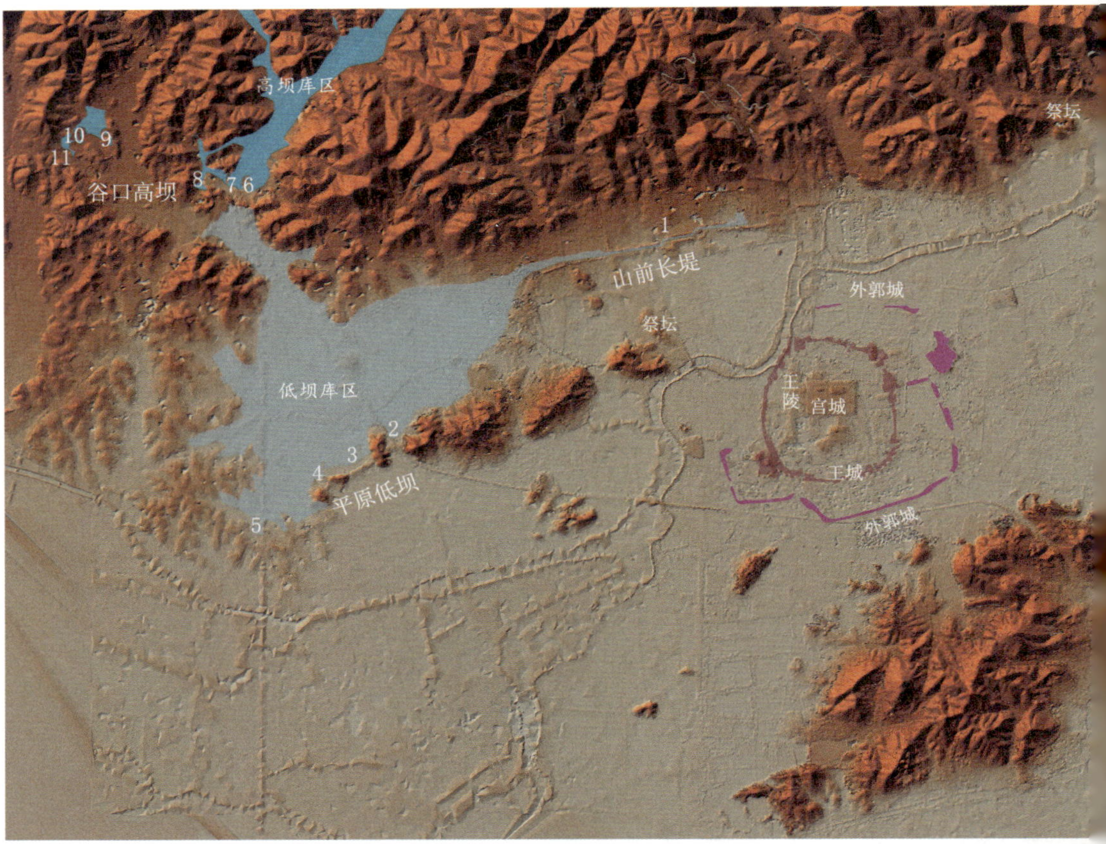

良渚古城遗址结构图

1. 塘山　　2. 狮子山
3. 鲤鱼山　　4. 官山
5. 梧桐弄　　6. 岗公岭
7. 老虎岭　　8. 周家畈
9. 秋坞　　10. 石坞
11. 蜜蜂垄

今天杭州市区西北20千米的良渚和瓶窑，东苕溪在大遮山和大雄山之间蜿蜒流过。5000年前，这是一片河湖遍地的水乡泽国，良渚人来到这里，营建了良渚古城。

目前已知的良渚古城，是一个具有宫城、内城、外城和外围水利系统，四重结构组成的庞大都邑。古城中央的宫殿区约为30万平方米，内城约3平方千米，外城约6.3平方千米，外围水利系统影响的面积约100平方千米。

为防范洪水，良渚人在北部山前修筑长堤，在西北方向修筑谷口高坝，长堤和水坝拦蓄洪水，为古城的营建做好准备。今天东苕溪两岸可以看到现代修筑的挡水大坝。良渚古城位于水坝系统东南方向，由一系列大大小小的人工台地构成，其中心是规模宏大的莫角山台地，莫角山西北方向的反山，是良渚时代的一处王陵。

良渚时期尚未发明轮式车辆，加之古城建造于沼泽地区，水路便是良渚人主要的交通方式。城内土墩林立，水道纵横，舟楫穿梭，茅屋相望。古城南部有一条东西向的主要水道，今天称为良渚港。历经5000年岁月变迁，这条河流仍然在这片土地上静静地流淌。

何谓良渚：基本概念与认知

良渚遗址是实证中华5000多年文明史的圣地。“良渚遗址是中国及全世界最伟大的史前文化遗址之一。”“良渚遗址的复杂程度和阶级制度已经达到了‘国家’标准。”“良渚把中国国家社会的起源推到了跟埃及、美索不达米亚和印度文明同样的程度，几乎是同时的……”

这是英国皇家科学院院士、剑桥大学教授、享誉世界的考古学家科林·伦福儒（Colin Renfrew）在上海世界考古论坛做公开演讲时所说的。我们一直说中国有上下5000年的文明史，但是缺乏考古学的支撑。夏商周三代之前的历史主要是基于传说，中国在国际上仅有商代以后的3400年历史

反山王陵全貌

反山 12 号墓（M12）

是被承认的。直到2007年，良渚古城的发现让我们确定了良渚文明的存在，才将中华文明的历史推进至5000年，证实了“在5000年前中华大地上已经出现了国家社会”。

中小学历史课上的朝代歌，一般有两个版本。

第一个版本：

唐尧虞舜夏商周　春秋战国乱悠悠
秦汉三国晋统一　南朝北朝是对头
……

第二个版本：

三皇五帝始　尧舜禹相传
夏商与西周　东周分两段
春秋和战国　一统秦两汉
三分魏蜀吴　二晋前后延
南北朝并立　隋唐五代传
宋元明清后　皇朝至此完

不同歌谣的后边都差不多，就是开头不一样。一个是三皇五帝，一个是唐尧虞舜。尧舜，就是五帝里面的后两个，属于距今4500年以后的龙山时代。如果一定要比对良渚古城的时间，大致相当于五帝时代中较早的黄帝、颛顼、帝喾。

许宏教授介绍“何为最早的中国”时，将中国古代文明分为邦国时代、王国时代及帝国时代。邦国时代指区域文明，尚不存在统一的文明实体。各区域的文明就像满天的星斗，良渚属于满天星斗中的一颗，时间距今5000年，面积不太会超出太湖平原的3.6万平方千米。目前看，良渚的都城结构、规划超级先进，历史上可能还会有比良渚更原始一点的都城遗址，只是还没有发现，也许后面会发现类似良渚这种级别而年代更早的遗址。到了王国时

良渚陶器
左上　鬶
右上　豆
左下　盉
右下　鼎

代，夏朝是一种广域王权。被认为可能是夏都的二里头距今还不到 4000 年。周代社会结构比较清楚，“普天之下，莫非王土，率土之滨，莫非王臣”，理论上，疆域都归周天子管，周边的各个封国都臣服于他，像围绕在他旁边的小星星一样。但天子实际控制只在王畿部分，统治不了天下，这个时期叫做“月明星稀”。帝国时代就是“皓月凌空”，秦朝实行郡县制，一直延续到 1911 年清朝灭亡为止。所以，良渚是夏代之前进入邦国时代，政治体制转变的关键节点。从全球的角度看，北纬 30 度是一条神秘而有魅力的纬度线，古埃及、两河流域苏美尔、古印度哈拉帕文明，再加上中国的良渚，都在这

豆

个区域。

2019 年 7 月 6 日，在阿塞拜疆首都巴库举行的联合国教科文组织第 43 届世界遗产委员会会议上，良渚古城遗址成功列入《世界遗产名录》，中华文明 5000 多年历史得到实证，遗产地的价值以及真实性、完整性得到世界范围的认可。世界遗产委员会认为，良渚古城遗址展现了一个存在于中国新石器时代晚期的以稻作农业为经济支撑、并存在社会分化和统一信仰体系的早期区域性国家形态，印证了长江流域对中国文明起源的杰出贡献。

良渚古城遗址符合如下两条世界遗产登录标准：

· 标准（iii）能为一种已消逝的文明或文化传统提供一种独特的至少是特殊的见证。

良渚古城遗址是中国长江下游环太湖地区一个区域性早期国家的权力与信仰中心所在，它以规模宏大的城址、功能复杂的外围水利系统、分等级墓地（含祭坛）等一系列相关遗址以及具有信仰与制度象征的系列玉器等出土物，揭示了中国新石器时代晚期在长江下游环太湖地区曾经存在过一个以稻作农业为经济支撑的、出现明显社会分化和具有统一信仰的区域性早期国家，展现出长江流域中华文明起源阶段“多元一体”的特征。

· 标准（iv）可作为一种建筑或建筑群或景观的杰出范例，展示出人类历史上一个或几个重要阶段。

良渚古城遗址在空间形制上展现出的向心式三重结构——宫殿区、内城与外城，成为中国古代城市规划中进行社会等级“秩序”建设、凸显权力中心象征的典型手法，揭示出长江流域早期国家的城市文明的规划特征；作为城市水资源管理工程的城址外围水利系统，在工程的选址、规模、设计与建造技术方面展现出世界同期罕见的科技水平，展现了5000年前中华文明、乃至东亚地区史前稻作文明发展的极高成就，在人类文明发展史上堪称早期城市文明的杰出范例。

何以良渚：江南模式与成因

提起江南，人们总会联想到“桨声欸乃，饭稻羹鱼，小桥流水，富裕和谐”。实际上，这种江南生活的模式，最早就形成于5000多年前的良渚时期。

5500年前气候发生变化，人类在环境压力下，被迫由采集狩猎模式向农业模式转化，稻作逐渐成为主要生业部门。在粮食产量不足以维持生存所需的情况下，人群也逐渐由山间谷地向沼泽平原移动，形成良渚时期太湖平原

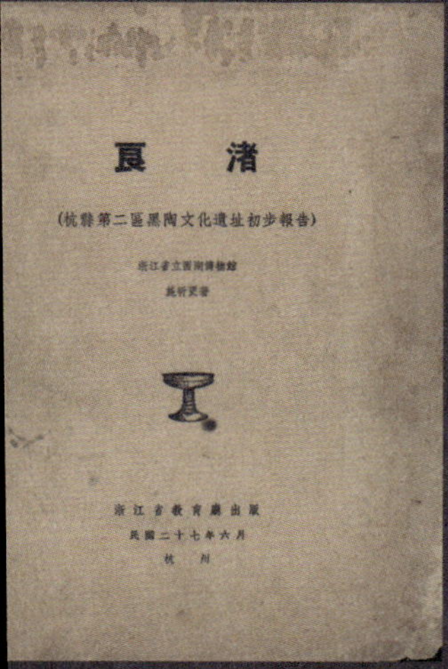

良渚报告

良渚古城考古

良渚古城遗址的考古发掘与研究，大致可分为 4 个阶段：遗址点、遗址群、都邑考古以及古国考古。

1936 年，浙江西湖博物馆的施昕更先生在浙江余杭良渚一带进行调查，发现了十余处以黑陶为特征的新石器时代遗址，对其中 6 处遗址进行了小规模发掘，并出版《良渚——杭县第二区黑陶文化遗址初步报告》一书，成为良渚文化和浙江史前考古的发端。

1986 年，在“良渚发现 50 周年”会议上，王明达提出“良渚遗址群”的概念，并公布“已知的地点多达四五十处”。

1986 年，在余杭反山遗址发掘出良渚文化的高等级墓地，出土了数以千计的精美玉器，超过以往发现的所有玉器的总和。尤其在 12 号墓（M12）的“玉琮王”和“玉钺王”上发现了完整的神徽形象，对解读良渚玉器的纹饰内涵和器物造型具有划时代的意义。

1987 年，浙江省文物考古研究所在余杭瑶山遗址又发现了 12 座良渚文化的高等级墓葬，并且首次发现良渚文化的祭坛遗址。

1991 年，在余杭瓶窑汇观山遗址又发现了与瑶山遗址十分相似的良渚祭坛和墓地，从而使良渚祭坛的功能和性质得到进一步认识。

1987 年及 1992—1993 年，通过对莫角山遗址的发掘，学界认识到这个面积 30 多万平方米、相对高度约 10 米的大型土台是良渚时期人工堆筑营建的大型宫殿基址。如此规模宏大的建筑遗址，加之反山、瑶山、汇观山等遗址出土的大量精美玉器，反映出此地区应是良渚文化的中心所在。

2007 年 3—11 月，经过发掘最终确认了良渚古城的四面城墙。

2013 年，通过遥感分析和钻探，发现鲤鱼山等一组较低的水坝遗址，将这些连接两山的水坝与 1999 年确认的 5000 米长的塘山水坝相连接，最终厘清了由 11 条水坝构成的庞大的水利工程。这一发现也使良渚古城遗址的范围扩大到约 100 平方千米。

无论是宏大的规模，还是城市体系的复杂性，或是建筑的巨大工程量，良渚古城都不亚于同时期的古埃及、苏美尔和哈拉帕文明。高等级的墓葬与玉礼器的发现，也证实良渚时期甚至已经出现统一的神灵信仰和森严的社会等级分化。如今学术界已普遍认为，良渚文化已进入早期

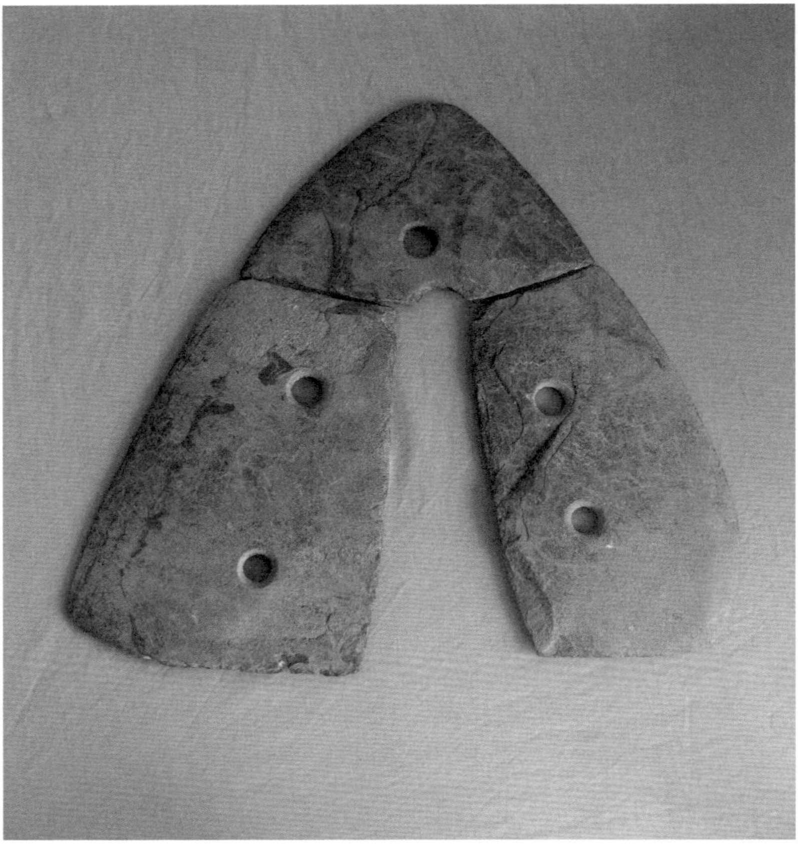

腹地人口剧增的现象。

良渚文化建立在发达的稻作农业基础上。考古中发现早期的石犁，就是良渚人发明的稻作专用农具，它可以用来连续翻土，适用于大规模耕种水稻。

考古发现，良渚文化早期的湖州毗山、邱城等遗址的墓里面都随葬有石犁、镰刀，说明那时先民们的生活方式已经逐渐转变到农业模式。虽然太湖水网密布、适合水稻生产，但是此地地势低洼、易成水患，不适合人类直接居住。良渚先民针对这种矛盾，发明了堆墩的方法，抬高居住面，又扩大蓄水面积，合理地处理了人地关系。同时，为了缩短居住区与作业区的距离，逐渐形成了密集分布的小聚落形式。

良渚人大多是以一两个核心家庭为单位，一个村子人口大多只有20—30人。这种聚落分布密集、规模小、以自然水域为界限的特征，被长期继承下来。直到现在，太湖地区的农村仍保持着这样的格局。在仙坛庙[1]的考古工作中，我们发现有100平方米的独立小土台，面积20—30平方米的独立房子，屋主人在去世后被埋在自己屋子的旁边，跟邻居是隔开的。这说明那时已经出现明确的以个体家庭为单位的私有制，这也是良渚文明诞生的社会基础。

匠人营国：都邑选址与规划

古城选址

从整个良渚文化分布区来看，良渚古城并不位于太湖平原的中心位置（中心应该在苏州一带）而是处在分布区最南端，靠近山区的边缘位置。这种都城选址可能与资源、交通密切相关，也可能出于安全因素的考虑。

粮食、木石、玉矿是良渚文明最重要的资源，分别用于建造城市及宗教活动。良渚古城，恰恰处于这三种资源的过渡地带，为文明的发展打下良好的基础。

粮食

东部的太湖平原至今仍是中国最大的稻米产地之一。

特殊资源

良渚古城是一个以神权为纽带的文明模式。玉被认为具有特殊的通神功能，是承载神权、宗教信仰的载体。良渚文化的神徽图案在整个太湖流域非常一致，是当时“一神教”的重要表现；同时，玉器还是辨明身份的礼器。

对于良渚人来说，掌握玉矿资源，就等于掌握了神权和王权。《山海经》记载天目山为“浮玉之山”，地质调查显示良渚周边的天目山系的确有玉矿

1. 仙坛庙：位于浙江省嘉兴市海盐县百步镇，是一处新石器时代崧泽—良渚文化遗址。（编者注）

良渚古城的选址优势示意图　壹原视觉绘

分布的重要线索。目前，我们认为良渚玉料很可能来自西边的天目山系。山地还提供木材、石材等资源。我们在古城西南侧山地发现制作石锛、石凿等常用工具的石料。这些石料、玉料在浙江地区仅分布于此，从 6000—7000 年前就开始被采集和输送。这也是良渚古城选址于此的原因之一。

安全与交通

良渚古城所在为山间的沼泽湿地，有良渚港等河道贯穿其间，交通便利。古城选址在三面环山、东边开放的地区，既能保证安全，同时还包含一种居中的概念。

除了各种有利因素，选址于此最大的风险在于：在季风区，西部山地是今天浙江省的暴雨中心，年降水量达到 1600—1800 毫米，并且各月降水量极不均衡。雨季经常暴发山洪，成为巨大的灾难；旱季则经常断流，作为最主要交通运输手段的水运可能出现断绝。据统计，良渚地区涝灾和旱灾比例为 6 ∶ 4。为趋利避害，良渚人想出了绝妙的办法，就是在上游建立一个庞大的

钺王

琮王

良渚玉钺、玉琮上的神徽

水利系统。

良渚人的超级工程

水利系统位于良渚古城的北面和西面，目前共确认有 11 条堤坝，是良渚古城建设之初，统一规划设计的外城的有机组成部分。水坝主要修筑于两山之间的谷口位置，可分为南北两组坝群：塘山、狮子山、鲤鱼山、官山、梧桐弄等组成的南边的低水坝群；岗公岭、老虎岭、周家畈、秋坞、石坞、蜜蜂垄组成的北边的高水坝群，分别构成前后两道防护体系。整个水利系统在良渚古城北部和西北部形成面积约 13.29 平方千米的库区，相当于 2 个西湖；总库容 4635 万立方米，相当于 3 个西湖的水量。按照现在的水利等级划分已达到“中大型水库”级别。其中古城北部沿山分布的塘山长堤，总长达 5 千米，宽 20—50 米、相对高 2—7 米，塘山中段的坝体具有双层结构，双层坝体中间形成东西向渠道。古城西部的狮子山、鲤鱼山、官山、梧桐弄

低坝系统　狮子山—鲤鱼山—官山坝体现状（北向南拍摄）

高坝系统　秋坞—石坞—蜜蜂垄坝体现状（北向南拍摄）

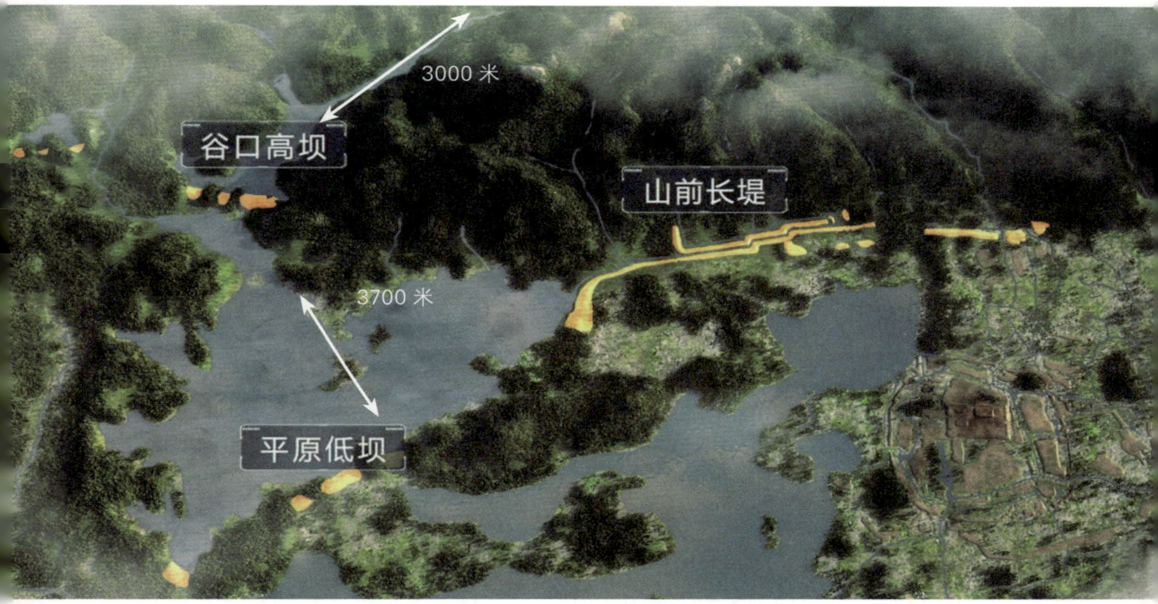

城水利系统

等低水坝长 35—360 米不等，宽约 100 米，坝顶海拔约 10 米，处于塘山向西南的延伸线上。岗公岭等高水坝位于古城西北部 8—11 千米处，坝体长 50—200 米，宽约 100 米，堆筑高 10—15 米，可形成两组库区。整个水坝系统人工堆筑土方量达 288 万立方米，仅塘山长堤堆筑土方量就达 198 万立方米，这是同时期世界上规模最大的水坝系统。

从整体角度看，我们推测这个系统兼有防洪、调水、运输、灌溉等诸方面的用途。

从防洪角度看，天目山系是今天浙江省最大的暴雨中心，夏季极易形成山洪，会对地处下游平原的良渚遗址群形成直接的冲击。通过水利系统的高、低两级水坝，可以将大量的洪水潴留在山谷和低地内，解除洪水的直接威胁。

从调水与运输角度看，该系统也具有重要作用。良渚古城是政治、宗教和手工业中心，其内居民除贵族、祭师等特权阶层外，还有大量的手工业者，但是没有农民。古城区域内没有稻田分布，这就意味着良渚古城不具备自给自足的能力。像现代城市一样，其后勤供应依赖于外部的生产型聚落的支撑，需要便利的交通，在不具备轮式车辆的良渚时代，水运无疑是交通命脉。

良渚周边的天目山系山谷陡峻，降水季节性明显，水量变化大，夏季山洪暴发，冬季则可能断流，大多时候不具备行船的可能，通过筑坝蓄水形成的库容，可以形成连接各个山谷的水上交通运输网络。如高坝系统的岗公岭、老虎岭和周家畈 3 坝，以坝顶高程[2]最低的海拔 30 米计，根据谷底高程推算，满水水面可沿山谷上溯 3000 米左右。低坝系统鲤鱼山坝群海拔约 10 米，蓄满水时水面可北溯 3700 米左右，直抵岗公岭坝下方。因此，在上游建立水利系统，汛期蓄水，旱时向城内调水，可以保证古城全年的生活用水和水上交通。

另外，经过钻探分析，我们在低坝坝下的几个位置的土壤内发现水稻植物硅酸体密度较高，可能存在古代稻田。因此也不排除水利系统具有灌溉功能。

城郭宛然：古城功能与设计

早在良渚时期，城市的设计就表现出明显的功能化、分块化。从“宫城、内城、外城”的三重结构，到作坊区、仓储区的划分，无不体现着良渚先民的智慧。

良渚古城面积 3 平方千米，共 8 座水门，内部以河为道，是一座水城。作为水路出入的通道，水门就是城墙被河道隔开的地方，人员物资通过这里往来于城内城外；在南城墙中部位置，墙体有一处明显的缺口，没有发现垫石和古河道的遗迹，推测可能是良渚王城的一处陆地城门。

---

2. 高程：测量术语，指某点沿铅垂线方向到绝对基面的距离。（编者注）

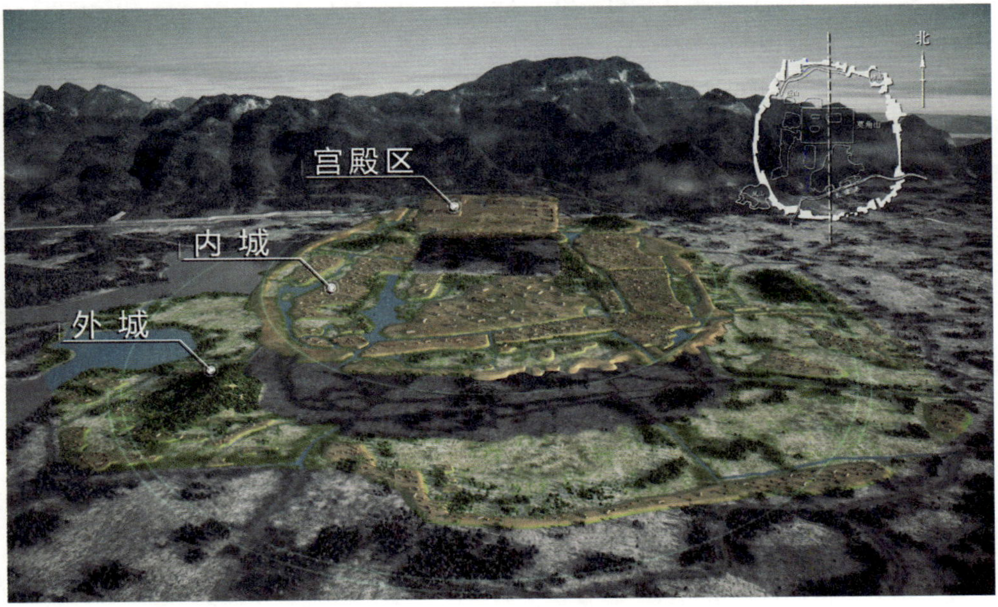

良渚古城三重结构

南城墙东南水门复原图

良渚古城城墙的用工量

模拟的结果显示，采集一竹筏 1200 千克的块石需要挑 15—16 担，采集共需 0.5 小时。搬运上船约 5.63 小时。竹筏运输到城墙边距离约 4 千米，来回一趟需时 3.24 小时。假设最后卸船到铺装地距离为 50 米，则完成一筏块石的卸载铺装阶段共需时 1 小时。因此，可以估算出每个筏次总的耗时为 0.5+5.63+3.24+1=10.37 小时。

根据计算，整个城墙铺垫石单层面积约 29 万平方米，以每竹筏运输周次平均铺装 4.5 平方米计算，约需要 6.44 万筏次。而每筏次耗时 10.37 小时，则共需 66.8 万工时，以每工 8 工时计算，即 8.4 万人工。

以宫殿王陵为中心，是中国古代都城“宫城、内城、外郭”三重结构的滥觞。钟家港位于莫角山东部，是良渚古城内部“工”字形主干河系之一。古河道两岸台地密布，为石玉器、漆木器、骨角器以及大木作[3]的专业作坊区。在莫角山南部我们发现了半岛状、面积超过 10000 平方米、平均厚度 60 厘米，总量超过 20 万千克的大型仓储遗迹。跟其他早期遗址比较，城市所有的要素在良渚都存在并被找到，而且都存在于地面上。历时性研究[4]表明，良渚古城的建设顺序是：水利工程、宫殿和王陵建造于距今 5000 年；城墙建造于距今 4800 年，外郭则更晚。因此，良渚古城的规划设计可谓百年大计。其规划视野之宏大，建造技术之科学，令人叹为观止。

据测算，仅建造古城和水利系统所需的土方量，就有近 1000 万立方米。这一浩大工程，只有国家的力量才能完成，是良渚王国国家意志的产物，同时也是良渚文明高度发达的标志。

5000 年前的一圈土石城墙，勾画出良渚王国的统治中心，缔造了“中国”之前中华大地上的一个奇迹。

3. 是我国传统建筑营造的核心技艺。（编者注）
4. 历时性研究：从动态纵向的程度考察社会结构及形态的视角。（编者注）

法无定法：考古技术与手段

中国新石器时代考古已经由物质文化史研究阶段转向社会史研究阶段。现今的考古队，不像单口相声演员，一个人把所有事情做完；而更像一个电影导演，带着多学科兼有的专业团队，然后所有的人共同完成一个目标。2007 年良渚古城确认后，良渚的考古工作持续取得进展，数字手段和多学科研究在这些发现中起到了巨大的作用。

科技手段：发现良渚古城外郭和水利系统

GIS（Geographic Information Systems，地理信息系统）技术在良渚古城外围结构的寻找、水利系统的分析、溢洪道等结构的考古工作中获得广泛应用。作为 GIS 的一种产品，数字高程模型 DEM（Digital Elevation Model）成为我们寻找古城结构最有效的手段。所谓数字高程模型，就是把地图上不同高程的范围依照某种色系的变化涂上不同的颜色。即使一道城墙被破坏后呈若干分散的小段，若其基本高程一致，在 DEM 平面图上就显示为相同的颜色，这样就很容易把它们联系起来观察。DEM 反映的是单纯的地表高程变化，所以能

高程模型显示良渚古
外郭结构

从复杂的地表植被和建筑的视觉干扰中，将纯粹的高程信息直观反映出来。

用 DEM 寻找良渚古城外郭

2009 年年底，我们利用良渚古城区域 1∶500 比例的线划图制作了数字高程模型 DEM，结果有惊人的发现：莫角山呈标准的长方形轮廓，其上的大小莫角山和乌龟山这三个高台显示得非常清晰。更为重要的是，我们明确地发现良渚古城东南部外侧存在着一个长方形结构体，它是分别由美人地、里山—郑村、卞家山构成的北、东、南三面墙体，并与良渚古城的东墙和南

美人地板桩细部

墙相接续。经过对美人地等地点的发掘，这里被证实是良渚古城外郭的一部分。

RS 与 GIS 系统发现水坝

利用遥感 RS（Remote Sensing）和 GIS 对外围水利系统进行考察，新发现了高低两组水坝共 11 座。RS 技术成本低廉、影像直观，成为良渚大遗址考古结构性研究中的最重要手段之一。在发现高坝系统后，我们利用卫星影像进行观察。2011 年年初，我们发现在高坝南面约 3 千米的鲤鱼山存在一个明显具有人工痕迹的大型坝体，经钻探证实这个近 300 米长的坝体的确是人工堆筑，同时发现在鲤鱼山的东西两侧共有 3 段人工坝体。这些坝体连接平原上的孤丘，坝高约 10 米，形成低坝系统。从而揭示出塘山、高坝和低坝共同构成的良渚水利系统的完整结构，意义重大。

地质考古：探知古城的石料来源

在地质考古方面，我们拓展了仅对石玉器出土物进行岩性鉴定的传统方法，对良渚整个区域的自然岩石分布进行了全面的勘察。在研究作为建筑材料的良渚城墙垫石时，岩石学家首先对古城四面城墙解剖点所有暴露的垫石（共 10526 块）进行岩性、磨圆度、块度的鉴定和统计，发现绝大部分垫石

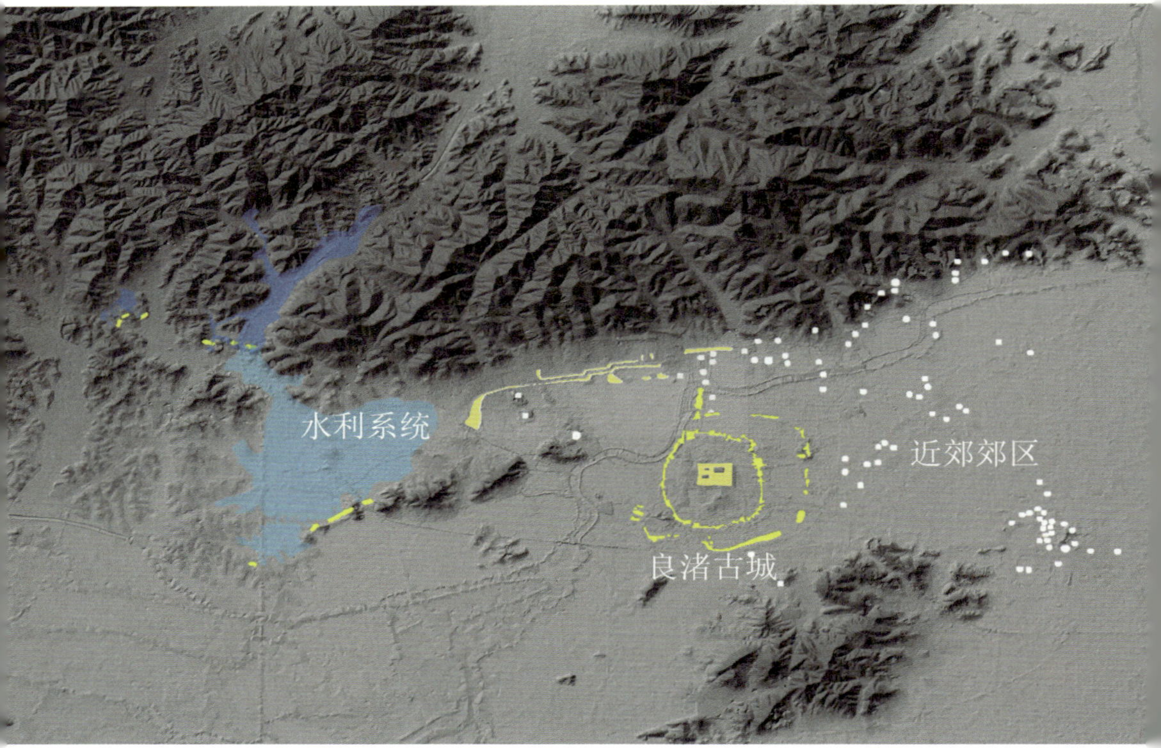

良渚古城系统结构图

都是散石，很少为人工开采。地质学家对古城周边分水岭以内 200 平方千米的所有山地进行调查，形成区域岩性分布图，进而与垫石的质地磨圆度等进行对比，获知取石地点多位于山脚和冲沟位置，并利用 RS 手段、地质及考古勘探资料恢复良渚时期的河道水系。我们根据垫石质地和形态对垫石进行分垄计算，推定良渚垫石的运载方式为竹筏运输；根据河道及采石点位置，还原了其可能的运输路径。

实验考古：草裹泥工艺的新认识

通过莫角山西坡河岸的发掘，我们对水坝的草裹泥工艺获得了长足的认识。良渚先民的草裹泥是用河中的荻草，将一块块淤泥像包粽子那样包起来，

泥

草裹泥材质分析

泥芯：大多为水相沉积的淤泥

裹草：荻、茅草

绑扎：芦苇、芦竹

以上各类植物，皆为本地沼泽湿地内常见品种，因此推知应是在附近低地直接加工，运输而来。鉴定显示芒荻物的取材时间应是在其开花之后的秋冬季，同时木桩的年轮分析亦显示砍伐期在类似季节，符合本地一般农闲修水利的习惯。

再用芦苇条绑扎牢固。草裹泥会被运输到山谷，一层层堆叠在洪水的冲击面上，最后在草裹泥上覆盖黄土。这种工艺显示出良渚先民的智慧，他们对泥土材料有着深刻的认识，淤泥具有很好的防水性能，山洪无法渗透，表面的黄土又可以起到加固的作用，即使在今天营建水坝时，土筑坝体依然普遍利用了这种原理。

我们模拟了绑扎速度。1 人挖土 3 人包扎，每小时共可包扎 102 个，计 0.63 立方米，总用工时 240 分钟；扎带备料平均每 2 分钟 1 条，用于 1 个草裹泥，共需 204 分钟；茅草置备约需 40 分钟，铺筑约 10 分钟。故不计算运输时间，完成 1 立方松方的草裹泥需 784 分钟，即 1.63 工，考虑到实际发掘的草裹泥皆为实方，且有运输的时间，故推测每实方草裹泥置备可接近 2 工。

关于良渚的两个问题

良渚对其他地区有何影响?

公元前 2300 年前后的那场史前大洪水，把中华大地所有原住于海滨、平原等地势低洼之处的上古文化消灭殆尽，良渚灭亡的根本原因就在此。良渚实体垮掉了，作为中华文明多元一体中的重要一元，良渚文化，尤其是良渚的玉文化，对同时期和更晚的龙山时代及周边文化都有着广泛的影响，分布范围达到大半个中国，如山西陶寺遗址中的玉琮、“石厨刀”，陕北延安芦山峁、神木石峁的玉钺、玉璧，甘青地区齐家文化的玉琮、玉璧，都是良渚玉文化传播的产物。二里头、殷墟、三星堆、金沙等许多夏商周时期的遗址中，发现了源自良渚文化的玉琮、玉璧，长江与黄淮下游地区其他史前文化的玉钺、玉璜等玉器也有良渚文化的影子。从鼎、豆、壶等陶器，也可以看到青铜时代及其以后，统一的中华文明对良渚文化的吸收和继承。在礼制上良渚文化对以后的文明影响深远。

虽然文献和传说里没有良渚，但良渚对中华文明的贡献在今天还是可以感受到的。江南地区村落的格局，江南地区的文化、风貌、经济模式，就是良渚人创造的，他们创造了后来最富裕的地方。虽然我们不能称它为最早的中国，但是一点也不影响它在我们中国文明史的意义。

良渚有文字吗?

之前，我们认为文字是文明十分重要的一项标志，现在已经慢慢改变了这种比较僵化的认识。只要证明一个文化属于国家级别，它自然就是文明了。符号在良渚有很多，但文字必须在空间布局里刻画得横平竖直，且发现若干个，才能表达某个意思。良渚也发现有一些刻画符号，不是太多。发现的案例很多都是在很小的村庄，不在都城。如果运气好，在莫角山发现了代表当时最高水平的文字资料且没有烂掉的话，那个才能真正代表良渚的文字。我们觉得，按照良渚的发展水平，存在文字是很有可能的，不过最终还是要等待考古发现。

考古小知识

考古地层学

人们对古代遗址的发掘早已有之，直到 19 世纪中叶地质学科获得了重大成就，真正的考古学才得以建立。考古地层学是一种通过判定遗址中诸堆积形成的先后过程或次序来研究遗存之间相对年代早晚关系的方法。根据土质、土色区分不同堆积，并根据叠压、打破及平行关系确定不同堆积形成的先后次序，又反过来在观察、分析各种文化层形成的基础之上以相关理论来指导发掘工作，同时对各层次的遗迹进行处理。考古地层学研究的首要问题在于尽可能准确地将性质、时间不同的文化堆积层次区别开来，从而确定它们的相对年代，也就是其在时间上的先后关系。

相关遗址

寺墩遗址

良渚文化上承马家浜文化、崧泽文化。寺墩遗址位于江苏省常州市天宁区郑陆镇三皇庙村，距常州市区约 15 千米。是中国长江下游新石器时代崧泽文化和良渚文化的遗址。面积约 6 万平方米。1978 年、1979 年、1982 年南京博物院的发掘发现了随葬玉制璧、琮较多的良渚文化墓葬。寺墩遗址良渚文化层的年代，据放射性碳素断代并经校正，为公元前 2790 年左右。2019 年 10 月 7 日，寺墩遗址入选第八批全国重点文物保护单位名单。

相关阅读

[1] 浙江省文物考古研究所编著:《良渚古城综合研究报告》，文物出版社，2019 年。
[2] 王宁远:《何以良渚》，浙江大学出版社，2019 年。
[3] 刘斌:《神巫的世界》，浙江摄影出版社，2007 年。
[4] 方向明:《土筑金字塔：良渚反山王陵》，浙江大学出版社，2019 年。
[5] 蒋卫东:《神圣与精致》，浙江摄影出版社，2007 年。

孙周勇
石峁遗址考古领队
陕西省考古研究院研究员

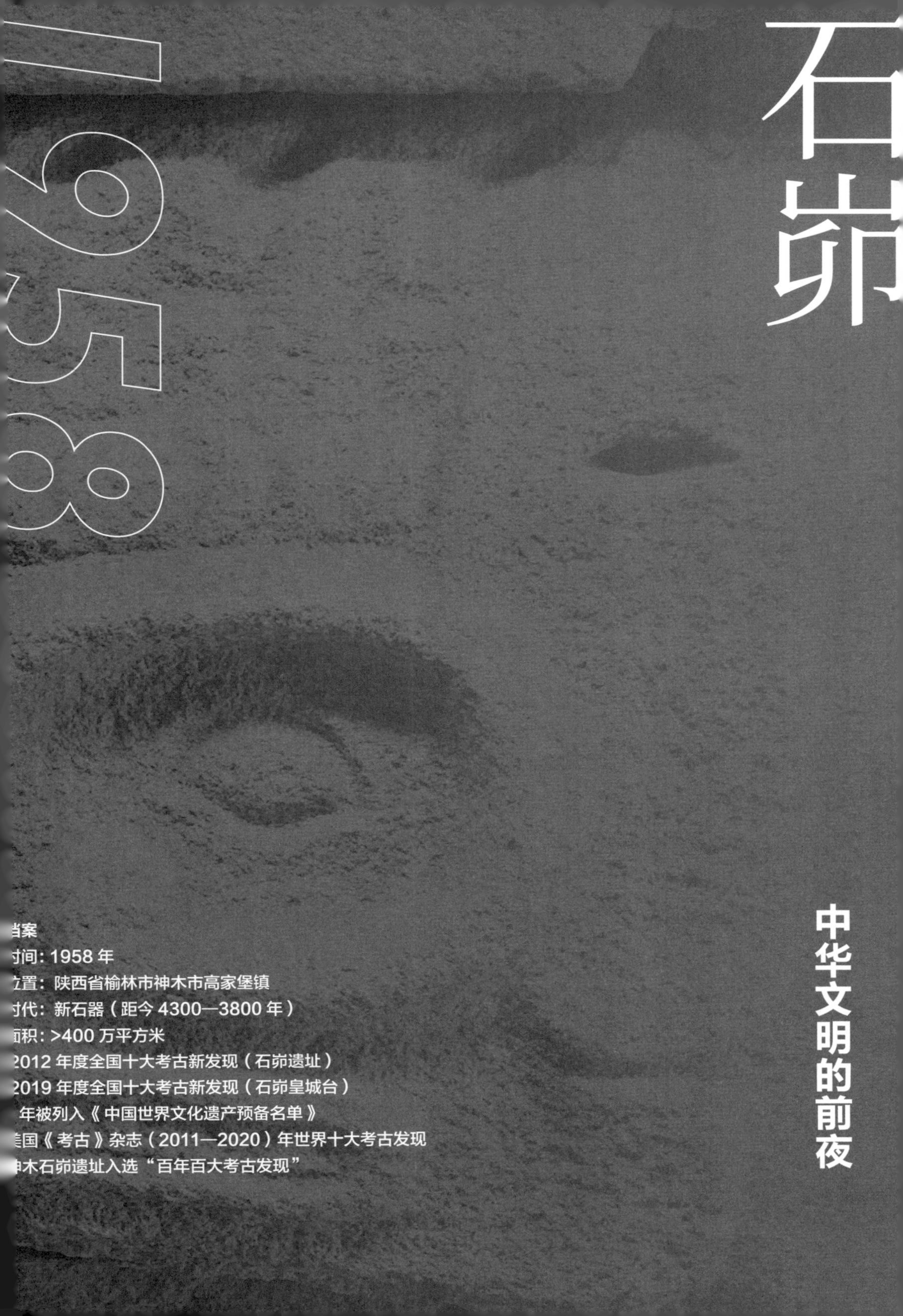

石峁

1958

中华文明的前夜

档案

时间：1958 年

位置：陕西省榆林市神木市高家堡镇

时代：新石器（距今 4300—3800 年）

面积：>400 万平方米

2012 年度全国十大考古新发现（石峁遗址）

2019 年度全国十大考古新发现（石峁皇城台）

年被列入《中国世界文化遗产预备名单》

美国《考古》杂志（2011—2020）年世界十大考古发现

神木石峁遗址入选“百年百大考古发现”

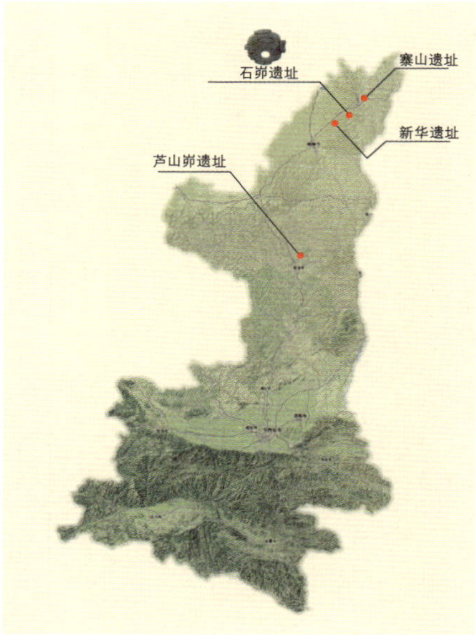

石峁遗址地理位置示意图

石峁遗址位于陕西省榆林市神木市（县级市）高家堡镇，地处黄土高原北端的黄河西岸，毛乌素沙漠东南缘。碳十四系列测年及考古学系列证据表明，石峁城址初建于公元前 2300 年前后，废弃于公元前 1800 年前后，面积达 400 万平方米以上，是中国已知规模最大的龙山时代晚期城址，被誉为“石破天惊”的重要考古发现。

在过去几年里，石峁遗址广受社会各界和国内外学术界的高度关注。石峁遗址广受关注主要有时空两方面的原因。首先是时间方面：夏王朝是中国历史上的第一个王朝，夏朝之前仍处于新石器时代，之后则进入青铜时代。石峁遗址的时代恰好处于新石器时代最晚阶段与夏朝过渡的时间节点上，被认为是中华文明的前夜。从绝对年代看，石峁遗址大致处于公元前 2000 年前后。因此，石峁遗址的发现对于研究我国早期文明起源及国家的形成具有极其重要的意义。其次是空间方面：石峁遗址所在的地理位置比较特殊。这里处在明长城的沿线，是明长城和秦长城的交错地带；同时还处在干旱和半干旱的交错地带，是一个气候敏感区域；更是从战国秦汉以来的自古兵家必争之地，是北方农业民族和游牧民族来回拉锯的区域。从区域位置来说，石峁遗址所在的台塬地貌以多蚀山丘、沙漠滩地为主，总体海拔为 1100—1300 米。

30块钱“抢救”回的文物

考古学者首次关注到石峁遗址是在1958年。时年，陕西省开展第一次全国文物普查，“石峁山遗址”（即今石峁遗址）首次被考古工作者记录。根据调查信息及采集陶片等标本分析，调查队认为在石峁、雷家墕大队一带有一处新石器时代龙山文化遗址，遗址东西约2千米、南北约3千米，包括三套城，以位于石峁大队皇城台高地的“头套城”最为清晰。1958年之后，因为一些原因，石峁遗址的考古工作暂停，但是当时的档案保留了下来。再往后包括1963年长城沿线调查的时候，也有学者进行过遗址调查。

1976年，原来陕西文物管理委员会的研究员（当时还不是研究员）戴应新先生听闻陕西神木县高家堡一带出土了很多玉器，就和榆林地区的文博干部几经辗转来到了高家堡镇，得知玉器出土于东北边的一个村子。当地文化站的一位站长称，1966—1976年，大概有1500—1600件玉器从市里卖到北京去换汇，收购者当时只要比较大的玉料，所以石峁早年流散出去的器物都是比较大块的。戴先生去的时候带了30块钱的经费，还准备了很多搪瓷脸盆和老乡交换，当时文化站从老乡手中收购的玉器价格很低，就两三毛钱一件，如果是卖去北京的话时间周期很长，所以老乡都很乐意把玉器拿给戴先生。后来戴先生回忆起来十分遗憾，一是只带了那么多钱，二是也带不走那么多玉器，所以只拣选了一部分带回来了，就是我们现在在陕西历史博物馆看到的那一批有名的器物。

石峁出土的文物中最有名的有两类，一类是牙璋，大概27件。这27件牙璋是20世纪80年代中期三星堆牙璋出土之前整个中亚地区已知最早的牙璋，也最先引起了学术界对石峁玉器的性质、年代和文化特征等热点问题的讨论。我觉得牙璋基本可作为早期政治或制度物化的象征。另一类是玉雕人头像。除此之外，石峁遗址较有名、较具代表性的器物是刀、钺、戈、璜这类片状器。戴氏将征集的玉器进行分类研究，几经反复，最终他认为石峁玉器与陶器都为龙山时代的遗存。

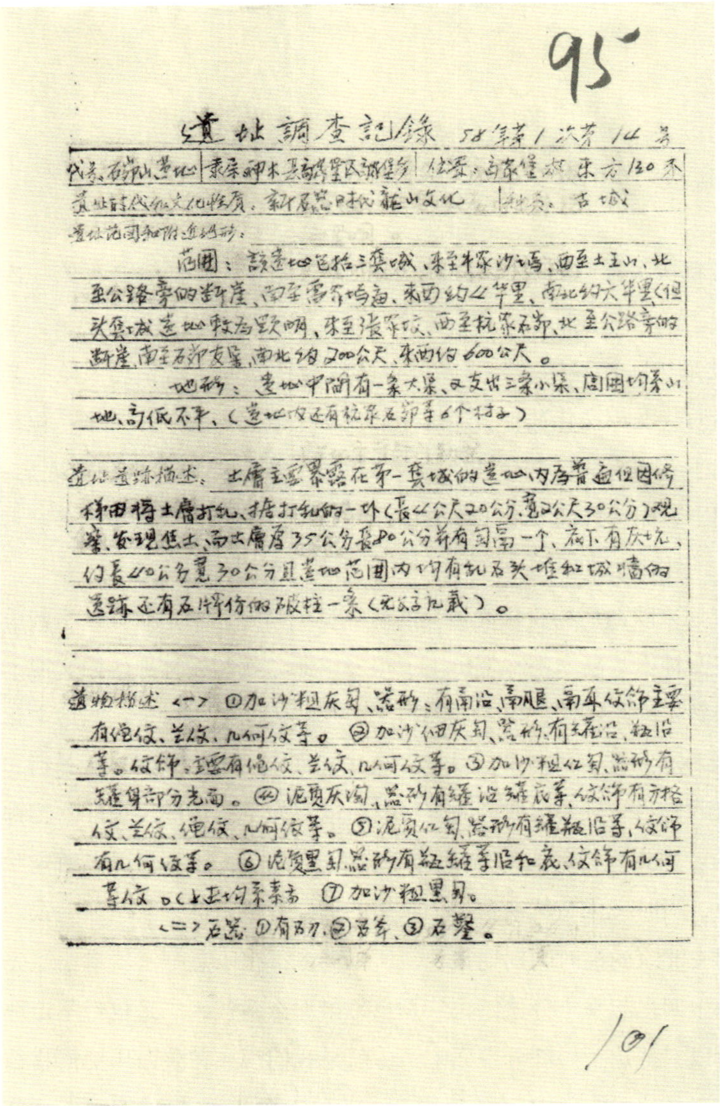

95

遗址調查記錄 58年第1次第14号

1958 年石峁遗址调查记录

1981 年，西安半坡博物馆对石峁遗址进行了试掘，带队的是姜寨遗址的发掘者巩启明先生。发现房址、灰坑、石棺葬、瓮棺葬等遗迹，出土器物以陶器为主，采集器物包括玉、石、骨、陶器等类。发掘者认为，石峁遗址存在两种不同时期的文化类型，早段与客省庄二期文化同时，晚段与内蒙古大口二期文化同时，而石棺葬中出土的玉器当属于后段。此次发掘对明确石峁遗址的文化内涵与性质起到了重要作用。

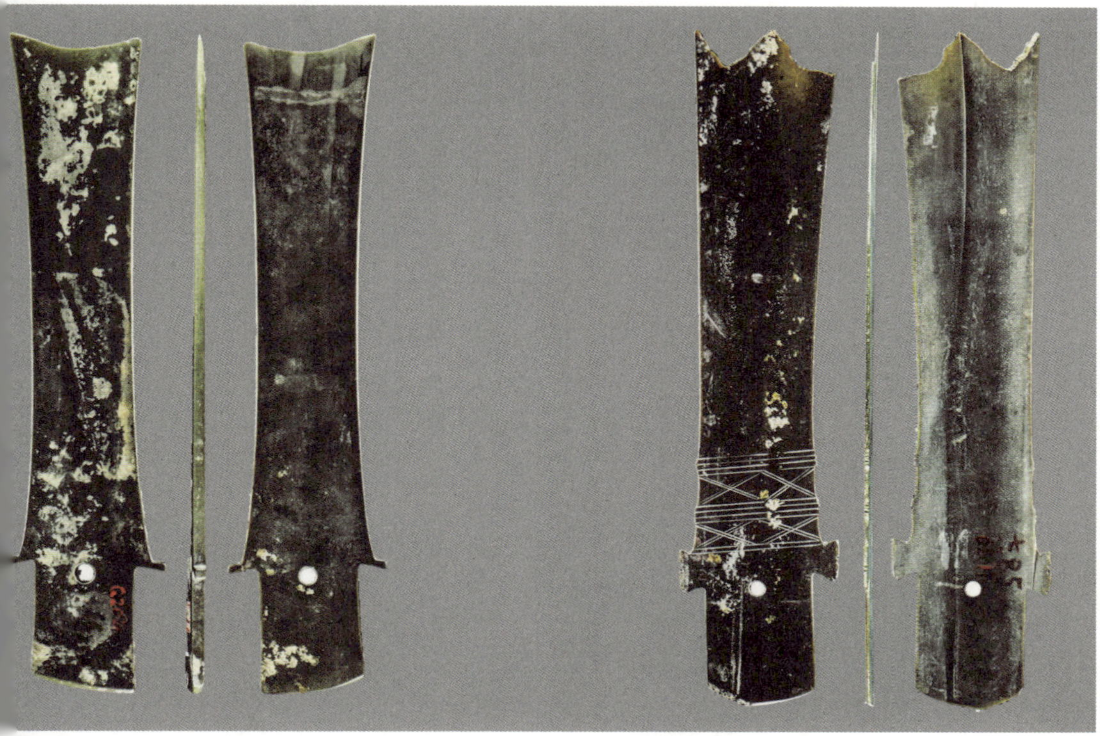

址 1976 年征集的玉
邓聪先生供图

1986 年，陕西省考古研究所研究员吕智荣在神府煤田考古工作时对石峁遗址进行了调查，采集到陶器残片、磨制石器、打制石器和细石器共 40 余件，大量细石器的发现表明他们还存在着相当发达的牧猎经济。

2009 年，上海大学的罗宏才教授对石峁遗址进行了调查，采集到石人头雕像 1 件，并对当地村民、榆林地区的收藏家进行了走访，见到了 20 余件造型独特的石雕或石人头雕像。调查者认为石峁雕像具有浓郁的地域性质，虽属于河套地区范围内，但与河南、关中、陇东及更远的川鄂苏地区的商时期文化有着密切联系，是石峁巫觋集团存在和社会宗教文化的反映，对探讨华夏民族的融合历史、族源、族属等问题提供了形象的标尺与民族学研究的参照系。

2011 年，石峁考古调查工作全面启动。2012 年，经国家文物局批准，联合考古队在复查了前期调查成果的基础之上重点发掘了石峁遗址外城东门

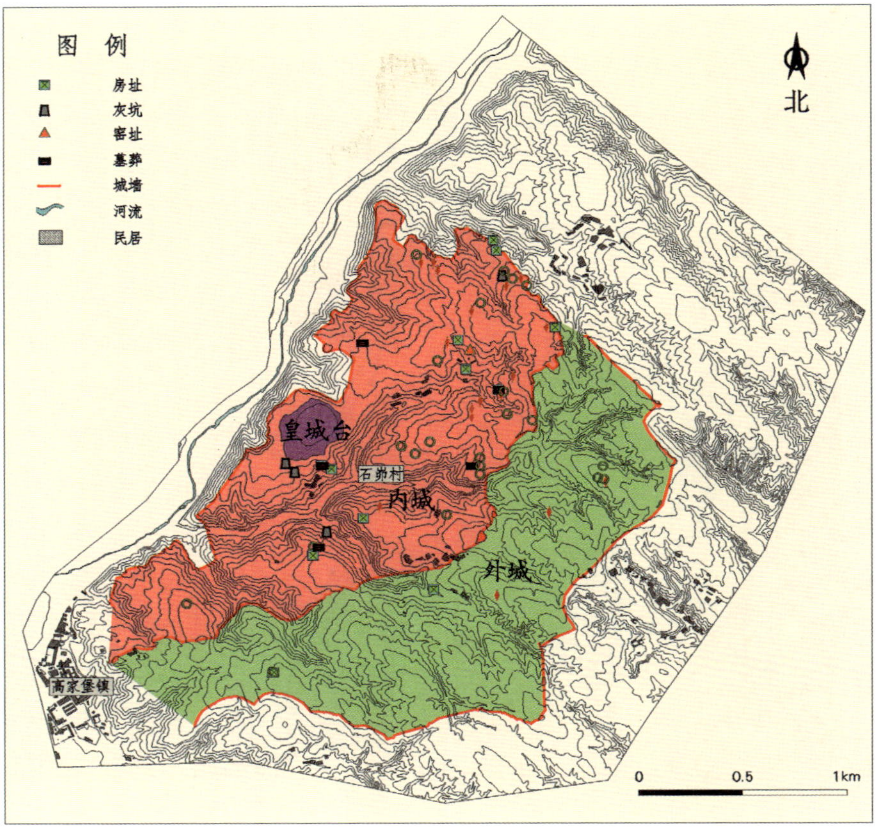

石峁城址结构示意图

及城内部分遗迹，取得了重要收获，发现了体量巨大、结构复杂、构筑技术先进的石峁城址外城东城门址以及石城墙、墩台、门塾、内外瓮城等重要遗迹，出土了玉器、壁画及大量龙山晚期至夏时期的陶器、石器、骨器等重要遗物。

记得 1995 年左右，去石峁遗址的路还很不好走，上山的路仅容下一辆小型汽车，如果迎面遇见老乡的拖拉机，就无法避让。重大的考古发现就这样从我们眼皮底下一次又一次地溜走，很是让人遗憾。遗憾的同时，我们也感到幸运。我曾和多位朋友开玩笑说："幸亏当时没发现，才有了我们现在'石破天惊'的重大发现，才让石峁有了更加有效的保护和展示。"

石峁城址内城城墙

石峁城址外城城墙

石峁古城面积在400万平方米以上，规模大于年代略早或相近的良渚遗址、陶寺遗址等城址，当是目前所见中国史前时期最大的城址。目前，已知世界早期城建史上面积最大的城址是美索不达米亚西南部苏美尔人建立的乌鲁克遗址，面积4.35平方千米，石峁遗址的规模与之相近。石峁遗址的发现和发掘为研究中国文明起源的多元性和发展过程提供了全新资料，对进一步理解“古文化、古城、古国”框架下的中国早期文明格局具有重要意义。

皇城台俯视正摄影图

外城东门址

外城东门址俯视结构图

石峁古城与“金字塔”皇城台

石峁城址

石峁遗址处于黄河一级支流秃尾河及秃尾河的支流洞川沟夹角形成的山峁台塬之上，以皇城台为核心，内城和外城呈半包围状，内、外城分别构筑宽约2.5米的石墙，气势恢宏，为国内同时期遗址所罕见。

石峁内城将皇城台包围其中，城墙依山势大致呈东北—西南向分布，面积约210万平方米。皇城台为大型宫殿及高等级建筑基址的核心分布区，顶部有成组分布的宫殿建筑基址，其北侧有池苑遗址。皇城台周边以多达10余级的堑山砌筑的护坡石墙包裹，局部墙体有巨型石雕及菱形眼纹等装饰，底大顶小呈金字塔状，错落有致，坚固雄厚、巍峨壮丽。外城利用内城东南部墙体向东南方向再行扩筑的一道弧形石墙形成封闭空间，城内面积约190万平方米。外城残存墙体最长的一段有百余米。

外城东门址位于石峁城址外城东北部，门道为东北向，由外瓮城、“石包土”的南北墩台、曲尺形内瓮城、“门塾”等部分构成。从地势上来看，外城东门址位于遗址区域内最高处，地势开阔，位置险要。外城东门址周边共发现集中埋藏人头骨的遗迹6处，均位于早期地面之下或石墙墙体之下，应与城墙修建时的奠基或祭祀活动有关。

外城东门址头骨坑 K2 清理

外城东门址马面正摄影像

石峁遗址外城东门址是中国史前城建史上规划最为复杂、设施最为齐备的实例，设计精巧、结构复杂、装饰华丽、筑造技术先进，被誉为“华夏第一门”。即使在4000年后的今天，经过风雨剥蚀仍然让人感觉到气势恢宏、威严高大、庄严肃穆。作为石峁城址的制高点，坚固雄厚的外城东门既是控制交通、外防内守的实体屏障，又是石峁统治者构建的精神屏障。

特别值得一提的是，外城东门址所见的内、外瓮城及周边城墙上的马面等遗迹系国内确认的最早的同类城防设施，同时也是东亚地区土石结构城防设施的最早实物资料。东门址内、外瓮城的修建最大程度地延缓了外来势力进入城内的时间，创造了抵御外来侵入的缓冲空间，极大地提高了防御能力。石峁瓮城与马面的发现及确认首次将中国古代同类城防设施的形成时间上溯至龙山时代晚期，其出现表明在中国早期国家形成的前夜，中国北方地区政治格局的复杂化及武力战争的频繁。

皇城台

皇城台的考古发掘始于2016年。皇城台是石峁遗址最核心的区域，位于城址中部偏西，是一处四围包砌石砌护墙的高阜台地，被内城和外城重重拱卫，三面临崖，仅一面以“皇城大道”与内城相接。

从地势来看，皇城台明显低于包括外城东门址在内的外城北部城墙所在的山脊，站在皇城台台顶，可遥望外城北部城墙、外城东门址和外城二号门址（雷家墕村龙王庙）；从结构来看，皇城台底大顶小，顶部面积约8万平方米、底部面积约24万平方米，四围筑有护坡石墙，石墙自下而上逐阶内收，阶阶相叠，呈台阶覆斗状。石墙砌护的总高度超过70米，高大巍峨，气势恢宏。

护坡墙的孔洞里面有木头，树种是一种柏树（侧柏），这种近百年左右才可以成材的柏树，被大量横向嵌在石头墙里。这种做法在史前时期的大河村遗址、战国的城池乃至隋唐时期的九成宫夯土基址都有发现。木头的作用就相当于现在的钢筋，给墙以支撑作用。实际上，这种做法就是宋代《营造

皇城台远眺

法式》中记载的“筑城时，城每高五尺，横用纴木一排”的技术。通常认为“纴木”的使用始于汉代，但是石峁遗址依据其地域资源优势，在基本无收分[1]的石墙上使用粗壮的原木加固墙体，防止建筑倾斜、倒塌，符合《营造法式》中“纴木”的使用规范，将这种建筑技术在华夏大地上的出现时间向前推了2000年。

皇城台护墙的弃置堆积内出土了陶瓦、卜骨、陶鹰、口簧以及牙璋、琮、钺、环等玉器，锥、刀、环等铜器和海贝、象牙制品、丝织品等高等级遗物，彰显了作为石峁遗址核心区域的特殊地位。数量可观的陶瓦（包括筒瓦及板瓦）表明皇城台台顶当存在覆瓦的大型宫室类建筑。石峁陶瓦是公元前2000年前后我国发现数量最大、区域位置最北的考古实物，对探讨中国早期建筑材料及建筑史具有重要意义。造型生动的20余件陶鹰和东护墙北端墙顶成层分布的100余片卜骨的发现或许暗示着皇城台的宗教信仰内涵，应是生活于台顶高等级人群使用后的孑遗，可能居住有掌握占卜祭祀权利的

1. 中国古代建筑中圆柱的一种作法，柱子根部略粗，顶部略细。（编者注）

皇城台东护墙纴木洞

皇城台门址结构示意图

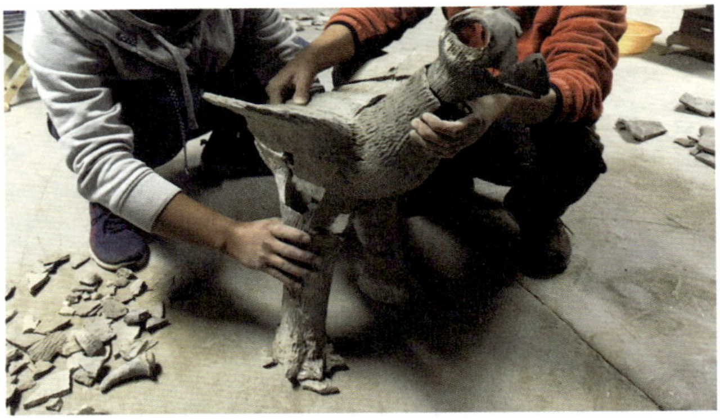

工作人员在修复皇城台出土的陶鹰

巫觋阶层。

弃置堆积内发现的遗物中，骨针的数量最多，超过 14000 件。还发现大量处于操作链上的坯料、残次品及制骨手工业的遗存，暗示着作为宫城的皇城台，在其顶部曾经设置有专门从事骨器加工制作的生产场所。这一发现为探索皇城台台顶的功能布局以及城内区划提供了线索。20 余件口簧即先秦文献中记载的乐器——簧，这种乐器曾遍布于世界上 100 多个民族，现仍流行于中国北方及西南的部分少数民族中。作为一种世界性的原始乐器，石峁口簧形制完整、考古背景清晰、共存器物丰富，是世界范围内年代最早的口簧实物，不仅是中国也是世界音乐史上的重要发现，为探讨早期人群流动及文化交流提供了难得的线索。

作为石峁核心的皇城台，不仅生活着高等级贵族，那些掌握核心生产技术的手工业者也被安置在这一区域，这是三代之前早期手工业生产的普遍现象。同时，数量明显超过石峁城址人群生活需要的骨针类日用品，可能承担了交换物的功能，石峁上层可以用它们从周边区域获取其他生产生活资源。从这个意义上来说，处于大河套地区社会金字塔顶端的石峁古城，不仅仅是区域政治中心和宗教中心，在某种意义上更是一处维系周边中小聚落的经济中心。

皇城台门址是目前皇城台确认的唯一一处城门遗址，规模宏大、结构复杂、保存良好，自外而内的主要组成部分包括：广场、外瓮城、墩台、内瓮城、主门道等部分。从内城进入皇城台，只能横穿广场，然后沿着外瓮城两

皇城台出土的陶瓦

皇城台护墙堆积内发现的“口簧”

皇城台顶部大型夯土宫室建筑基址

侧的门道登上铺石坡道，最终才能登临皇城台顶部，蜿蜒曲折，易守难攻。依据地层关系和出土器物推断，皇城台门址的建造年代当早于外城东门址。与外城东门址相比，二者结构相似，均设置了瓮城、墩台、门塾等设施，唯皇城台门址规模更加庞大，结构更加复杂，布局更加紧凑，出入道路私密性更强。两处城门遗址结构的相似性暗示着石峁古城在不断扩大的营建过程中，其设计理念具有一定的承袭关系。皇城台门址与外城东门址除了同样显示出强烈的防御色彩外，最外侧的长方形广场及两侧伸出的长墙，可能还具有一定的礼制功能，对后世都城正门的门址结构产生了深远的影响。

皇城台顶部修建有一处规模宏大、气势磅礴、装饰精美的大型宫殿建筑，目前仍保留有大型夯土基础及周边护墙。这处大台基与东南方向的门址主门道西端相接，平整开阔，四望无阻，略呈东高西低之势。平面形状大体呈圆角方形，每边长约 130 米，总面积约 16000 平方米。以夯土（垫土）筑成台芯，四周以石墙包边护砌，砌筑方式与皇城台护墙一致。据残存高度估算，台体原高度应不低于 5 米。至 2019 年年末，仅发掘了大台基的南护墙，其他三面护墙暂未发掘。

石峁的石雕

在正在发掘的大台基南护墙墙面基地倒塌的堆积中，已经出土石雕 70 件，其中 21 件镶嵌于南护墙墙面，1 件矗立在夹道地面，其余散见于夹道内南护墙的倒塌堆积中。根据出土背景，石雕可以分为平面型、塑像型和立柱型，主要雕刻方法可分为浮雕、阴刻、圆雕等；就图案的表现内容而言，主要包括动物、神兽、符号、装饰性纹样、神面、人面等。其中，动物形图案发现最多，形态逼真、刻画细致，可与真实存在的动物相比对，如蛇、牛、虎、蟾蜍、羊、马等。有的刻画极为精细，比如蛇的头部可明显分为三角头和椭圆头两种，且细小的眼、嘴均有表现；牛角外表的细横槽以及马的鬃毛、马蹄都有精细刻画；在个别牛眼、虎眼内还发现残留的红色和黑色颜料。神兽形图案主要是指不见于现实中的兽形形象，发现较少，有扁头

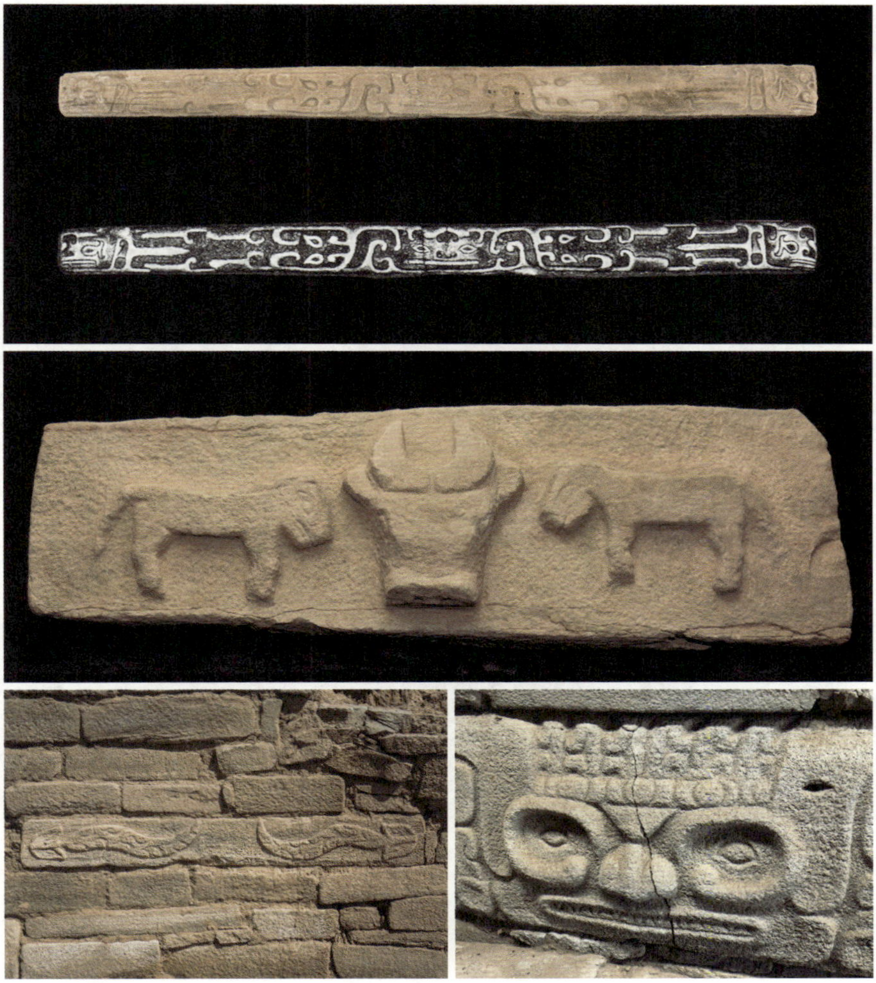

皇城台大型宫殿建筑南护墙一带出土的石雕

曲身有鳞者，也有长嘴有鬣者，难以定名，暂以神兽称之。符号形图案常见“X”“O”或眼形，一般单独出现；装饰性纹样多为几何形，连续组成繁复图像或配置于其他复杂图像内，自身的结构特征决定其配合使用的基本性质。符号形图案和装饰性纹样，可能已经具备了一定的“代表”“我”“复形”性质，其代表某种动物甚至代表人的可能性较大。神面和人面石雕是其

中特殊的一类，体量一般较大，雕刻最为精彩传神。图案有单独存在的，也有与动物组合出现的，多为对称式构图，以一正视神面为中心，瞪目龇牙，面部狰狞，两侧雕出动物或侧视神面。其中最大者，如 11 号石雕，长度超过 2.6 米。

这批石雕可能与中国北方地区自红山文化以来形成的石雕传统有着密切联系，其图案题材、表现手法及刻制技艺等可能在一定程度上影响了后石家河文化玉器和二里头遗址出土的绿松石组成的“龙”“虎”形象，甚至商周时期青铜礼器的艺术构思和纹饰风格。

皇城台大型夯土建筑
侧廊道上的神面立柱

皇城台大台基出土的不同类型石雕可能有着不同的使用方式和功能，目前仍有 20 余块砌筑于大台基南护墙的墙面或树立在夹道地面的石雕，但这批石雕最原始的位置依然存在着较大的讨论空间。例如，“平面型石雕”可能来自皇城台上比大台基更早的高等级建筑，在建筑被毁弃后，系“旧物新用”，被重新砌筑于大台基石砌护墙墙面；这些石雕也可能最初就是砌筑于大台基护墙墙面上，作为特殊建材使用。

当然，这些推测尚待更多考古研究确认。“万物有灵”是人类社会特别是古代人类社会最为普遍的精神信仰和宗教观念。石雕中动物和神兽图案或许具有交通天地的媒介作用，神面和人面或为英雄、祖先、王者、神祇的代表形象，同样具有“万物有灵、交通天地、驱邪守护”等精神内涵，对于大台基的建造者和使用者而言，将雕刻这些图案的石雕嵌入墙内，可能是为了彰显“有灵之物”的信仰观念，体现了石峁遗址先民对皇城台大台基的精神寄托。

结合地层关系和出土遗物，皇城台大台基主要的建造和使用年代不晚于石峁文化中、晚期，绝对年代约在公元前 2000 年，沿用至公元前 1800 年前后被废弃。至石峁文化晚期之后，石砌墙体大范围倒塌，大台基及其相关建筑被彻底毁弃。大约在夏商时期，大台基的倒塌堆积之上堆积了“蛇纹鬲遗存”，当是被来自北方地区的“朱开沟文化”人群占据。

近年来，皇城台的一系列重要发现，显示出作为遗址的核心区域，已经具备了早期“宫城”的性质，这种层层设防、众星拱月般的结构奠定了中国古代以宫城为核心的都城布局，同时表明石峁在中国北方地区社会复杂化过程中除了具有区域政治中心的作用外，可能还承担着宗教中心的双重角色，为中国文明起源的多元性和发展过程提供了全新的研究资料。石峁遗址处于游牧文明与农耕文明的交错地带，其发展高度、复杂程度以及建筑技术，远远超出了我们之前对公元前两千纪前后中国早期文明发展程度的判断。

外城东门址外瓮城墙体内发现的玉钺

皇城台地点主门道附近发现的玉钺

石峁玉器“藏玉于墙”

石峁玉器的辑录大致可以追溯至19世纪末，见录于清代吴大澂《古玉图考》。至迟在20世纪四五十年代，石峁多有玉器出土的情况已为人们所知。1976年，考古工作者踏查石峁遗址并开始征集玉器、陶器等文物，调查成果公布后，学界就石峁玉器的年代、性质和来源等问题展开热烈的讨论。

经过多年的探索，特别是2012年以来石峁遗址持续的大规模考古工作使得人们对石峁文化玉器的认识最终明晰起来。石峁文化玉器的器类有牙璋、斧、钺、铲、多孔刀、璧环、牙璧、璜、人头像及玉蚕、玉鹰、虎头等动物造型，以大型片状玉器牙璋、多孔刀、铲及璧环、人头像等为其特色器类。

牙璋起源地点一直是学界争论的焦点。石峁遗址考古发掘出土数量较多的牙璋，根据地层关系推断其处于龙山晚期与二里头文化早期之间，是黄河中上游地区发现时代最早的牙璋。学界目前多倾向认为石峁文化牙璋的年代较早，中原乃至江汉地区牙璋的出现，是受到了石峁文化的影响。

石峁玉器多为片状器，少数为采用圆雕工艺的动物造型。崇尚扁薄，切割平齐、边棱锋利，片切割技法十分成熟，大型片状器物中央打洼。器物剖切改制现象普遍，许多玉刀、钺、铲由同类器物对剖改制或其他体厚的器类

皇城台附近出土的玉钺（主门道门塾）与牙璋（东护墙）

剖片而成，如玉琮等被剖切为方形片状器。一方面反映出玉器作为稀有资源被重复利用，另一方面也表现出石峁先民高超的玉器制作工艺以及对玉料的娴熟把控。

就出土状况而言，石峁玉器多出自石砌城垣及重要城防设施的墙体或倒塌堆积、墓葬、祭坛等 3 种遗迹中。其中，“藏玉于墙”的特殊现象，改变了之前学界普遍认为石峁玉器全部来自墓葬的认识，为玉器提供了新的埋藏背景与意义。外城东门和皇城台门址一带的石墙内埋葬玉器的现象尤为引人关注。这些玉器或发现于墙体倒塌堆积之中，或发现于石块砌筑的墙体之内。根据其出土状况分析，这些玉铲、玉璜、玉钺等器物应是城墙修建过程中有

新华遗址玉器坑

意嵌入墙体的。

《竹书纪年》记载“桀倾宫，饰瑶台，作琼室，立玉门”。《晏子春秋》也有“及夏之衰也，其王桀背弃德行，为璇室、玉门”的记载。石峁遗址所见将玉器置于墙体之内的现象，符合上古文献或神话中提到的玉门、瑶台、璇门的相关记载。作为石峁人在信仰层面驱鬼辟邪观念催生的精神武器，石峁外城东门址所见杀戮奠基及墙体藏玉现象，极大地满足了神话中辟邪的心理寄托及“宗教中心”的向心功能，也成为其凝聚周边中小型聚落的核心手段。

属于石峁文化的新华遗址曾发现一座长方形坑 K1，其内出土 36 件玉器，分 6 排竖直插立，有刃部的器物刃部朝下埋入土中，无刃部者其薄面朝下，器型有钺、铲、刀、斧、环、璋等。K1 不能排除作为玉器窖藏的可能性，抑或已承担了祭祀的功能并被赋予了特殊含义。

崇玉用玉是石峁文化圈最突出的特征之一。石峁文化玉器的玉料主要以蛇纹石、透闪石为主。其中蛇纹石玉器多呈墨绿色和灰绿色，尤其以茶褐色带黑点为典型特征，在阳光的照射下，这种玉器会显出浓烟色，厚处则呈黑色。透闪石、阳起石玉器多呈黄绿色，里面泛着像山水画一样的黄斑。

石峁玉器的年代，除了根据器物本身形态进行断代之外，更多依靠于考古发掘中的地层关系及测年手段，共同构成了分期的标准。石峁玉器的年代可分为早晚两期，早期属于龙山时代的晚期，晚期已经进入了夏代的纪年范畴，所以早晚两期玉器的器形和工艺略有差别。

从玉器的风格上，我们能够看到不同地区文化交流的影子。比如牙璋，在山东地区和中原腹地都能看到，时代上略有早晚，后石家河文化及再晚一些的三星堆遗址，也发现有牙璋。石峁的鹰形玉笄和石家河的非常相似，还包括虎头的造型，显示出受到多元文化影响，甚至有些玉琮还带有良渚文化的风格。

石峁文化玉器以其数量庞大，器类独特和玉质迥然成为世界范围内玉器研究者关注的焦点，它在中国古玉体系中的重要地位已逐渐凸显，我们可以认为石峁文化玉器是继红山文化和良渚文化作为用玉中心衰落之后，与齐家文化、石家河文化鼎足而立的一处重要的史前用玉中心。

黄帝都邑抑或夏都？

作为龙山晚期最大的城址，石峁遗址以其宏大的建筑规模、复杂的城防设施、众多的精美玉器、农牧交错的地理区位以及其处于临界史前和历史时期的关键时间节点等因素，引起学界的广泛关注，学者们试图从各个角度进行解读。先秦史学者沈长云从古代文献及历史地理角度，提出石峁古城是黄帝部族的都邑。此说一出，学界瞩目，甚至有学者直指其是黄帝都城昆仑，石峁城址黄帝都城说也在历史学界产生了一定影响。陈民镇撰文回应，指出

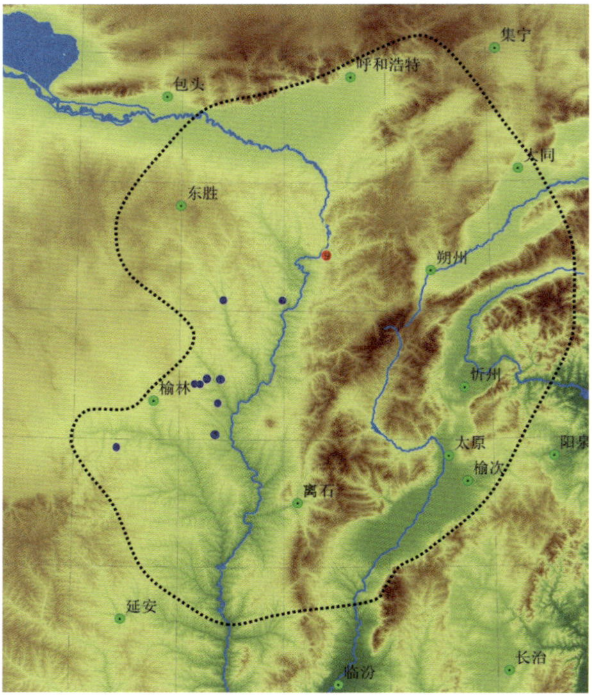

石峁文化分布范围示

将考古发现与古史传说轻易挂钩的做法是危险的，并从世系年代、区域位置、筑城传统等方面提出石峁古城与黄帝都邑存在文化特征的不相称性。此外，关于石峁遗址的性质还有尧帝避洪水所居之幽都、上古西夏都邑、大禹治水与共工斗争时被毁的“不周山”等多种说法。近来，还有学者提出石峁城址的营建者为黄帝后裔的周人先祖或北狄先民的新观点。

面对史学界关于石峁遗址族属与性质的快速反应，作为发掘者也不得不回过头来审视与之相关的问题。由于考古学注重实物资料的积累与分析，在没有获得充分内证性材料支持的情况下，一般不倾向于将考古学文化或某一遗址背后的族群与上古历史人物进行对照匹配。这也是考古学本身为人诟病的“见物不见人”的短板，但不失为一种审慎的态度。从时代、地望及以双

陶鬲

三足瓮

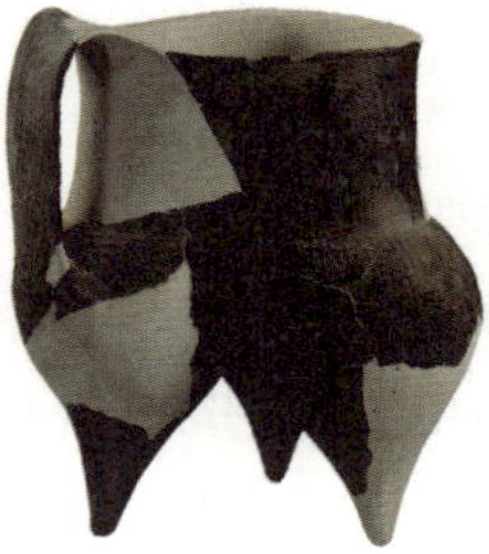

单把鬲

陶斝

大口尊

折肩罐

大口尊

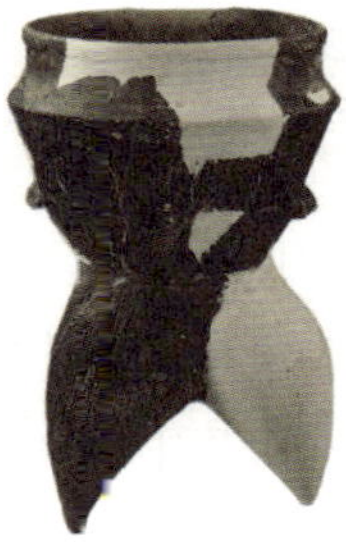

陶甗

址出土的陶器

鋬袋足陶鬲为代表的陶器等多方面都无法证明石峁为黄帝、尧都之所在。

从考古学文化的分布来说，以石峁遗址为代表的河套地区龙山晚期文化遗存有着深厚的区域文化渊源和传统，其分布范围大致在今内蒙古中南部、陕西北部及山西的西北一带。这一区域的考古学文化面貌高度一致，上承老虎山文化，下迄朱开沟文化，有着相同的居住方式及丧葬习俗，生活用器组合及形制发展脉络清晰可循。我们依据典型地层关系及器物组合，综合以往研究成果及最新考古材料，提出将河套地区所见的“双鋬鬲类遗存”命名为“石峁文化”，其分布范围以陕西北部、山西中北部、内蒙古中南部为核心，可分为早、中、晚三期，大致处在公元前 2300 至公元前 1800 年。石峁文化继承和延续了当地龙山时代前期遗存的基本特点和主体内涵，是不同于中原地区河南龙山时代晚期、新砦期和二里头文化早期遗存的一个典型“北方代表”。

石峁为代表的龙山晚期文化遗存是根植于河套地区自仰韶晚期以来久居于此的土著人创造的。随着时间推移，其社会形态逐渐复杂化，最终形成了具有国家形态的高级聚落中心——石峁。活跃在黄土高原北端的石峁集团，公元前 2300 至公元前 1800 年，成为中国北方地区势力最为强大的一个中心，与来自西部的齐家文化、来自长江中游的后石家河文化、来自东北部的夏家店下层文化，以及来自黄河南流区域的陶寺文化等纵横东西，捭阖南北，产生弥足深远的文化交流与融合。

这种跨区域、广范围的交流互鉴、吐故纳新、多元融合最终形成了独具特色的雄踞北方区域长达数百年的石峁集团。正是这种多元一体、兼收并蓄的发展模式，才得以蜕变出引领中华文明总进程的中原腹地的核心文明。在这一过程中，来自以石峁文化为代表的北方诸多文化因素和人群，不可避免地成了推动早期文明嬗变的重要中介和参与者。

种种迹象表明，石峁城址的社会功能不同于一般原始聚落，已经跨入了早期城市滥觞时期作为统治权力象征的邦国都邑的行列之中。有鉴于此，在没有获得更多证据之前，将石峁遗址的性质定义为“公元前 2000 年前后中国北方区域政体的中心”较为妥当。它具备了集约人口、集约经济、聚敛高等级物质文化的空间地域系统，是距今 4000 年前后大河套地区社会的政治、经济、文化及宗教中心。

考古小知识

探方发掘法

探方或探沟是发掘作业的工作单位。每个探方或探沟的发掘应自始至终指定专人负责。遗址发掘一般采用探方法。探方面积一般为 5×5 平方米，根据遗存的不同和需要亦可适当放大或缩小。在探方发掘过程中，一般首先清理隔梁内 4×4 平方米的部分，探方的东边和北边各留宽 1 米的隔梁，东北角 1×1 平方米为关键柱。尽量保留隔梁和关键柱的剖面，用于观察、控制和测绘照相记录文化堆积情况，保留隔梁还往往有兼顾方便运输的考虑。但是否一直保留隔梁到探方内发掘至生土，应视情况灵活处之。需要首先探索遗存堆积层位或结构的场合，可采用探沟解剖。探沟面积一般为 2×10 平方米。

相关遗址

陶寺遗址

陶寺遗址位山西省襄汾县陶寺村，1978—1985 年，中国社会科学院考古研究所山西队与临汾行署文化局合作进行发掘，确立了陶寺文化（前 2400—前 1800）。初步了解近 50 万平方米的早期城址、超过 280 万平方米的中期城址，并发现了晚期城址的一些线索。从都城微观聚落考古的角度，初步探明了宫殿区、王陵区、下层贵族居住区、祭天及观象台礼制建筑区、祭地礼制建筑区、政府管理的大型仓储区（相当于国库）、工官管理手工业作坊区、农业人口聚居的普通居民区等，充分表明了陶寺遗址作为国家的政治、文化、经济中心的都城性质。

相关阅读

[1] 陕西省考古研究院等编:《发现石峁古城》，文物出版社，2016 年。
[2] 韩建业:《中国北方地区新石器时代文化研究》，文物出版社，2003 年。
[3] 神木市石峁文化研究会编:《石峁玉器》，文物出版社，2018 年。

赵海涛

二里头工作队队长

中国社会科学院考古研究所

副研究员

二里头

3700年前的中国第一王都

案

间：1959 年

置：河南省洛阳市偃师区翟镇二里头、圪当头

角楼村

代：青铜时代（距今 3800—3500 年）

积：现存 300 万平方米

明探源工程首批重点六大都邑之一

004 年度全国十大考古新发现（偃师二里头遗

区）

师二里头遗址入选“百年百大考古发现”

二里头遗址航拍

夏代在很多先秦的文献中都有记载，它是中国“三代”之首，是“家天下”王朝的开始，也是多数人认可的中国文明的开端。

西周初年，周公等人为训诫成王、康叔、殷遗民等，将夏、商、周进行对比，说明历史兴亡在于人之作为、天命体现于人事活动的道理。这是最早把夏作为比商更早的一个时代提出来而加以讨论的，这个观念一直持续到了清代，并且很少有人怀疑夏的存在。到了民国十五年（1926），古史辨运动开始后，从“大禹是否存在”的议题开始，继而有人质疑夏是否存在。民间和学术界争论了很多年，直到2019年二里头遗址博物馆建成开馆，关于叫不叫夏都的争议也一直在持续。

二里头是夏都吗?

文献中纷繁复杂的夏

远在先秦时期，人们对夏朝历史已经感到茫然。孔子云：“夏礼，吾能言之，杞不足征也；殷礼，吾能言之，宋不足征也。文献不足故也。足，则吾能征之矣。”可见，即便回到孔子生活的时代，夏代遗留下来的文献也不足。言而总之，对于夏的历史，不知者多，知之甚少。

在先秦文献和传世文献中对夏的记载较简略且有诸多不同，这些不同使我们对夏代历史是真史还是神话传说产生了争议：

纪年算法方面，夏代的纪年，大致有 471 年和 431 年两说。

夏族起源方面，有豫西说、晋南说、山东说、河济之间说、东南说和四川说，虽然现代也没有绝对的证据说哪种不合理，但是主流的观点认为夏起源于豫西和晋南。

夏朝都城和首领的活动范围方面也是众说纷纭，有禹都阳城、平阳、安邑，禹居阳翟，太康居斟寻、斟灌诸说。

国家形态方面，有夏代是奴隶社会、氏族封邦建国制、方国联邦、早期国家、王国阶段等说法。

通过文献研究的夏代历史空白较多，较少有公认的、绝对的、可接受的共识。尽管目前学术界通过文献达成了一些对夏的共识，如夏朝是存在的，并且已经进入王朝国家阶段。但文献考证的局限是众所周知的，因此历史学家和考古学家更多地开始从考古的角度去探索夏。

通过考古来探索夏

真正结合文献从考古角度探索夏文化的是徐旭生先生。从 20 世纪 50 年代开始，先生开始从考古学上探索夏文化。他认为夏代的存在是毋庸置疑的，并且提出夏文化考古，即从夏禹兴起到夏桀亡国，具体是指对这一时期的夏氏族或夏部落的文化进行考古研究。徐先生从文献中去寻觅夏人的活动线索，认为特别应注意两个地区：第一是河南中部的洛阳平原及其周围，尤其是颍水谷地上游登封、禹县地带；第二是山西西南部汾水下游（大约自霍山以南）一带。通过对文献的考察，特别对文献上的有关地名，如“禹居阳城”“夏启有钧台之享”“伊洛竭而夏亡”“斟寻”（河南巩县）、“帝杼居原”（河南济源）等地的考证，确定夏文化探索的重点地区范围。

二里头遗址与夏

1959年4月14日至5月26日，72岁高龄的徐旭生先生身体力行，开始在登封、禹县、巩县、偃师等地进行“夏墟”调查。此行最重要的收获是发现了二里头遗址。二里头遗址包括4个村子：二里头村、圪当头村、四角楼村和北许村。调查在偃师高姓文物干部的带领下进行，从偃师高庄开始，在二里头村渡过洛河。因首先在二里头村南发现灰坑和遗物，故命名为二里头遗址。根据采集到的陶器等遗物，徐旭生等推断“这一遗址的遗物与郑州洛达庙、洛阳东干沟的遗物性质类似，大约属于商代早期”。关于遗址的范围，则估计为“东西长3—3.5千米，南北宽约1.5千米”，而“未追求四至”。鉴于遗址出土物丰富、面积广大，且位于史籍记载的商都“西亳”所在地，徐旭生认为：“如果乡人所说不虚，那在当时实为一大都会，为商汤都城的可能性很不小。”他的观点一经提出，中国科学院考古研究所[1]十分重视，复查后很快就对二里头遗址进行考古发掘，到现在已经超过60年。

二里头是不是夏？

我们利用当下的考古材料建构出来一段丰富、重要、价值非凡的二里头的历史。二里头文化年代距今3800年到3500多年，是当时发展程度最高的一个实体，与中国文献记载的夏朝活动的地域、年代、发展程度比较符合。

1. 1977年改属中国社会科学院。（编者注）

遗址铜爵

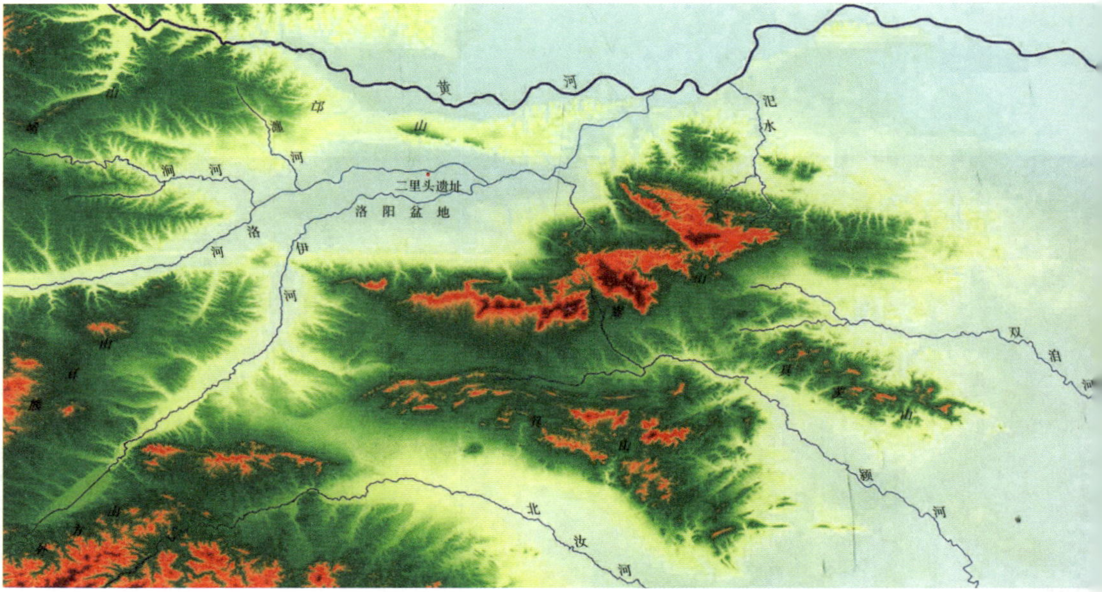

洛阳盆地：这是一处
狭小的盆地，只有
多平方千米，四周都
只有几个非常狭窄的
作为进出通道。洛阳
在1500余年间成为
朝古都

所以，二里头文化非常有可能是夏。从考古学的角度说，无论二里头是不是夏，都不会影响二里头在中国文明史上的重要地位和价值。

二里头之“最”

二里头遗址位于河南省西部的洛阳市境内，处于黄土高原和华北大平原的交界地带。中原地区是东亚地区最早诞生王朝的地区。中国的主要王朝，特别是早期的主要王朝，基本上都在中原地区建都，并且以此作为主要的活动中心。

从城市规划的角度来看，二里头选址非常优越：首先，遗址所在的洛阳盆地河流纵横、物产丰富、交通便利，具备建都的自然基础；其次，正因它处于一个很标准的狭小盆地，安全较有保障。在龙山时代晚期，社会处于竞争非常激烈、战争异常频繁的时代，这样一个四通八达、有着显著优越性的位置为城市发展奠定了坚实的基础。“中国”一词最早见于西周初年的青铜器“何尊”的铭文，“何尊”明确把“中国”的最早地望确指为洛邑所在的洛阳

头遗址范围：红色线条
是二里头遗址现存的范
这是 1999 年之后，许
师带领团队用几个月时
探出来的。它地处现
河的南岸，但穿梭回夏
门是在洛河的北岸。这
个科学的选址，古人
要利用水又要防水。在
年的发掘过程中，我
奇地发现二里头遗址
未没有被洪水冲刷或者
的情况

盆地及以其为中心的中原地区。周人又非常推崇夏人，我们推测从二里头时期开始，夏人就认为洛阳盆地是天下之中。

二里头发现了中国最早的城市主干道路网络、最早的宫城和宫殿建筑群、最早的国家级祭祀场所和祭祀区、最早的大型官营作坊区、最早的青铜礼器乐器和青铜兵器群……通过所有这些“最早”，我们知道它是公元前两千纪前半叶东亚地区最大的聚落、最早具有明确城市规划的大型都邑。二里头文化，就是东亚地区最早的核心文化。

中国最早的城市主干道路网络

二里头遗址发现有中国最早的城市主干道路网络。道路本身具备通行功能，但对于二里头遗址来说，道路还具备城市规划功能。通过纵横交错的四条道路把遗址规划成不同的功能区，形成“九宫格”式的宏大格局：宫殿区、祭祀区和官营作坊区这三个最重要的区域恰好在“九宫格”的中路，中轴区之外的左右两边这六个区域，是贵族的居住和埋葬区。经过勘探和发掘，每一块区域里都钻探或发掘出过夯土基址和一般的房子，也有贵族墓葬和一般的墓葬。宫殿区位居中心，重要遗存拱卫在宫殿区的周围。整个城址规划

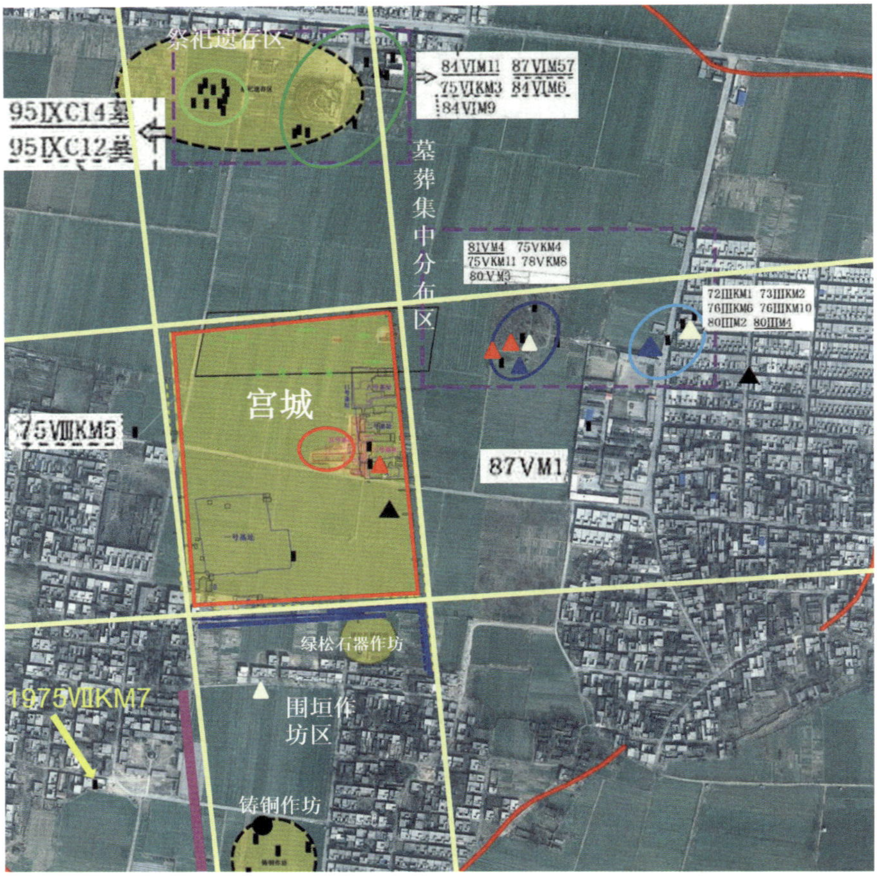

二里头遗址“九宫格”

二里头遗址宫殿区发

头遗址宫城1号和2
址群示意图

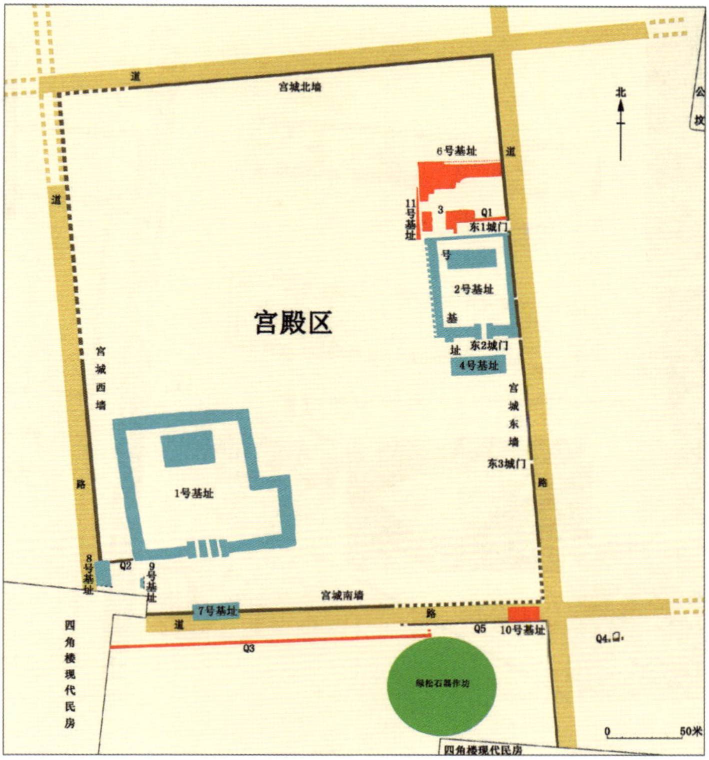

文化二期3号和5

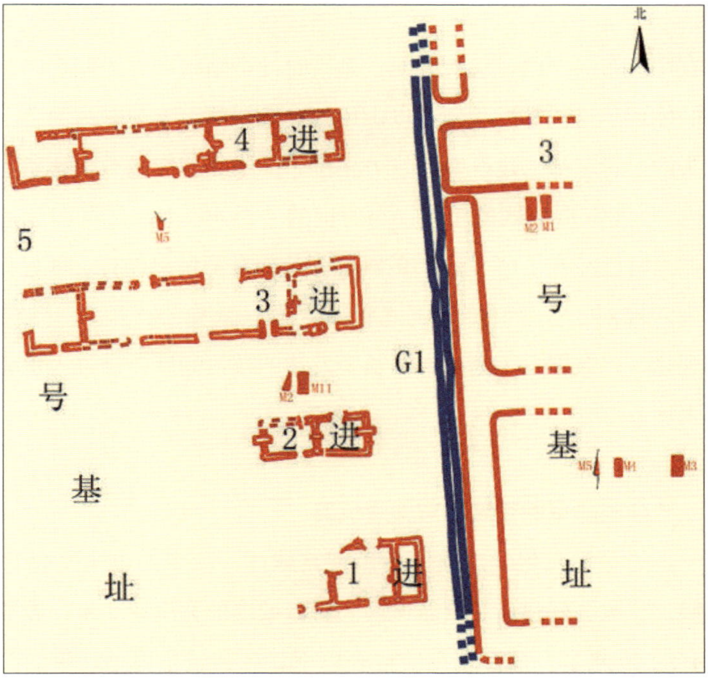

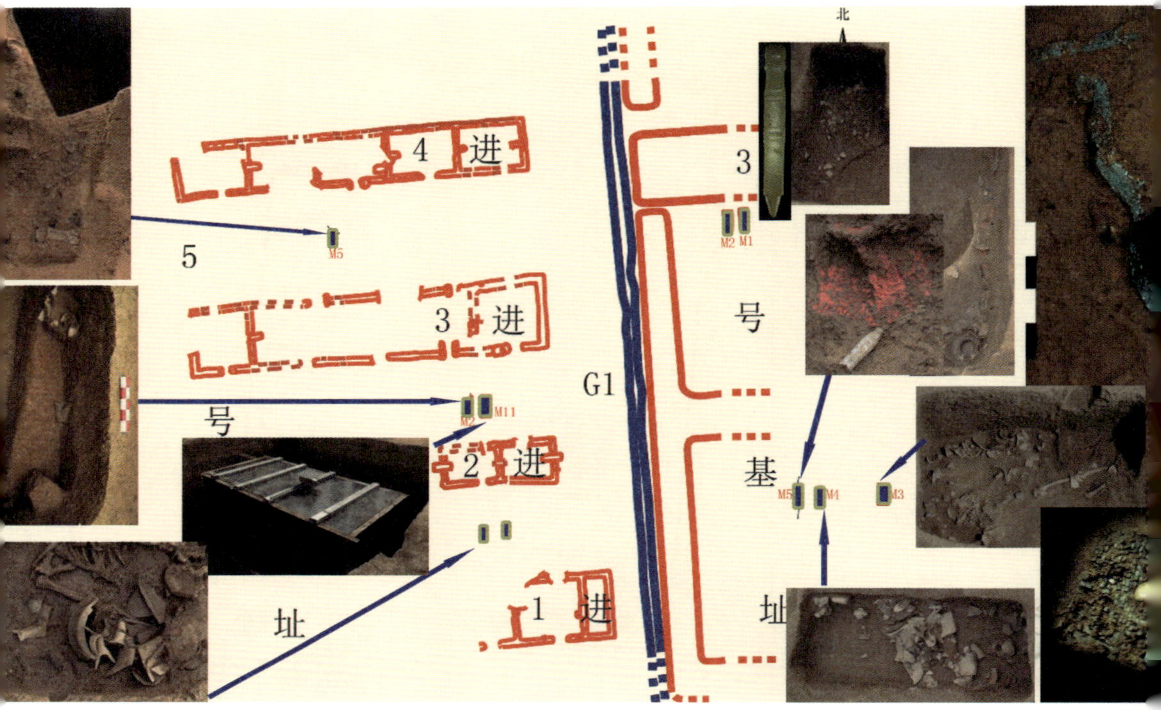

二里头文化二期宫及墓葬

有序、布局严整、层次分明，是当时社会结构和等级制度、礼制和王权至上的体现。这一都邑规划与以山川划分九州的天下观颇为契合，足以显示二里头的王者在都邑建设中“辨方正位，体国经济”的政治抱负。

“九宫格”式的布局，与后世的《禹贡》“九州”图近似，推测很有可能当时已经有了“九州”的观念，从而在都城里进行了理想化的设计。二里头的规划，符合“择天下之中而立国，择国之中立宫，择宫之中立庙”的观念，以此展示了当时有一整套发达的政治制度，是进入王朝国家最重要的表现。

中国最早的宫城和宫殿建筑群

二里头文化早期就开始出现宫殿区，到了二里头文化二三期之交的时候，宫殿区外建造了宫城城墙。宫城城墙的宽度约 2 米，城墙残存的高度只有约 50 厘米，都在现在的地表以下。在宫城东墙上，我们总共发现了 3 条门道，宽度都约 2 米，也由此体现出当时有明确的规划。

整个宫城面积将近 11 万平方米，我们发掘了其中的 2 万多平方米。发掘主要集中在宫城西南角的 1 号基址群，还有东北部的 2 号基址群。二里头宫城的规模宏大、形制规整、排列有序，显示了政治和宗教权力的高度集中。

经过之后各个朝代的继承、发展，这样的宫城制度一直被沿用，到明清故宫达到了顶峰。虽然它的面积只有故宫的 1/7，但是后世宫城制度的鼻祖。

二里头文化晚期的 1 号基址群包括了四合院式的 1 号基址和它前面的 7 号基址，它们设有一个共同的中轴线，并与 2 号墙、宫城西墙、8 号基址、9 号基址等夯土遗存共同构成了 1 号宫殿建筑群。1 号宫殿建筑群占整个宫城的 1/7 左右，1 号基址又是目前体量最大的一个夯土宫殿基址，从中也可以看出它在宫殿区的重要程度。2 号基址群同样是中轴线布局，以 2 号基址为中心，四合院式建筑和它前面的 4 号基址有一个共同的中轴线。中国后世的主流宫殿建筑多为中轴对称、四合院式的布局，二里头的这些宫室建筑群是中国最早呈现出这一特征的。

二里头文化二期的 3 号和 5 号基址建筑群是中国最早的多进院落宫室建筑群。它们外围都没有围墙，是多进的连间排房。5 号基址保存较好，格局更清晰。第一进至少有 3 间，第二进只有 2 间，第三进、第四进都有 5 间房屋。

3 号基址和 5 号基址院子里都发现有同期的贵族墓葬。著名的绿松石龙形器就出自 3 号基址院子里的一座贵族墓葬中。它展现了极高的工艺和艺术水平。绿松石龙共有 2000 多片绿松石嵌片，大多数嵌片的长度仅几毫米，厚度只有约 1 毫米，很多还不到 1 毫米，所以每一个嵌片本身加工起来就费时费力。每个嵌片的形状还根据图案而各不相同，但每片的设计也有共同之处：每片都是上表面大、下表面小，侧面是斜的，特意做成楔形，可以加上胶，推测是为了黏嵌的时候表面看起来严丝合缝，不但更加牢固，整体的形象也变得十分生动，犹如一条活灵活现、栩栩如生的龙。放在数千年之后的

二里头遗址绿松石龙

今天，我们复制的时候，哪怕掌握着各式现代工具，有这样一个成品作为参照，再拼装成同样的龙形器也面临着巨大的困难。所以最终的方案是使用三维建模，用 3D 打印机打印出来模型，复制这条龙，再把每片绿松石嵌片黏接上去。相比之下，数千年之前的古人，用当时的工具制作出这样的器具，工艺水平之高不言而喻。

这条绿松石龙是罕见的珍品，是最高贵族的专用品。其用工浩大、体量超常、制作精美，在中国早期龙形象中十分少见。有专家认为，绿松石龙为中华民族的龙图腾找到了最直接、最正统的根源。

头遗址祭祀用的猪骨
祭祀遗址（下）

中国最早的国家级祭祀场所和祭祀区

在二里头遗址还发现了中国最早的国家级祭祀场所。其中一处坐落在宫殿区东北边。那里有一个深 4—6 米、面积约 2200 平方米的巨型坑。巨型坑可能是为了修建大型的夯土工程设施取土形成的，之后进行了包括祭祀在内的很多种活动。我们在巨坑东缘解剖[2]了 30 多平方米，发现了 4 具完整的猪骨，在北缘解剖发现 2 具完整的猪骨和半具猪骨。虽然它们面朝的方向不一样，但是姿势都一样，都是 4 蹄在左、脊背向右，侧身规整地放置，推测是用来祭祀的。

在宫城以北也有专门的祭祀区，其中发现多处圆形类似于“坛”类的遗存。较大的“坛”整体上是一个圆形，直径近 9 米，在这个圆坛上面又用小的圆形土墩组成了 3 圈同心圆，中心是 1 个圆，第二圈是 6 个圆，第三圈残

2. 即解剖性清理，对遗迹内的堆积本身采取分阶段解剖式的发掘清理。（编者注）

存 11 个圆，经复原可能是 13 或 14 个圆，旁边同出的还有几个墓。这些出自二里头都城里的祭祀遗存，作为当时国家级的祭祀场所，为我们后人了解祭祀制度、习俗，提供了重要的资料。

中国最早的大型官营作坊区

大型官营作坊区在宫殿区南面，“九宫格”式道路系统围成的空间里面，东、北、西三面都发现了基本上跟宫城城墙平行或呈一条直线的围墙。处在这么一个重要的位置，而且外面有墙垣围护，显示出官营作坊区的重要地位。这一区域发现了 2 万平方米的铸铜作坊和 1000 多平方米的绿松石器加工作坊，使用年代都是从二里头文化二期一直到二里头文化最晚阶段。

此区域发现了一系列跟铸铜有关的遗迹遗物，大型的青铜礼器应该都是在这个铸铜作坊铸造的。我们在作坊区东北角发现了一个绿松石器加工作坊，里面发掘出了一个绿松石料坑，发现了比较多的绿松石料。除了大部分原料，还有石核、毛坯、半成品、成品、工具以及废料，包括一件穿孔失败的废品，据此可复原加工绿松石嵌片和管、珠的过程。另外，在宫殿区 4 号基址旁边也发现了一处比较大的绿松石器加工地点，出土了较多绿松石料，因此，绿松石器加工作坊可能不止这一处。绿松石龙、镶嵌绿松的石铜牌饰很可能都是在这些区域里面加工的。

最早的青铜礼乐器和青铜兵器群

目前二里头的考古发现中，最有代表性的青铜容器包括 1 件青铜鼎、1 件青铜盉、2 件青铜斝、7 件铜铃和 13 件铜爵，构成中国最早的青铜礼乐器群。青铜礼乐器作为身份等级的标志物，是王权和政权的象征。从宏观的视角来看，也是二里头社会进入国家、进入王权社会的一个重要标志。

除了青铜礼乐器群以外，另一个重要的青铜制品发现是中国最早的近战兵器群，有青铜钺、青铜戈、战斧等。值得一提的还有青铜箭镞，虽然体量小，但它是消耗品，射出去之后基本上收不回来，所以也反映了当时社会超高的发展水平。

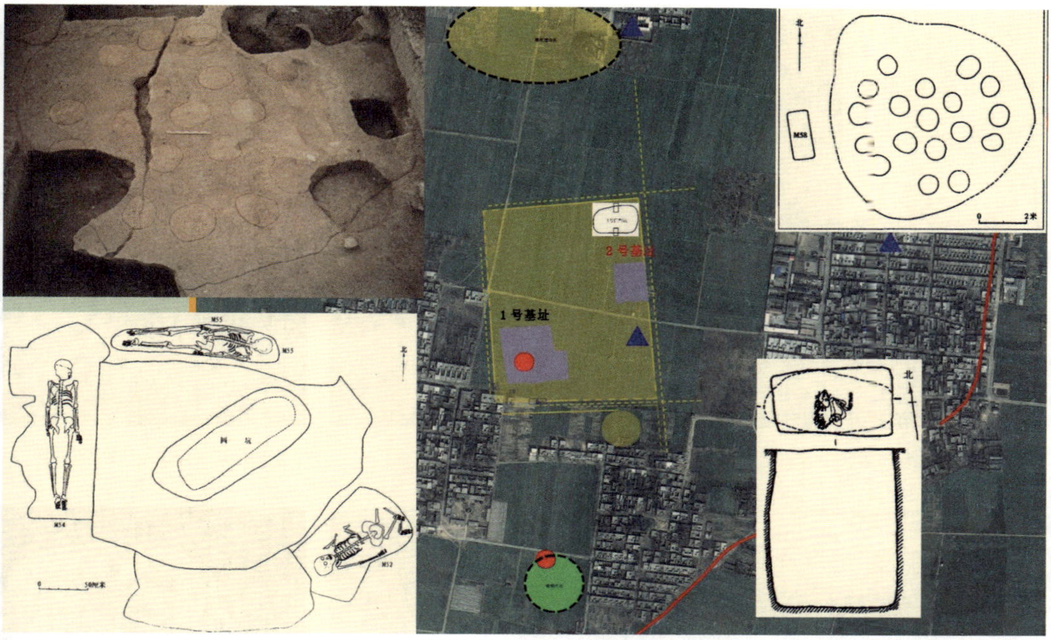

遗址“坛”类遗迹

二里头的官营作坊区如同一个巨大的宝藏库，除了之前提及的青铜礼乐器群、兵器群外，我们还发现了一批玉质、陶质礼器。

二里头的玉礼器群

二里头的玉礼器主要是大形片状器，主要有玉柄形器、大玉刀、玉戈、玉牙璋、玉璧戚、玉钺、玉圭等，除玉柄形器外，其他玉器尺寸大、器体薄；像良渚、红山、后石家河文化那样的雕塑、神灵类玉器非常少，还没有发现璧、琮。二里头文化玉器多为兵器，可能表明比较注重军权和王权。这些玉礼器目前只见于中型墓葬里，最高等级的大型墓葬中还没有发现。

二里头的陶礼器群

二里头的陶质礼器，主要是酒器，也包括少量加工比较精致的饮食器。它们多数出自贵族墓葬中，只有贵族墓葬中才能使用，也是等级身份的重要标志，同样属于礼器的组成部分。

二里头遗址上至大型夯土建筑，下至一般器物，都能从中感受到划分严明的阶级制度。目前发现的建筑，从面积 4000—10000 平方米、结构复杂、

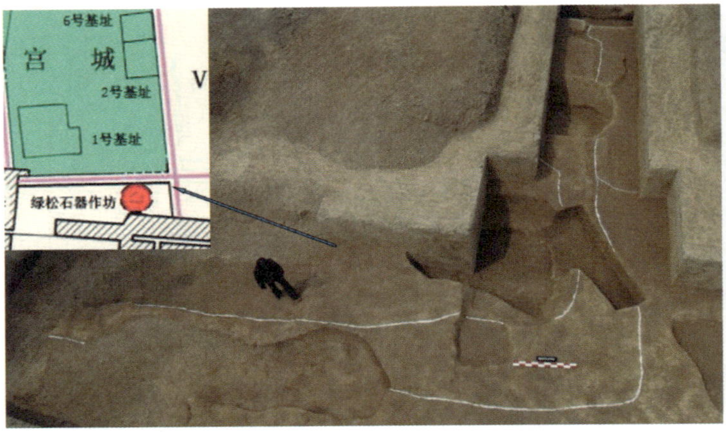

二里头遗址的官营作坊区

二里头遗址发掘出土的绿松石料

二里头遗址贵族墓葬铜牌饰与铜铃

二里头遗址铜牌饰

功能重要的大型夯土建筑，到几百平方米中小型的夯土建筑，再到几十或十几、几平方米的房址，居住方面体现出很明显的差别和等级制度。二里头社会里的居民生活等级有序，不同的等级的人生活在不同规模、不同等级的居址里面；墓葬方面也有严格的等级划分，根据墓室面积、葬具和随葬品的情况，可以分为 4 个等级。日常生活、墓葬埋藏、祭祀礼制、每个阶级的人都有与其身份等级相匹配的物件。祭祀礼制规定不同等级的人使用与之身份相匹配的漆器，玉质、陶质礼器。所有这一切人文礼治都为我们展现了繁荣的二里头社会文化、经济发展的面貌，是它进入阶级社会、文明社会、王朝国家的重要标志。

头遗址的陶礼器

遗址铜、玉礼器

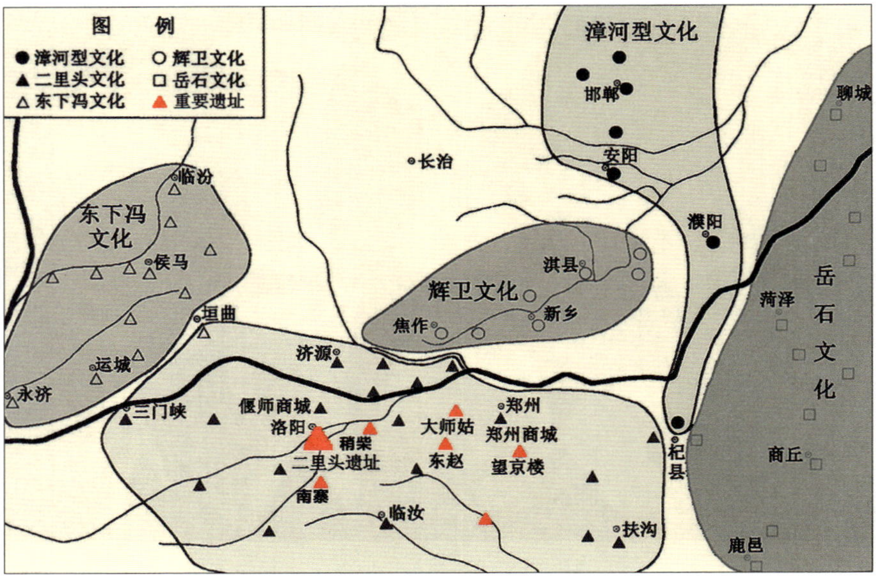

二里头文化与周边文
布态势

根据张立东:《论辉
化》图 7 改绘,《考古
集刊》10 集，地质出版
1996 年

二里头文化的统治、影响与衰亡

二里头文化的统治网络

二里头文化遗址分布范围大致跟现在河南省的范围差不多。东边到豫东周口一带，南边至湖北北部，西边到陕西东部，北边到山西南部。

二里头文化的聚落分布为我们展示了当时金字塔型的等级制度。根据聚落面积大小和遗存规格高低，可将二里头文化聚落分为四级。

第一等级：二里头遗址。面积最大，300 万平方米，作为当时的政治、经济、文化核心，出土了很多特有的、高规格的遗迹和遗物。

第二等级：以荥阳大师姑、新郑望京楼遗址为代表。面积从六七十万到 168 万平方米，外有城墙，出土有一些铜或者玉质的礼器，级别也较高，是具有重要政治和军事意义的中心，很可能是二里头王国的某一属国的中心或军事重镇。

第三等级：10 万到 30 万平方米的遗址，一般没有铜制礼器，可能会有小件石器或玉制礼器，多是一些陶制（白陶）的礼器。它们集中于今天嵩山

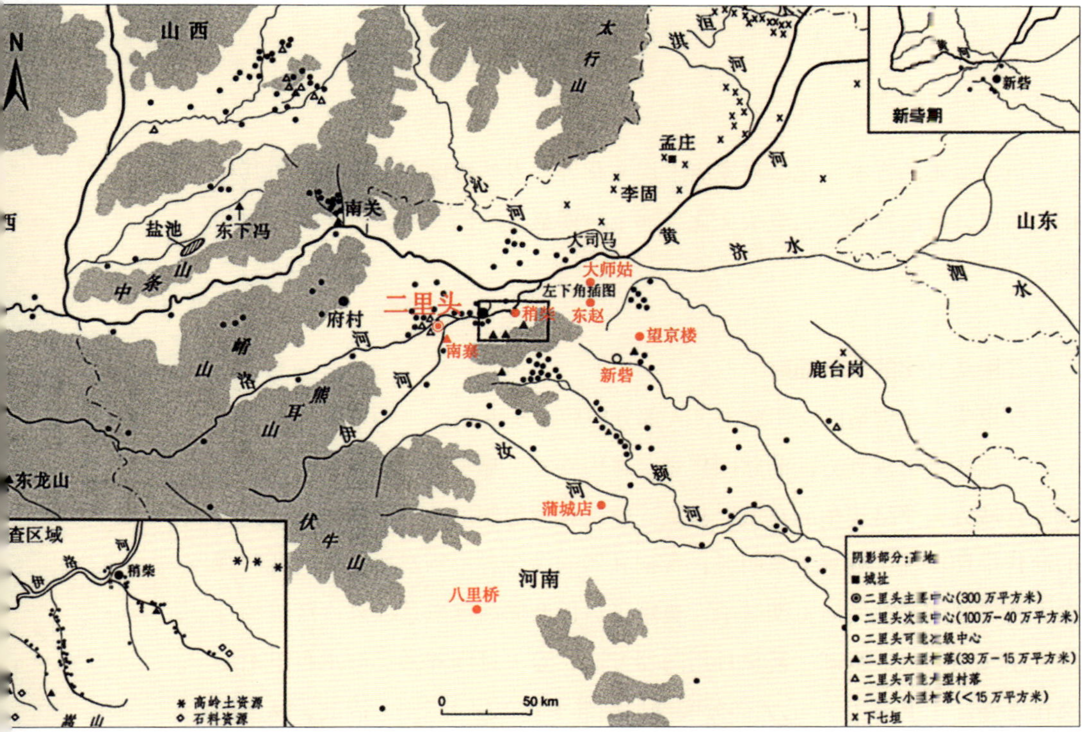

的统治网络
莉:《中国新石器
百向早期国家之路》
文绘，文物出版社，

周围的郑州至洛阳一带，颍河、汝河流域至三门峡一带的河流水系及近旁的交通要道。

第四等级：几千至数万平方米的小型聚落，数量最多，分布在每级中心聚落的周边。

以二里头为中心，网络布局清晰且等级结构分明、由河流水系有效连接的包括整个中原范围的庞大聚落群，很可能已经构成了二里头早期国家政治实体所能够有效控制的地域范围，充分显示了二里头王国具有发达的控制网络和统治文明。在这个等级分明的金字塔式社会中，处于塔尖的统治阶层使用标志他们身份地位的青铜礼器。这些用于祭祀与宫廷礼仪的青铜酒器、乐器，用于仪仗的青铜、玉石武器以及其他玉礼器，构成独具中国特色的青铜礼乐文明。

不论东边的岳石文化、北边的辉卫文化、漳河型文化、西边东下冯文化，更大范围的齐家文化、夏家店下层文化等，发达程度都远远不可与其相比。所以，毋庸置疑，二里头文化是那个时期最发达的文明，是中华文明的核心。

二里头文化的传承辐射

二里头文化创造的文明成果，大部分被后世所继承。

二里头城市规划方面的路网规划、择中立宫、显贵拱卫、居葬混杂等制度，宫城方面严格规整的宫城、宫室、建筑规制等制度，在偃师商城为代表的商代早期城址中继承关系明显；青铜礼器的组合、形制及所体现的礼制观念、礼仪制度，被商周王朝继承，奠定了后世商周高度发达、高度辉煌的青铜礼乐文明的主要基础。甚至日用陶器方面，除少量陶器种类继承自下七垣文化之外，二里岗文化[3]的大部分陶器形制继承自二里头文化。因此，从上层规划、宫城、宫室制度、青铜礼乐制度，到下层的陶器文化，二里头文化都为商文明奠定了最主要和最直接的基础。

二里头文化形成之后向周围强势辐射文化影响力。在东北地区赤峰大甸子遗址，可以见到二里头风格的陶爵和陶鬶；在浙江、上海一带的马桥文化中见到二里头文化的陶觚；在安徽地区见到二里头文化的铜铃和铜斝；在甘肃、四川三星堆见到二里头文化风格的铜牌饰，等等。

二里头文化的牙璋也影响到了广大地区。在早期牙璋的基础上，二里头文化的牙璋很大的变化。第一，牙璋器体尺寸大型化，尺寸由之前长约30厘米增长到约50厘米；第二，牙璋扉牙形状龙形化，根据研究，牙璋扉牙可能表现的是张嘴的龙形象；第三，牙璋用途功能礼器化，二里头文化之前的牙璋大部分出自山地或者城墙中，可能用于祭祀。二里头文化的牙璋都出现在高等级的贵族墓葬里面，是代表等级身份的重要礼器。二里头文化风格的牙璋在湖北、湖南、广东、福建、香港地区、四川三星堆甚至越南北部都

---

3. 介于二里头与殷墟晚商文化之间的一种早期青铜文化。（编者注）

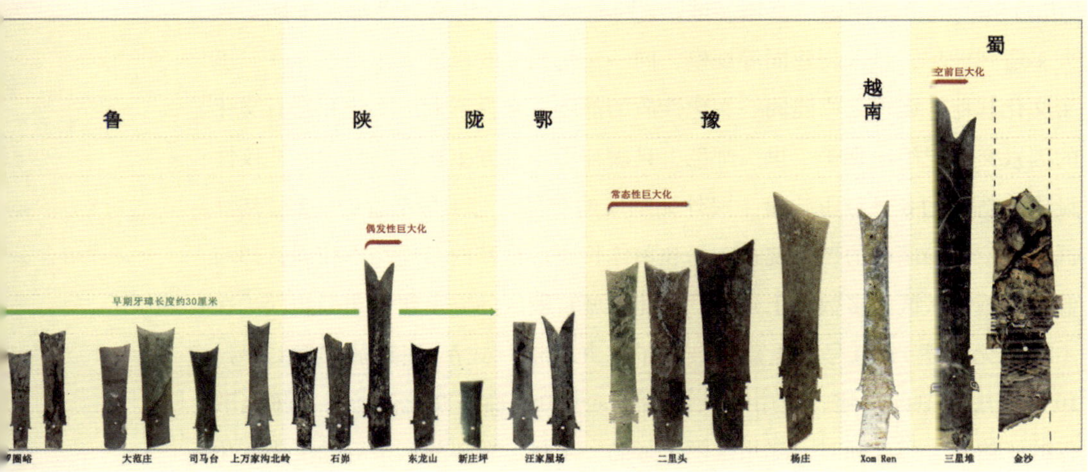

式”玉璋的扩散

有发现，这么大的范围都受到以二里头牙璋为代表的政治文化、制度的影响。以上种种实例可以看出，二里头文化对中国广大区域都有直接的影响，二里头是中华文明的核心与引领者。

综上所述，二里头文化是东亚地区最早的核心文化、广域王权国家，是商文明最主要和最直接的前身，并将强势的文化影响力向四方辐射。中国历史由“多元化”的邦国时代进入“一体化”的王国时代，具有划时代的意义。二里头文化是中华文明总进程的核心与引领者，是黄河文化和中华文明的主根和灵魂，也是中华文明多元一体、兼收并蓄、连绵不断特征的重要体现。

二里头遗址、二里头文化与文献记载中的夏王朝对应度极高，它们极有可能是夏都、夏朝的遗存，是研究中国早期王朝国家、夏朝考古最重要的对象。

二里头文化的衰亡

二里头文化四期晚段第二阶段，二里头都邑发生了巨大的变化。包括

“九宫格”式道路网络、宫城城墙、1号和2号夯土建筑群等都邑主体要素大多遭到破坏，且未新建同等规模、同一文化属性的都邑主体要素，在二里头文化其他区域也未修建同一文化性质的都邑。来自下七垣文化和岳石文化的因素突然成组出现于二里头都邑，且破坏了1号夯土建筑等政治、礼仪性设施。新建的6号夯土建筑主殿外无围墙的布局，与1号基址群、2号基址群主殿位于围墙内的四合院式布局和单体长条形台基的布局均不相同，却与偃师商城宫殿区的多数夯土建筑、洹北商城宫殿区的夯土建筑布局相同（在主殿外无围墙）；10号夯土建筑破坏了“九宫格”式都邑格局，暗示6号、10号夯土建筑的修建、使用者或为二里岗—洹北商城文化系统、二里岗政权的统治者。与此同时，郑州荥阳大师姑、东赵、新郑望京楼等二里头文化城邑均因遭到破坏而废弃。偃师商城兴起于二里头都邑东北6000米处，郑州商城持续兴盛，这很可能是下七垣文化、岳石文化所代表的政权毁灭并取代了二里头文化所代表的政权的反映，恰与文献所载的夏商王朝更替的历史吻合。

二里岗政权统治者还在二里头遗址新建6号、10号大型夯土建筑和3号夯土墙垣，继续使用青铜器铸造作坊和绿松石器加工作坊，并制作青铜鼎和斝，而郑州商城、偃师商城均未出现此期的铸铜作坊，表明此时二里头聚落在二里岗政权体系中处于较高的级别，仍属于高规格聚落。这种情况一直持续到二里头四期晚段第四阶段（约当偃师商城第一期文化晚段、郑州二里岗下层文化第二阶段），郑州商城南关外铸铜作坊、偃师商城东北隅铸铜作坊建成之后，二里头遗址6号、10号夯土建筑、3号墙、铸铜作坊、绿松石器加工作坊均受到破坏而废弃，二里头遗址也被彻底废弃。

考古小知识

古人吃什么？

除了肉眼可见的炭化谷物，来自植物细胞中植物蛋白的硅化颗粒——植硅石可区分某些植物是野生的还是驯化的（驯化的小米植硅石比野生的大）。过去考古学家会将出土的器物清洗干净再做研究，如今陶器表面残留的细微有机物遗存也可能通过红外光谱法、气液色谱法、碳氮同位素（可将植物分为豆类、非豆类、海洋植物）等技术手段分析古人以什么为食。提取古人类牙齿上的植硅石残留也能获取古人的食谱信息。

相关遗址

二里岗遗址

二里岗遗址位于今河南郑州市区老城区东南部，从二里头文化发展而来。该遗址为商代前期的都邑，填补了商代前期文化的空白。遗址内的商文化可分为上、下两层，每层又可分为早、晚两段，从而成为郑州商城，乃至早商文化的分期标准。

相关阅读

[1] 许宏：《何以中国：公元前2000年的中原图景》，生活·读书·新知三联书店，2016年。
[2] 许宏：《最早的中国：二里头文明的崛起》，生活·读书·新知三联书店，2021年。

蒋文孝

秦始皇帝陵西侧1号大墓考古发掘领队

1962

秦始皇帝陵

千古一帝的雄心壮志

案
作开始时间：1962 年
置：陕西省西安市临潼区秦陵镇
代：战国晚期—秦
识：56 平方千米
一批世界文化遗产
帝陵大型陪葬墓入围 2019 年度全国十大
见终评
台皇帝陵遗址入选“百年百大考古发现”

秦始皇帝陵早期封土外观

《史记》载秦始皇帝陵："始皇初即位，穿治骊山，及并天下，天下徒送诣七十余万人，穿三泉，下铜而致椁，宫观百官，奇器珍怪徙藏满之……以水银为百川江河大海，机相灌输，上具天文，下具地理。以人鱼膏为烛，度不灭者久之。"

《文物保护法》规定我国文物工作的方针是："保护为主、抢救第一、合理利用、加强管理。"出于对大型帝王陵的保护，考虑到现代科学保护技术的不足，秦始皇帝陵不能发掘。但经过多年的考古勘探工作，利用传统的考古勘探方法，加上现代的考古遥感技术和地球物理考古等手段（现代勘探技术优点明显：探测深度大、效率相对较高、成本相对较低、对考古遗存没有任何损伤。这种方法对于不能发掘的遗址最为适合），我们基本已经确定了秦始皇帝陵的布局。秦始皇帝陵的整体布局大致可分为四个层次：核心部位的封土和地宫、内城以内、内外城之间、外城以外区域，由近及远，主次分明。

封土居内城中部偏南，呈覆斗形，三级阶梯状，由人工夯筑而成。底部近似方形，封土原底面积约 25 万平方米，现底面积约 12 万平方米，从现封土北边沿中部测量的高度为 51.3 米。封土堆下墓室周围建造一周体量巨大、伸出地面约 30 米高的细夯土墙（宫墙）。宫墙东西长 168 米、南北长 141 米，宽 16—22 米。顶面上距封土表面最低处仅 1 米左右。宫墙外侧均为渐次收缩的台阶状，各为九级。台阶上发现筒瓦、板瓦，个别台阶上还发现类似柱

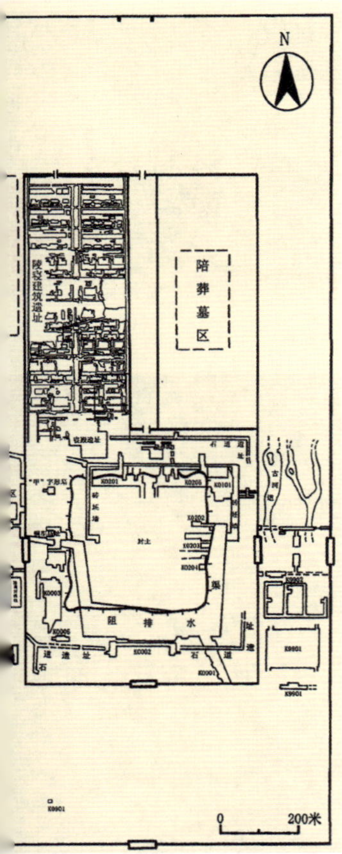

陵园遗迹分布图

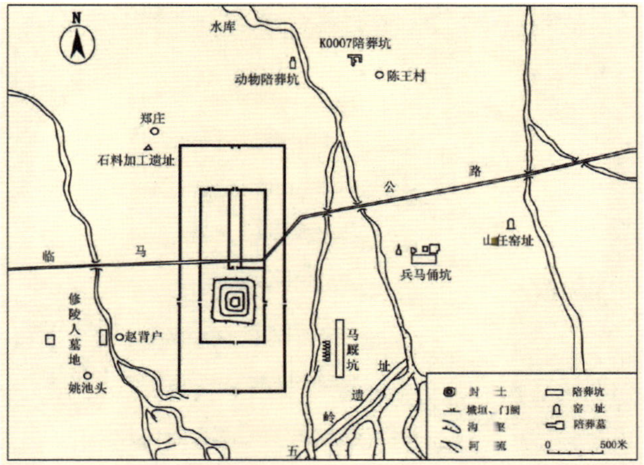

秦始皇帝陵重要遗迹分布图

秦始皇帝陵封土下建筑模拟图

洞的遗迹，说明当时上面覆盖有建筑。

地宫位于封土中部下方，东西长约 170 米、南北宽 145 米、深约 30 米。地宫中央为墓室，东西长约 80 米、南北宽约 50 米、深约 15 米。

勘探表明，墓室外围地下存在着规模巨大的阻排水系统，墓室尚未进水。地宫中存放有大量水银。

封土四周陪葬坑较多，已发掘的有：西侧的铜车马坑，出土彩绘铜车 2 乘，驾马各 4 匹，铜御官俑各 1 件，车、人、马，均为实物的 1/2 大小。被誉为“青铜之冠”；西南侧的 K0006 陪葬坑[1]（俗称“文官俑”坑），出土真

1. K0006 中 K 代表“坑”，00 代表发现时间为 2000 年，06 代表序号。下文 K9801 即发现于 1998 年的第 1 个陪葬坑，下同。（编者注）

K9801 出土的石甲

K9801 出土的石胄

K0007 出土的青铜水禽

人大小陶俑 12 件，木车 1 辆，真马骨 24 副；北侧西半部为寝殿、便殿等礼制性建筑遗址，象征皇帝生前所居的正殿与便殿、便室，东半部则为 99 座陪葬墓。试掘表明，墓主多为年轻女性，可能与后宫有关。

内外城之间，考古遗存主要位于东西两侧，西侧有供奉祭品、掌管奉陵膳食的园寺吏舍遗址、珍禽异兽坑及曲尺形马厩坑；东侧则有 K9801、K9901、K9902 等陪葬坑。K9801 俗称铠甲坑，面积约 1.3 万平方米，是秦始皇帝陵园城垣以内发现的面积最大的陪葬坑，与外城以外的兵马俑一号坑面积相当，坑内埋藏大量密集叠压的用扁铜丝连缀的大型石质铠甲和石质头盔。K9901 俗称百戏俑坑，出土的铜鼎重 212 千克，气势磅礴，精美厚重，当为国之宗庙重器，是目前在秦陵地区发现的体积、重量最大的一件铜鼎。

外城以外，东侧有著名的兵马俑3个陪葬坑、上焦村秦墓及马厩坑；东北侧有K0007陪葬坑（俗称青铜水禽坑，出土原大陶俑15件，青铜天鹅、鹤、鸿雁等水禽46件）；北侧有动物陪葬坑；西侧则有修陵人墓地和石料加工厂遗址，外加最新发现的一组暂定为秦代的大型陪葬墓。

秦始皇帝陵修筑长达30余年，陵园规模宏伟，埋葬丰富，是中国古代帝王陵中规模最大、保存较好的一座陵园。陵园布局和礼制上的设施，在继承前代传统葬制的基础上，又有许多新的创建，在中国陵寝发展史上有着十分重要的地位，对后世帝王陵的建设产生了深远的影响。

奋六世之余烈：秦始皇帝和他的帝国

贾谊在《过秦论》中提到秦始皇帝“奋六世之余烈”，才一统六国，建立秦朝的。那么，这里面的“六世”分别指的是谁？他们对于秦朝的建立，各自又有什么功绩呢？

天祖（五世祖）：秦孝公

秦孝公嬴渠梁（前381—前338），即位之初，秦国可以说是战国七雄中最弱的诸侯国之一，遭到魏国等诸侯国的屡次进攻，因此孝公决心重用卫鞅（即商鞅）实行变法。经过商鞅变法后，秦国的实力明显增强，为灭六国奠定了良好的基础。

高祖（四世祖）：秦惠文王

如果说秦孝公的主要作用是奠定基础，那么秦惠文王嬴驷（前337—前311）在位期间，秦国无疑是开疆拓土，进入快速扩张的阶段了。惠文王在位时，文有张仪连横六国，武有公孙衍、樗里子、司马错，北伐义渠、西平

秦陵铜车马

巴蜀、东出函谷、南下汉中，这促使秦国的疆域扩大了一倍以上。秦国已经成为战国七雄中的一流强国了。

曾祖一：秦武王

秦武王嬴荡（前 329—前 307），惠文王之子。虽然在位时间只有 4 年左右，但是在这短短的几年时间内，武王连横魏国、伐义渠、平定蜀乱，设立丞相，拔宜阳、置三川，新修田律，修建水渠，取得了不少成绩。特别是平定巴蜀之地的叛乱，为秦国贡献了充足的粮草等物资。

曾祖二：秦昭襄王

秦昭襄王嬴稷（前 325—前 251），惠文王之子，武王异母弟。昭襄王在位期间任用白起为将军，发动长平之战，大胜赵军。攻陷东周王都洛邑，俘虏周赧王，迁九鼎于咸阳，结束了周朝 800 年的历史。昭襄王几乎重创了所有秦国一统天下道路上的强敌。

祖父：秦孝文王

秦孝文王嬴柱（前 301—前 250），昭襄王之子。孝文王大赦罪人，善待先王功臣，厚赐宗室亲戚，开放苑囿游乐。昭襄王在位期间，国力消耗在了连绵大战中，孝文王采用了安抚和柔和的手段，以此避免秦国内部发生叛乱。

父亲：秦庄襄王

秦庄襄王嬴异人（前 281—前 247），在位期间将进攻的目标主要放在了魏、赵、韩这三国身上，三国元气大伤。

秦始皇帝嬴政，13 岁时即王位。22 岁时（前 238）亲理朝政，先后除掉嫪毐、吕不韦，重用李斯、尉缭等，推行统一战略。公元前 230—前 221 年，

皇帝陵的考古工作

962 年，陕西省文物管理委员会首次进行考古调查，完成第一张陵园平面布局图。秦始皇帝陵的科学考古工开序幕。

974 年，随着兵马俑坑的发现，考古进入一个新时期。

976—1982 年，发现了上焦村马厩坑、上焦村秦墓；发掘兵马俑一号坑；试掘铜车马坑；发现封土西北的甲墓、北侧陪葬坑、寝殿、便殿、园寺吏舍遗址、地宫宫墙、姚池头和赵背户墓地等。

995 年，发掘了动物坑。

998—2003 年，陕西省考古所与秦俑博物馆联合开展考古工作。并以国家 863 项目为依托对秦始皇帝陵园进物探勘察。

009 年，秦始皇帝陵博物院组建成立。我们转变观念，扩大视野，将以前相对单一、狭窄的秦俑研究与发掘提升到整个秦陵地区，从宏观的角度重新认识、思考、研究秦陵。

历时 10 年，先后灭掉韩、赵、魏、楚、燕、齐六国，一统天下，建立一个以汉族为主体的统一的中央集权制国家。为中国成为统一的多民族大国奠定了基础，在中国历史上属于首创。同时创立并实施了许多前所未有的措施，以巩固统一。

在政治上，开创了中央集权制度。嬴政认为自己的功劳“德兼三皇，功盖五帝”，自称“始皇帝”，是中国历史上第一个称皇帝的君主。在中央设立三公九卿管理国家大事。在地方废除分封制，代以郡县制，在皇帝的直接控制下，建立自中央直至郡县的一整套官僚机构，确立了中央的权威和集权。

在经济上，统一货币和度量衡。实行圆形方孔的“半两”钱，方便了商品交换，促进了经济发展。圆形方孔铜钱形制一直沿用到清代，用了 2000 余年；把秦国的度量衡制度作为标准，颁布天下，“皆明壹之”。度量衡的统一，促进了商业、手工业的交流；修筑以首都咸阳为中心的驰道，下令“车同轨”，这些举措都利于商品交换和经济往来。

在文化上，秦始皇帝进行“书同文”改革，派人整理出一套“秦篆”（也叫“小篆”），作为法定标准文字推广，进而推行“隶书”方便日常使用。

秦始皇帝陵地宫的阻排水系统

从战国时期修筑郑国渠等工程所体现出的大型工程设计水平和施工技术，也在修建陵园的过程中被运用到极致。考古勘探发现，除了在陵园地面上有长达 1700 余米的防洪大堤之外，在地宫周围还发现了大型地下深层阻排水系统。目前已勘探到的长度为 1303 米，其中阻水渠长 778 米、上口宽 8.4 米、底宽 9.4 米、最深处为 39.4 米，排水渠长 525 米。阻水渠的下层有厚 17 米的青膏泥夯层，上层为 21 米厚的夯土层，其走向大致从陵墓封土东侧中部开始，向南围绕封土至封土西侧正中折向西去。排水渠采用的是类似于坎儿井的地下井渠排水技术，包括 8 段明井、7 处暗渠，最深处为 23 米。

从该地区的地质结构和地下潜水的走向判断，这一基本绕陵墓一周的地下大型建筑系秦陵地宫的阻排水系统，其作用是为了阻挡地宫之外的潜水进入地宫，从而达到保证地宫安全的目的。

由地表排水和地下排水两大系统组成的秦始皇帝陵园排水工程，彰显出秦代水利工程的高超技术。

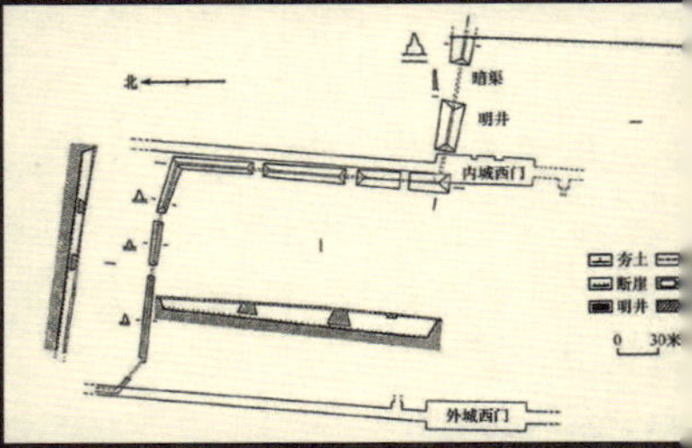

排水渠

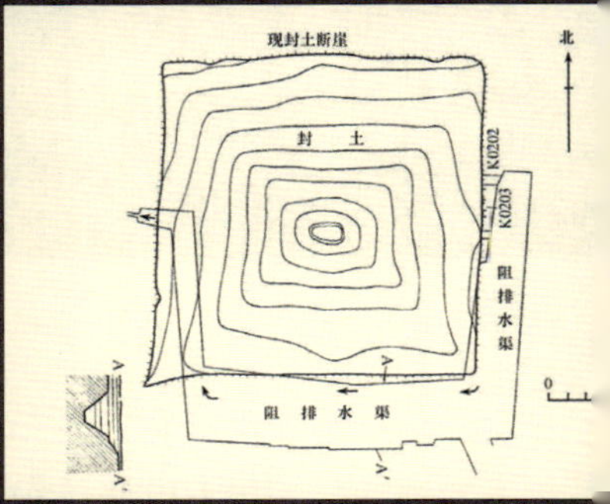

阻排水渠

文字的统一，各地的文化交流更加便利。

在军事上，北击匈奴，派蒙恬"北筑长城而守藩篱，却匈奴七百余里；胡人不敢南下而牧马，士不敢弯弓而报怨"，保证了国家边防安全。南征百越，修筑灵渠等大型水利工程，沟通长江和珠江水系，利于经济来往，也稳定了南方。

如琅琊刻石提到的帝国疆域"西涉流沙，南尽北户。东有东海，北过大夏"，统一帝国的规模达到空前的程度，政治、经济、文化等各方面都达到前所未有的高度。这些开创性的制度和措施，对中国封建社会产生了极其深远的影响。把中国推向大一统时代，奠定中国两千多年政治制度的基本格局，秦始皇帝被明代思想家李贽誉为"千古一帝"。

秦人喜好大工程的传统

秦人历来喜好营造规模宏大的工程。这一特点有悠久的文化渊源。《史记·秦本纪》载："戎王使由余于秦。由余，其先晋人也，亡入戎，能晋言。闻缪公贤，故使由余观秦。秦缪公示以宫室、积聚。"由余作为戎王的使节来到秦国，秦穆公的接待程式就包括炫耀秦的工程成就。

秦大型工程的成就，直接成为秦统一重要条件的，可知的有都江堰、郑国渠、灵渠等。秦统一后的大型工程数量尤其多，如长城、直道、驰道、丽山、阿房宫等，体现了郡县制下强大的动员能力，同时也透支了民力，为帝国的覆灭埋下了隐患。

秦始皇帝陵：帝王之都的规划之一

秦王政即位之后，就开始陵墓建设。《史记·秦始皇本纪》："始皇初即位，穿治郦山……穿三泉，下铜而致椁……"陵墓名字为"丽山"，丞相李斯按照设计好的规划，带领庞大的队伍修陵。挖到很深的时候，碰到了新问题，"臣所将隶徒七十二万人治骊山者，已深已极，凿之不入，烧之不然，叩之空空，如下天状"。实情反映上去后收到回复："其旁行三百丈乃止。"不能向下挖，只好向四周扩大规模。这段记载反映出秦始皇帝陵工程的深度（穿透多层地下水）和广度（旁行三百丈），也是有明确记录的用工量最大的工程（七十二万人）。

史书记载秦陵地宫"宫观百官，奇器珍怪，徙臧满之。令匠作机弩矢，有所穿近者辄射之。以水银为百川江河大海，机相灌输，上具天文，下具地理。以人鱼膏为烛，度不灭者久之"。表明地宫埋藏丰富，设计精巧，设施齐全。这些记载的真实性到底如何？由于没有发掘，我们不得而知。但经过多次勘探，证明秦陵封土中的水银含量非常高，间接证明了地宫中有大量水银，与"以水银为百川江河大海，机相灌输"的记载一致。同时也说明其他记载当非虚言。

秦始皇帝陵作为国家最高等级的营造项目，体现了秦王朝的政府机能、统治资质、执政效率和管理水准。

秦始皇帝陵——丽山之"作"，是列入新"帝王之都”的规划之中的。规划主要分为两部分：其一是建立新的行政中心。丽山与咸阳，以及渭南上林苑中的阿房宫、阁道、南山、阙、复道、渡渭之桥等是在全新都市规划理念规定下营造的多种形式构成的建筑群，共同构成秦王朝统治中枢的新行政重心，又与秦东门[2]相对应，形成与海洋文化有关的东西坐标轴（咸阳与其东门正好处于东西一线）。其二是经营陵邑，建立副都市。所谓“徙三万家丽邑，五万家云阳，皆复不事十岁”，秦始皇帝设立了“丽邑”与“云阳”两个移民安置点，成为咸阳一东一北两个具有卫星城性质的外围副都市。同时也开了西汉经营陵邑之历史先河。以“丽山”为结构重心之一的新都城建设规划，是秦王朝的政治发明之一。这一规划的实施，是建筑史上的壮举，也是秦始皇帝雄心的一种体现。

秦始皇帝陵本身，是当时东方世界最宏伟的建筑。秦始皇帝陵凸显于地表的高大形制，可以看作秦帝国政治威权的典型象征。秦始皇帝陵作为体量最为宏大、形制最为完整、文化内涵最为丰富的帝王陵墓，可以看作秦政的标志性纪念。秦始皇帝陵也是集中体现一种文化风格、一种民族精神、一个时代节奏特征的物质文化遗存。

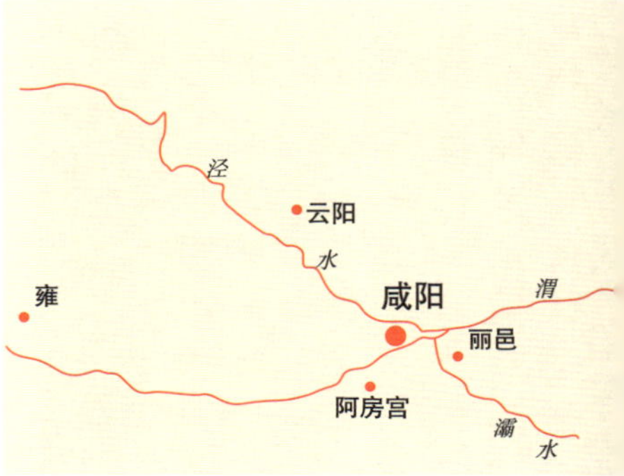

地理位置示意图　壹原视觉绘

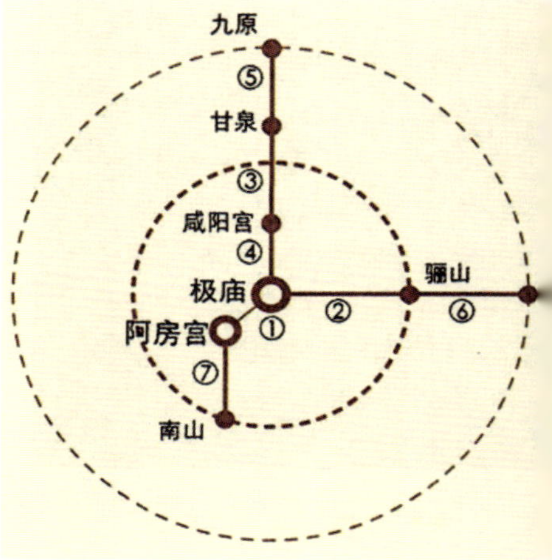

《史记·秦始皇本纪》所载咸阳轴线体系构建过程

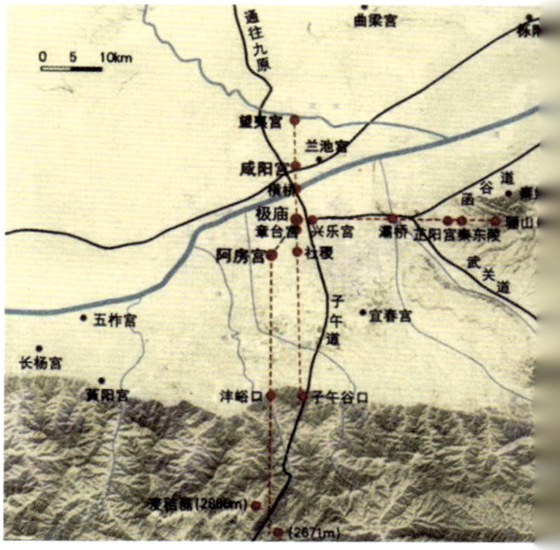

以极庙、阿房宫为核心的秦咸阳轴线体系

2. 秦东门立石位于今天连云港孔望山顶，由碑顶、方柱形碑身和底座三部分构成。

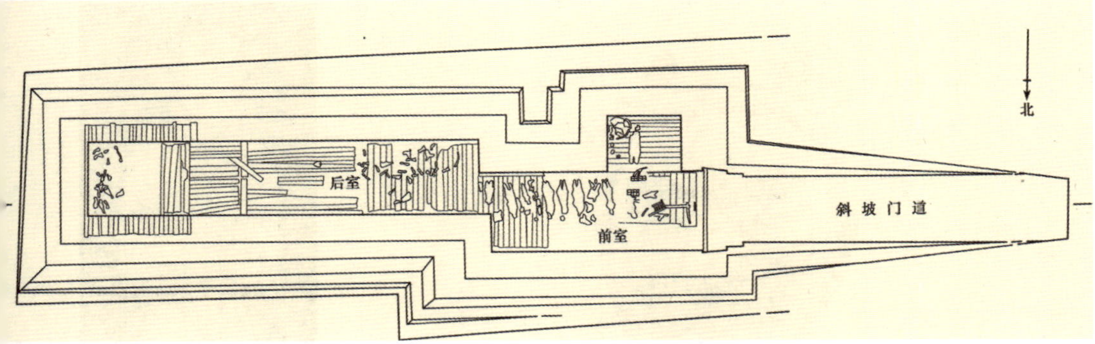

6 平面图

外藏系统：秦始皇帝的雄心壮志

什么是外藏系统？

中国古代帝王陵墓自先秦以后逐渐形成了“正藏”和“外藏”两大埋藏系统，并由此构成古代陵墓形制中功能性空间分隔的基本格局。“正藏”主要包括墓室内梓宫、便房、黄肠题凑等设施以及用来埋藏尸体及各类与墓主人生活有关的器具。“外藏”即居于“正藏”之外的为墓主随葬的各类设施统称为“外藏”，就空间设置而言，是指墓葬墓室主体空间以外的随葬区域，包括墓室内的壁龛、耳室、殉坑、车坑、马坑、车马坑以及墓室外的所有器物坑。它是正藏的附属部分。秦汉时期陵园中所发现的各类单体陪葬坑，在某种意义上皆可称为外藏坑。由这些内涵丰富、形式多样的外藏坑（陪葬坑）构成了陵墓的外藏系统。外藏系统的构成单元及大小、形状没有定制，其内的器物种类繁多，内容复杂。秦始皇帝陵园的外藏系统是古代陵寝制度的集大成者。

K0006“文官俑”坑

K0006 是 2000 年发现的一座陪葬坑，该坑位于秦始皇帝陵园内城以内、陵墓封土的西南角，总面积约 410 平方米。前室主要埋藏陶俑，后室埋藏马骨。此坑是秦始皇帝陵园中少见的未被焚烧过的陪葬坑。

K0006 陪葬坑前室长 10.6 米、宽 4.05 米，出土陶俑 12 件，可分为袖手俑（8 件）和御手俑（4 件）两类，与一号兵马俑坑出土的武士俑相比，较

文官俑局部

御手俑

K0006 出土的陶俑

显文弱，上身穿单层或双层交领右衽齐膝长襦，腰束革带，下着长裤，足蹬齐头方口浅履。因袖手俑腰上所配小刀符合古代“刀笔吏”的形象，也被称为文官俑。陶俑身上原有红、绿、黑、粉、白色等彩绘，因地下水侵蚀及坑体倒塌，出土时仅面部保留较多彩色残迹。

这 12 件陶俑头戴长版冠，拥有一定的爵位，是“百官”的组成部分，象征着中央集权三公九卿中执掌司法和管理监狱的廷尉机构。

K0006 陪葬坑的发现，是中央政府权力机构在地下的反映，说明主导秦始皇帝陵园外藏系统设置的思想根源，已经不仅仅局限于衣食住行等生活内容，而是要将皇帝生前所创制的中央集权官僚体制带入地下，使之在阴间继续服务。由此开创了以陪葬坑来表现帝国政权机构的先例。

兵马俑坑

从 1974 年的发现开始到 2019 年，秦始皇帝陵博物院对一号、二号、三号坑进行持续发掘，出土的彩绘陶俑共有 1900 余件，可分为军吏俑及一般步兵俑两大类。军吏俑中又有高、中、低（下）之分（近有学者又在下级军吏俑中细分出下下级军吏俑），一般步兵俑中又有轻装步兵俑、重装步兵俑的区别。

兵马俑坑是秦始皇帝陵园里的一组陪葬坑，秦始皇帝陵园的建制是根据“事死如视生”的原则设计的，把生前的一切都模拟于地下，秦始皇帝生前住的咸阳宫和咸阳城是驻有军队守卫的。三个兵马俑坑，位于秦始皇帝陵园外城垣的东侧，即陵园正门外东司马道的北侧，是象征着驻在京城外的军队，是京城的屯卫军，古名宿卫军。

部署在陵园东侧，同时又面向东方的秦俑兵阵，在秦王朝以东方反抗力量为假想敌的背景下，可能也有保卫秦始皇帝陵的作用。

秦始皇帝兵马俑坑，是反映秦军事史的标本。对于研究秦军编成形式、秦军指挥系统、秦军阵势格局、秦军装备条件、秦军作战特点、秦军军容风格等，对于认识和理解秦军事史，都有非常重要的意义。

通过对秦俑军阵所表现出的秦军组织和作战方式的考察，更有益于还原

一号坑出土现状

一号坑出土的中级军吏俑

高级军吏俑

一号坑修复区的陶俑

秦迅速崛起，实现富国强兵的统一军事历程。——正是因为有这样一支排列有序、等级森严、军纪严明、指挥得当的军事力量为后盾，秦始皇帝才能在短时间内消灭六国，实现一统天下的雄心壮志。

藏着金骆驼的豪华陪葬墓

从 2011 年开始，秦始皇帝陵博物院对秦陵外城西侧展开详细的考古调查与勘探工作，发现了 9 座大中型墓葬，沿外城西墙向西一字排列。最东侧的“中字形”墓葬距秦陵外城西墙仅 100 多米，说明墓主人与秦始皇帝的关系非常密切。这是目前秦陵地区发现的规模最大、布局规划最清楚的一组高等级墓葬。

险遭盗掘的一号墓

我们对编号为一号墓葬的“中字形”墓葬进行了发掘。发掘之初，地面上全是石榴树和玉米，我们对地表进行整平、清除上层表土以后，墓葬的界限就很清楚地呈现在大家眼前——墓葬中填土为黄褐色五花土，外侧则为深褐色生土。墓葬的大小、位置与我们前期勘探的相差无几。在向下发掘的过程中，发现有许多圆形和不规则方形的孔洞，大概有十余处，其中墓室正中央有 2 处，墓室西侧边沿有 1 处，里面含有大量黑色木炭。仔细辨认后，我们确定应该是盗墓者所留的盗洞，也就是说这个墓葬已经被盗掘了。

与此同时，在南墓道中发现了许多和人手指头一样粗细的小孔，后来我们分析这是现代的盗墓贼为了寻找墓葬所留——用细钎子往土里扎孔，根据土质的软硬程度不同，来确定地下是否有墓葬。

这些盗洞伴随着我们的发掘，一直往下面延伸。人们常说“十墓九空”，大型墓葬更是如此，因此我们的心里也是忐忑不安。当然我们也会时不时地自我安慰一番：相比凤翔秦公一号大墓曾经发现 200 多个盗洞的迹象来看，这座墓葬已经算是比较幸运的了，所以我们还抱有一些希望。

后来，大部分盗洞在中途逐渐消失，只有三四个盗洞，一直延伸到了墓底。其中墓室正中的盗洞，在接近墓底 4 米多的地方，出现了一副完整的人

M1 发掘现场

M1 墓室结构

M1 盗洞中的骨架

骨架。人身体蜷缩在一起，面朝下，背部朝上。在骨架的上部及周围，发现了许多比较大的石头，我们推测这个人是被这些石头砸死的。石头的来源，极有可能是他的同伙从洞口投下——被见利忘义的同伙陷害致死。惨死的样子，让人想到他临死前痛苦挣扎的神情，不由得让人唏嘘不已，盗墓贼之间为了利益，是没有人性可言的。这也从侧面反映出盗墓贼多没有好下场。

令人担心的是盗墓贼的精准定位，这个盗洞正对墓室中部正上方，是盗取的最佳位置。但发掘结果出人意料，墓室除了部分遭盗墓贼光顾外，其余大部分保存完好。这说明似乎有某种原因影响了盗墓的迅速推进，冥冥之中有一种力量在保护着这座大墓——正是盗墓贼之间的内讧，造成盗墓行为的失败，使得墓葬免遭毒手，侥幸逃过一劫。

保存相对完好的墓葬为我们保留下了许多珍贵文物。墓中堆砌而成的铜钱，由于年代久远，已经因锈蚀粘连在一起，致使我们无法分清当时一串钱到底有多少枚。经过初步辨别，铜钱数量有七八千枚，铜钱可分为大小 4 种，多来自战国晚期到秦始皇帝统一后，这就为墓主人生活的时代提供了重要线索。

随着考古工作的深入，接二连三的重大发现，一次次刷新了人们对那个遥远年代的想象，包括数量庞大的日用陶器，成组成套的青铜礼器（鼎、豆、钫、壶等），一组 15 件的编钟，生活气息浓厚、惟妙惟肖的金银俑（骆驼俑、

M1 编钟与半两

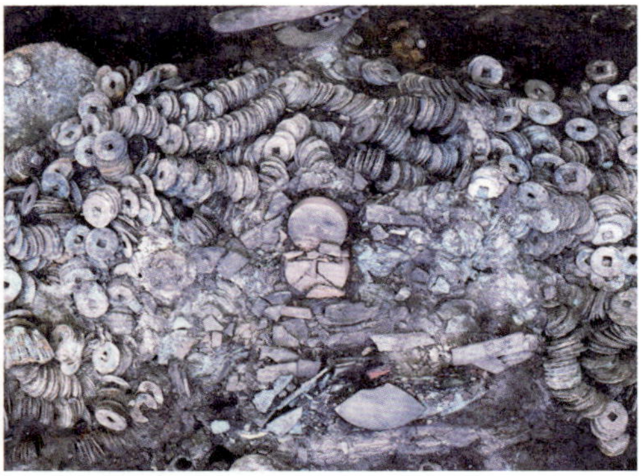

M1 铜半两出土现场

M1 编钟及半两出土现场

舞袖俑、吹奏俑、百戏俑、马俑、骑马俑、猎犬俑）、铜扁壶、金带钩等，以及实用的铁甲、铁剑、铜戈、弩机等兵器，精工细作的玉剑珌、玉鼎、玉璧，无一不是考古文物精品，他们都在诉说那养尊处优的富贵生活，完全是一幅贵族精致生活的生动画卷，是研究秦代高等级贵族日常生活和丧葬习俗的第一手资料。

金骆驼

金骆驼的发现很有趣，在我们清理到接近墓室底部的时候，发现亮晶晶的一个小块，至于是什么那时还不清楚。为了弄清周围的情况，暂时没有向下清理，但是我们一致认为那可能是一件金器。后来，慢慢清理了一部分，露出了腿，大家认为它是一匹马的形象（当时头部和肩部还没有露出来），又过了一段时间，我们又对它进行了仔细清理，才发现它肩上有双峰，头部

M1 玉器出土现场

M1 铜器出土现场

M1 金属俑出土现场

M1 舞袖俑

M1 金骆驼

M1 乐府琴轸

是骆驼的形象，这才最后确认是骆驼而不是马。这一时期，墓葬中随葬马比较多见，而骆驼形象则是非常罕见的，况且还是金质的（后来又发现一例大小一致的银质骆驼），这是目前国内所见最早的单体金、银骆驼形象。它给我们认知上带来了很多困难，它的来源到底是怎么样的？是本地铸造的还是从西方输送过来的？它的形象是模仿哪里的骆驼形象？这些都是我们今后要重点解决的问题。但无论如何，这都产生在西汉张骞通西域，打通丝绸之

路之前，说明早在丝绸之路以前东西方就已经有了文化交流，为研究丝绸之路开通以前的东西方文化交流提供了重要的实物材料。

“乐府”铭文琴轸

这套器物共 6 件，体型较小，集中在一起。经过整体打包以后，我们在室内进行了清理提取，发现上面刻有“乐府”字样的铭文，认为它和乐器有关。请教音乐专家后，确认是琴轸。它是固定在琴一端的旋钮，上面缠绕琴弦，是用来调节琴弦松紧程度的。这几件琴轸虽说造型普通，但是上面的铭文却至关重要。

大家知道，有关“乐府”的铭文，以前在秦始皇帝陵园内出土过一件错金银铜钟，上刻有“乐府”二字。证明早在秦代的时候，就已设有乐府这一中央音乐机构，纠正了文献记载的错误。可惜，“乐府”钟后来在展览中被盗，一直下落不明。最后虽说追回来了，但已经面目全非，上面“乐府”二字已经被磨掉了，其重要性和价值已经大打折扣。

“乐府”铭文琴轸的面世，为秦陵地区发现的第 2 例，再次证明秦代设乐府的史实，是研究秦代乐府机构及音乐乐器的第一手资料。

铁甲

铁甲的发现非常偶然，我们在清理墓室的时候，发现一堆深红色铁锈的遗存，当时以为是一件铁锅之类的器物生锈以后形成的。毕竟埋藏在地下已经很久了，铁器最容易生锈，能保存下来已经非常罕见。经过仔细的清理和观察以后，发现锈迹中间尚保存着一些小铁片，个别铁片的四角上钻有小孔。这才恍然大悟：这应该是铁质甲片，而这一堆铁锈物则是铁甲生锈以后所留。具体有几副铁甲，已经无法辨别了，能确认的是，这应该是实用的铠甲。

以前在秦俑身上发现陶质塑甲，后来又在秦陵 K9801 陪葬坑中发现大量石质铠甲，均不是实用铠甲。本次发现为秦代首次发现的实用铠甲，为我们研究秦代兵器尤其是秦代铠甲提供了新的翔实资料。

总之，这座墓葬拥有自己独立的墓园，带有 3 个陪葬坑，墓上以前建有高大的封土，无不显示出墓主生前高贵的身份和尊崇的地位，是当之无愧的国之栋梁。

这批墓葬布局规律，显示出浓厚的人为因素，意图很明显，就是为秦始皇帝陵园而设。因此，我们认为它是秦始皇帝陵园有规划的一处高等级贵族陪葬墓区，时代大致在秦统一之后。从外藏系统角度来看，这批陪葬墓均为秦始皇帝陵外藏系统的一部分，属于秦始皇帝陵的一种创新，墓主当为帮助

士的铁甲

秦始皇帝实现统一天下理想的高级官员，死后享受陪葬帝陵的待遇，也是一种非常高的荣誉。这种陪葬规划在秦代尚属首次，开创了秦代乃至中国古代帝王陵重臣陪葬的先例。

一号墓是目前发掘的秦代规模最大、等级最高、保存最完好的大型墓葬，填补了秦代高等级贵族墓葬考古的空白，是秦始皇帝陵考古工作的又一重大收获。有助于对秦代高等级贵族的丧葬制度问题展开深入探讨，为秦始皇帝陵乃至中国古代陵墓制度研究提供了新资料，为秦汉时期陵墓制度的发展演变提供了关键性依据。

考古小知识

无损的探测技术

对考古遗址的发掘不仅耗费大量的人力物力，还难免会对遗址产生某种扰动甚至破坏。如不宜发掘的秦始皇陵就利用了遥感和地球物理探测技术判定出秦始皇陵地宫的大致边界形状，还发现了封土下的台体结构。此外，声呐技术运用于水下考古；无线电脉冲信号用于发现壕沟、墓葬；磁力技术用于定位陶窑等烧土建筑拥有非常好的效果。但探测技术并不能替代发掘，发掘在田野工作中占有中心地位，小区域内的大量信息仍需要通过发掘来获取。

相关遗址

血池遗址

血池秦汉祭祀遗址位于陕西省凤翔县城西北的柳林镇血池村，距秦雍城大遗址 15 千米，入选 2016 年度全国十大考古新发现。

“国之大事，在祀与戎。”中国古代通过祭天活动以达到“与天滋润，强国富民”之祈福。雍地具有悠久的祭祀传统，秦汉时期在此创制的畤祭则对中国古代祭祀制度的形成与发展具有承前启后的作用。

春秋战国时期，秦国在其都城——雍城郊外先后建立了包括鄜畤、密畤、吴阳上畤、吴阳下畤的雍四畤祭祀系统，雍地成为当时的政治、经济、军事以及最高等级的祭祀中心。秦统一后，在以畤祭天的基础上，又吸收了东方六国的礼仪，在雍地举行加冕典礼和郊祀的新祭祀风尚。“汉承秦制”，汉高祖在继承秦人四畤基础上，又增设北畤，形成完整的雍五畤祭祀系统，以郊祀雍畤作为王朝最高祭礼。在雍地的祭天礼仪一直延续到武帝时期。

2016 年，由陕西省考古研究院等 5 家单位组成考古队对雍山血池秦汉祭祀遗址展开考古发掘工作，确认相关遗迹（建筑、场地、道路、祭祀坑等）3200 余处，取得了重要收获。

祭祀坑分布较为密集，可分三类，第一类是“车马”祭祀坑，坑内的“车马”及其随葬器物制作精巧且形体很小，其“木偶”性的明器化特征突出；第二类是马、牛、羊的牲肉埋葬坑，出土大量器物，主要有玉器、青铜车马器以及小型木车马等专门用于祭祀之物；第三类是极少数的“空坑”。

血池遗址的发掘，是关于“畤”遗存完整功能结构的首次发现，它印证了雍城历经秦代至西汉武帝时期，它仍继续作为秦皇汉武时期的“圣都”，以举行国家最高祭天礼仪活动之功能区的存在，填补了既往雍城遗址唯缺郊外以畤祭天遗存的空白，进一步明确了雍城遗址各功能区的空间分布和文化内涵。对于深化秦汉礼制、秦汉政治、中国古代礼制文化等方面的研究均具有重要的学术价值。

相关阅读

[1] 袁仲一:《秦兵马俑的考古发现与研究》，文物出版社，2014 年。

[2] 袁仲一 :《秦始皇陵考古发现与研究》，陕西人民出版社，2002 年。

[3] 段清波:《秦始皇帝陵园考古研究》，北京大学出版社，2011 年。

[4] 张卫星:《礼仪与秩序：秦始皇帝陵研究》，科学出版社，2016 年。

[5] 何宏编著:《遇见国宝：秦始皇帝陵博物院巡礼》，西北大学出版社，2019 年。

[6] 王子今:《秦始皇陵考古与秦统一历史意义的新认识》，《秦汉研究》，2020 年。

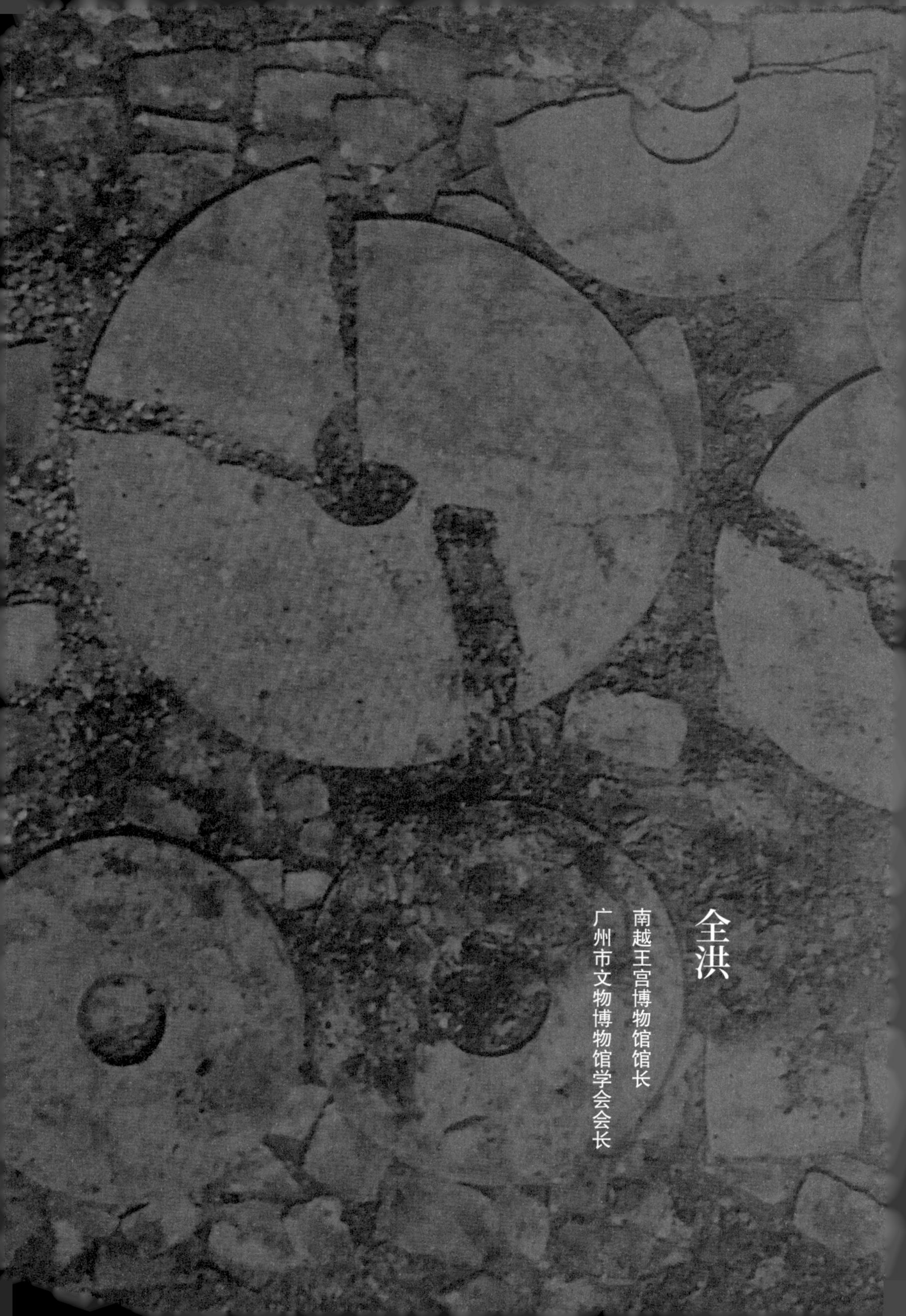

全洪

南越王宫博物馆馆长

广州市文物博物馆学会会长

南越王墓

岭南文化之光

1983

案
间: 1983 年
置: 广东省广州市越秀区解放北
岗山
代: 西汉
积: 100 平方米
己 80 年代中国重大考古发现之一
州南越国宫署遗址及南越王墓入
年百大考古发现”

西汉南越王博物馆正门

南越王墓原址保护展示

西汉南越王墓位于广东省广州市越秀区解放北路的象岗山上，是西汉初年南越王国第二代王赵眜的陵墓。1983年发掘，出土“文帝行玺”金印和“赵眜”玉印，证明了墓主人的身份。

南越王墓为一座“凿山为藏”的石室墓，从象岗山顶挖开石山，凿出一个平面呈“凸”字形的竖穴，再从前部东、西侧开横洞成耳室[1]，南面开辟斜坡墓道，采用竖穴凿洞的方法构筑而成。墓室平面呈“士”字形，建筑面积约100平方米，按照“前朝后寝”的规格布局，共分7间。前部3室为前室和东、西耳室，后部4室为主棺室、东侧室、西侧室及后藏室。墓主居后部中室。殉葬者共15人，其中夫人4人，仆役7人。墓内随葬品丰富，品类繁多，出土金银器、铜器、铁器、陶器、玉器、琉璃器、漆木器、竹器等遗物10000余件。

这座陵墓未遭盗扰，墓室部分保存完好，是岭南地区规模最大、随葬物最丰富的大墓，又是全国发现年代最早的一座彩绘石室墓。

墓主的身份高贵，《史记》《汉书》有墓主人传记，史实清楚，年代准确。南越王墓的发现，为探究秦汉时期岭南地区的开发及南越国的历史等提供了珍贵的实物资料，特别是对岭南早期开发史的科学研究有重要的价值，被誉为“岭南文化之光”。

1. 位于主墓两侧，如两耳在人脸两侧得名。建筑的耳室一般作为仓库，墓葬中的作用类似，会放置陪葬品。（编者注）

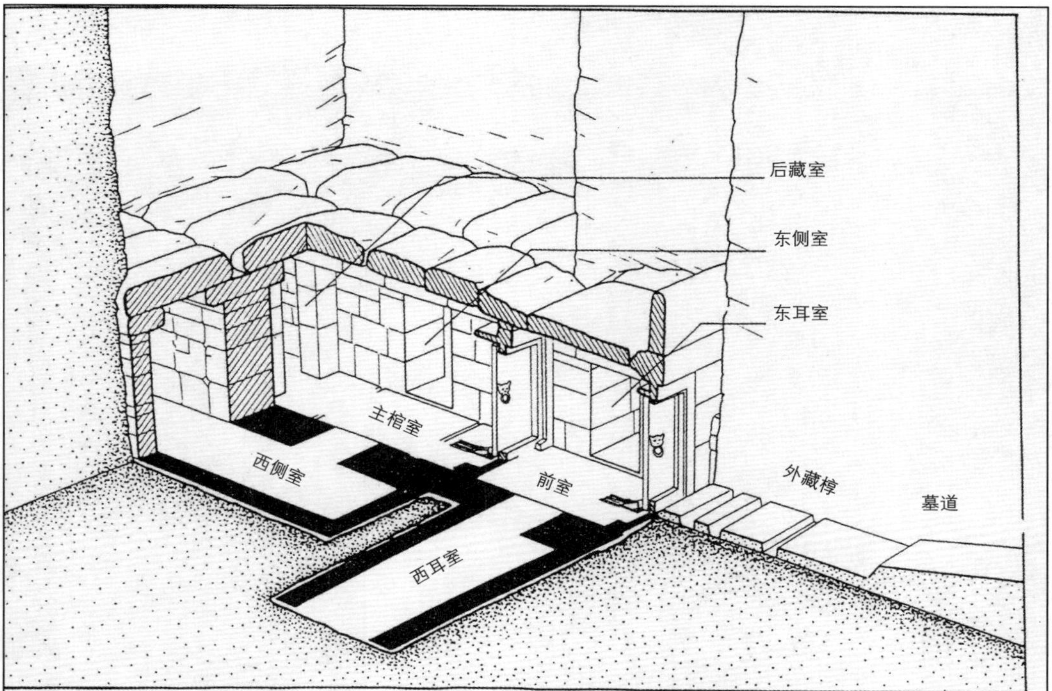

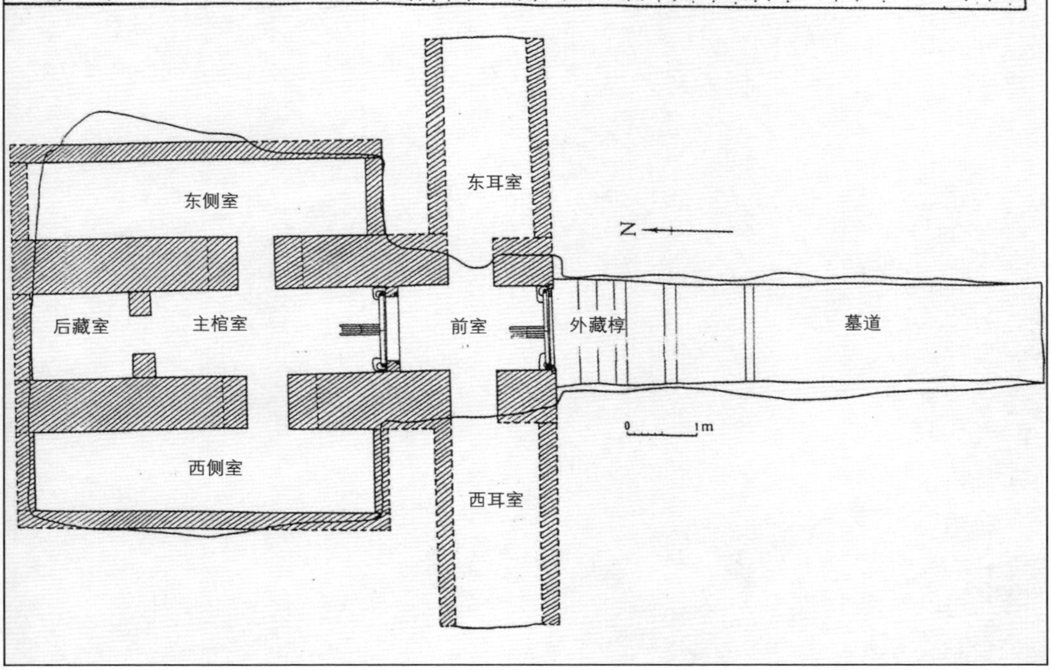

上图：南越王墓结构图

下图：南越王墓墓室布局平面图

前室彩绘

“文帝行玺”金印

“帝印”玉印

割据岭南近百年的南越国

南越国的政治制度承袭秦制

南越国是秦末至西汉中期在中国岭南地区的一个政权。从开国君主赵佗至亡国君主赵建德，一共历经 5 任国王，享国 93 年。

从出土的印玺[2]、文物可以看到，南越国有浓厚的秦文化色彩。比如说墓

2. 玺者，印也。秦始皇统一后玺成为指代皇帝之印的专称。（编者注）

“文帝行玺”印文

“右夫人”玺印文

主身上有 9 枚印章，保留了秦朝时期的田字格样式，另出土封泥 35 枚，亦有秦朝的特征。墓主身上放置 9 枚印玺分装 3 个漆盒，4 枚无字，其余 5 枚分别是：“文帝行玺”金印、“帝印”玉印、“泰子”金印、“泰子”玉印和“赵眜”玉印。

这些印玺都与帝王有关，对于认定墓主身份、研究南越国政治制度及丧葬文化具有重要价值。据汉代的文献记载，皇帝使用的印玺为白玉螭虎纽。南越王却随葬“文帝行玺”金印，又与秦汉之制有所不同。这枚“文帝行玺”金印显然是仿效秦汉时的皇帝玺而铸制的，是目前国内已发现的汉代金印中年代最早的。依照《汉旧仪》的说法，皇帝的玺“皆白玉螭虎纽”。墓主身上另有白玉螭虎纽的“帝印”同出，可见南越国懂得“白玉螭虎”之制。这枚龙纽金印，质材用金而非玉，纽式亦作螭龙而不是螭虎，应是南越王有意为之。

就这些文物来看，它们透露出很多很重要的历史信息。据史料记载，汉高祖建立汉朝后，采用的是汉承秦制。秦始皇命赵佗平定岭南之后，赵佗建立南越国，采用的也是秦制度：推行郡县制，统一文字、度量衡等，且南越的百官制度也与秦汉朝廷的相同。因此，我们从这座墓中发掘出这么多带有秦文化色彩的文物，可推测出当时的政治制度与秦汉基本一致。

两代南越王

南越“武帝”赵陀

赵佗，河北真定人，20 岁出头参军。秦始皇统一六国之后，继而平定岭南百越之地，设桂林、象、南海三郡。南海郡治在番禺（今广州），赵佗为

南海郡龙川县令。汉高祖元年（前206），南海郡尉任嚣病亡，赵佗接任南海尉，即向横浦、阳山、湟溪关等关口下达据险防守的指令，并诛杀秦朝安置的官吏，换上自己的亲信。

汉高祖三年（前204），赵佗起兵兼并桂林郡和象郡，在岭南建立南越国，自立为南越武王。

汉高祖十一年（前196）夏，汉高祖刘邦派遣大夫陆贾出使南越，诏封赵佗为南越王。两国互派使者，汉高祖要求赵佗和辑百越，不要危害汉朝的南部边郡。由此，南越国成为汉朝的一个藩属国，并向朝廷称臣纳贡，没有成为汉朝南边的敌对势力。

汉高祖死后，吕后临朝，与赵佗交恶。吕后四年（前184），吕后下令关闭汉与南越边关地区的交易，禁止向南越国出售铁器和农业生产工具，汉朝与南越国的矛盾激化。赵佗认为吕后听信长沙王的谗言，要想吞并南越国，于是自称为“南越武帝”，出兵攻打长沙国的边境数县后撤回。吕后派遣军队攻打南越，因中原的士兵不适应南方炎热和潮湿的气候，纷纷得病，连南岭都没有越过。

吕后崩，汉军立即罢兵。赵佗在抗击汉朝的同时，趁机对东边的闽越国用经济手段施加影响，并对西边的西瓯、雒越等部落（即瓯雒国故地）加强控制。赵佗采用的帝制与汉朝相同，车舆用黄色做车盖，在车的左边插羽幢（鸟羽做的旌旗类饰物）。

公元前179年，汉文帝刘恒即位，立即修复与南越国的关系，安抚赵佗在真定的兄弟。在丞相陈平的推荐下，派太中大夫陆贾再次出使南越。赵佗决定去除帝号复归汉朝统治，其与中央政权的关系又修好如昔，维护了岭南社会的稳定。

一直到汉景帝时代，赵佗都向汉朝称臣，每年在春秋两季派人到长安朝见汉朝皇帝，像诸侯王一样接受汉朝皇帝的命令。但是在南越国内，最高统治者仍然继续用着皇帝的名号。这点从南越王墓发掘出的文帝印就可以看出来。据《汉书》记载，第三代南越王赵婴齐继位后，即将武帝、文帝玺藏起来，但是目前南越王墓只发掘出“文帝行玺”。

南越文王赵眛

汉武帝建元四年（前137），赵佗去世，因赵眛的父亲赵始早已亡故，所以南越群臣拥立赵眛继承王位，史称南越文王。

建元六年（前135），闽越王邹郢发兵攻打南越国的边境城镇。赵眛向汉武帝上书称不敢擅自兴兵，请天子下诏。汉武帝赞许南越王的忠义行为，遵守职责与盟约，派两位将军王恢、韩安国出兵讨伐闽越。汉兵还未过南岭，闽越王的弟弟馀善杀死邹郢而投降汉朝。于是两位将军停止讨伐行动，罢兵而回。

赵眛为报答汉天子兴兵讨伐闽粤的恩德，派太子赵婴齐到长安为皇帝值宿守卫。赵眛还对汉使者严助表示会尽快整理行装，前往京城朝见天子。但后来赵眛听从大臣劝告，声称有病，最终没有进京朝见汉武帝。

十余年后，赵眛病重，其子赵婴齐向汉武帝请求回到南越国。大约在公元前122年，赵眛去世，谥号文王，葬于今广东省广州市解放北路象岗山，即著名的“南越王墓”。赵眛死后，赵婴齐继承王位。

南越王墓出土了赵眛的头盖骨、牙齿、骨骼等。根据这些遗骸，人类学家推测这是一位40来岁的中年男性，与《史记》《汉书》中记载的赵眛生前长期生病且逝世时才三四十岁大致相符。有趣的是，传说他爷爷赵佗却是个百岁老人。这种说法应该是成立的，通俗地讲，赵佗连儿子都能熬过去，直接传位给孙子，应该是位长寿的人。

在性格特点上，赵佗为军事将领，骁勇好战，身体素质非常好，一心称王称霸；赵眛在位16年，长期患病，性情软弱，没什么建树。但在闽越侵犯南越之时，他巧妙地把汉武帝搬出来，让汉武帝来对付闽越，自己不用大伤元气，也不失为一位看得清局势的南越王。

南越王的生活

南越王墓出土了大量烹饪、饮食、盛储、盥洗器具，具有秦、汉、越、楚等文化特征。其中越式鼎、提筒、印文陶器等在造型纹饰方面，具有浓厚的岭南特色。

墓中出土了 5 套成编的大型金石乐器、丝弦、土陶等各类乐器齐全，展现了墓主人钟鸣鼎食、弦歌乐舞的奢华生活。

墓中出土有鼎、鍪、甗、烤炉、煎炉等烹饪器具，可知当时有煮、蒸、烤、煎等烹饪方式。在 30 多件器物内还发现有各类动物骨骼，如在后藏室的一个陶罐里，发现有 200 多只禾花雀的骸骨。据说，禾花雀是一种非常美味的小鸟，喜欢吃稻米浆。这些发现表明南越国时期已形成自己独特的烹饪及饮食习惯。禾花雀的发现从侧面也可以反映出当时在南越国已经有大片的水稻种植。

通过考古还发现，在当时的南越国已经出现甜瓜、冬瓜、荔枝、杨梅等瓜果。出土的许多精美饮酒和盛酒器，也反映出南越宫廷饮酒之风盛行。从这座古墓可以推测出当时的饮食是非常丰富的，岭南的烹饪技术也非常高超了。所谓“食在广州”实际上在 2000 多年前已经打下良好的基础。

越式铜鼎

铜釜、甑

铜烤炉

从未被盗掘的汉代王陵

闹市区惊现带彩画的石室墓

1983年6月，广州市解放北路象岗工地在挖掘公寓楼的基坑时发现地下有石构建筑物。经过几天勘查，考古人员对发现古墓的规模、结构、年代等有了基本了解之后，广州市文物部门派人到北京向国家文物局汇报。中国社会科学院副院长兼考古研究所所长夏鼐先生提出由中国社会科学院会同文化部把这个重要发现联衔上报国务院。国务院领导人指示，国家文物局颁发考古发掘证照，由广州市文物管理委员会、广东省博物馆、中国社会科学院考古研究所专业人员组成象岗汉墓发掘队，麦英豪任发掘队长，杨式挺、黄展岳为副队长。

南越王墓秘藏在石英砂岩的象岗山顶之下20米深处，墓坑为竖穴加掏洞，墓室用750多块大石砌筑而成。墓室的建筑形制仿照生人前朝后寝的居处布局。

南越王墓的挖掘非常精彩但绝不轻松，可以说是史上最容易也是最难挖掘的墓葬。说容易是只有少许泥土经缝隙渗入石室，不像其他墓葬墓坑回填土将器物全部掩埋，7个石室里的杂物只有一些尘土和树根，进入墓葬稍事清理就可以拍照、绘图。说难是墓室很小且狭窄，所有的器物皆置于墓室的物架上，当物架腐朽后，架子上的器物就掉落到其他器物上，构成叠压。更重要的是墓室地上全是珍贵文物，几无下足之地，进入作业要非常小心。因此，考古专家在各墓室的四角清理出空地，搭建悬空的架子，人只能趴在木架上俯身发掘整理。

清理修复：南越王的宝藏

出土的器物依照质地分类有铜、铁、金、银、铅、陶、玉、石、水晶、玛瑙、玻璃、煤晶、墨丸、丝、麻、竹、木、漆、象牙、皮革、中草药物、封泥，种类丰富。家禽家畜、水产等动物遗骸、植物种实等亦有出土。这座墓除了发掘出大量无价文物外，最珍贵的地方就是整个墓未曾被盗，里面的器物保存得相当完整。成组的、配套的器物得以保持原状或原位，为复原器物的搭配组合提供直接证据。

最典型的是组玉佩和铜承盘高足玉杯。南越王墓共清理出组玉佩11套，墓主人和8个殉人都有随身的组玉佩饰随葬。组玉佩在西周就已经出现，具有礼器性质，是显示贵族阶层身份地位的标志。西汉时期的组玉佩饰就比较完备，以玉璧、玉璜、玉环为基本的组合要素，配以各种色泽质料的串珠，

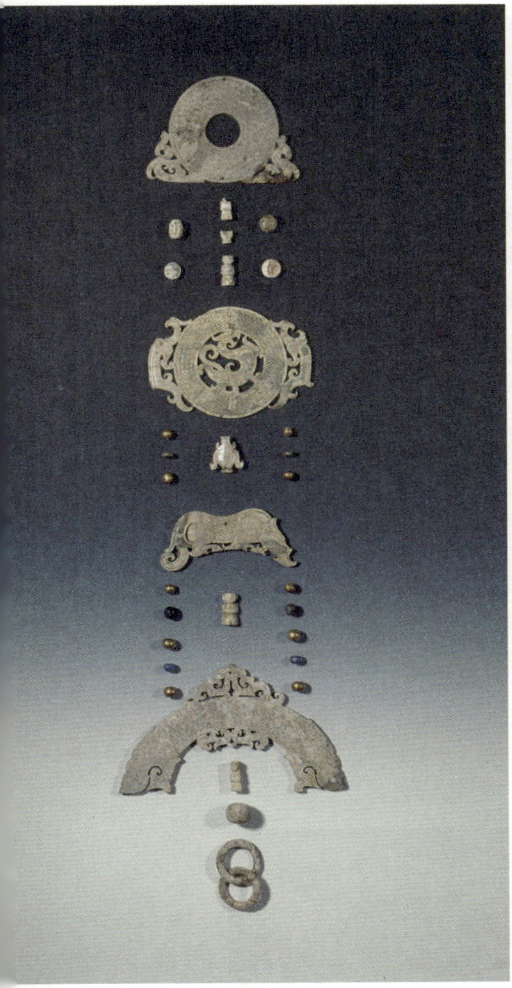

、组玉佩

"右夫人"（A 组）组玉佩

其装饰性已远超乎礼仪的性质。以往对组玉佩的研究不够深入，对其上下左右的组合搭配不甚了解。南越王墓出土的几套组玉佩的饰件都有出土的准确位置，为复原提供了依据。墓主人的组玉佩由玉、金、煤精、玻璃等不同质地的 32 件饰件组成，自胸至膝长 60 厘米。整串佩饰可分为 4 个组段，大小顺次轻重有序、色彩斑斓，是最为华丽的一组佩饰。右夫人的一套由连体双龙玉佩、玉环、玉璧、玉璜以及金珠、玻璃珠组成，其中玉器 9 件、蜻蜓眼玻璃珠 1 件、金珠 10 件。璜、佩等皆有钻孔，珠子亦有纵孔，可系

铜承盘高足玉杯

铜承高足玉杯出土情形

玉角杯

线穿佩。依照出土时叠置顺序就可以复原整组完整的玉佩，这对往后清理组玉佩具有重大参考价值。

铜承盘高足玉杯由高足青玉杯、托架和承盘三部分组合成。出土时铜承盘略有损坏，杯盘之间略有移位，但高足玉杯仍套在玉托板的圆孔里，保留着当时摆设的原状。南越王当年使用这套器具是这样组合的：以三足铜盘为承托，上置一个铜圈座，焊接 3 条金头银身的龙，张口衔着玉托板的小花瓣把玉杯托起。这件玉容器的组合与构思都显得奇特，究竟是作何使用的？《史记》记载汉武帝建“神明台”，上置承露盘。《三辅黄图》说：“铜盘玉杯以承云表之露，以露和玉屑服之，以求仙道。”估计墓主生前是把“云表之露”掺和着五色药石的“屑”，用这个玉杯服食以求长生。但是这么一个小玉杯，与文献记载的户外“高二十七丈，大七围，以铜为之”的承露盘差别太大，因此仍以考古器物定名的原则名之为“铜承盘高足玉杯”。战国秦汉时期的玉高足杯曾出土多件，这个整套的铜盘玉杯如果不是出土位置没有移动，现在的人恐怕不敢想象可以构成这样的组合。

在田野发掘常常会遇到奇特的发现，室内的整理也同样会有令人惊奇的收获。

出自墓主椁室“头箱”大漆盒的青白玉角杯，用一整块青玉，集浅浮雕、高浮雕、圆雕技法雕琢而成。外壁自口沿下运用线刻，以浅浮雕和双钩法饰勾连云纹，杯底有细软弯转的绳索式尾缠绕在杯身下部。最初，我们以为勾连云雷纹是其主纹，后经仔细观摩，原来杯口沿阴刻的弦纹下方雕刻了一条尖嘴的夔龙，由上而下缠绕杯身，及底处收束为圆雕的尾羽向上回卷，杯身与龙纹浑然一体。龙体两侧加刻勾连云雷纹作补白，是一件体现汉代玉雕最高水平的作品。原先我们认为这件角形玉杯呈犀牛角造型，然而其原型应是牛角或羊角。玉角形杯的母型源于西方，与希腊人称之为“来通（Rhyton）”的角杯形金银器有相似性，后传到波斯，广泛应用于金银制品，尤其是酒器。

丝缕玉衣的修复有赖于室内整理的结果。古人迷信玉可以保存尸体不

的玉璧

腐，故以玉入殓，到汉代发展成玉衣，是一套帝王、后妃和贵族死后穿的殓葬服。按等级高低有“金缕玉衣”“银缕玉衣”和“铜缕玉衣”之别。金缕玉衣即是以黄金缀联玉片。南越文王身穿的“丝缕玉衣”，与以往汉墓出土的玉衣不同，玉片用丝线或丝带缀联组合，所以称之为“丝缕玉衣”，在汉代考古中仍属仅见。这套玉衣出土时十分散乱，因此修复起来比金缕玉衣困难得多。再加上这套玉衣出土时，上面从胸部到腹部放置有成组的玉璧，玉衣与尸体之间也紧贴着成组玉璧，玉衣与人骨及玉璧、佩饰等叠压在一起，大大增加了清理工作的难度。1984 年春，玉衣加上几件修复难度大的铜器一起被运到北京中国社会科学院考古研究所的技术室，由白荣金先生带领广州两位青年一起负责修复。清理工作近 1 年，复原及编缀前后花了 3 年时间。

赵眛入殓时是裸体穿着玉衣的，在裹合玉衣之前，在遗体内贴身铺盖 14 块玉璧，玉衣之下即在内棺底处纵铺 5 块大玉璧。这 19 块玉璧无疑都是为了保存尸体而随葬的玉器。至于为何玉衣本身已具有防腐寓意，内外还贴置

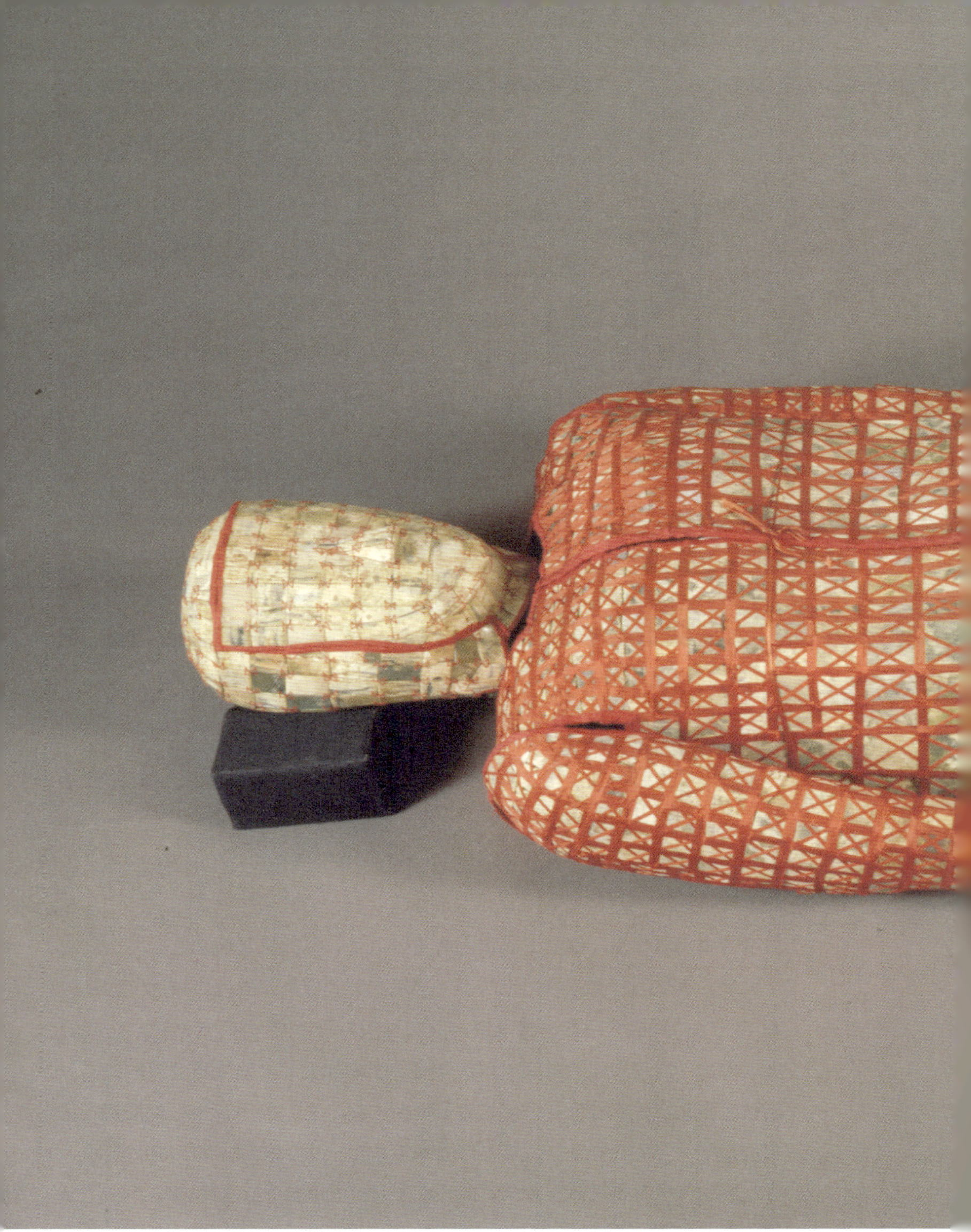

丝缕玉衣

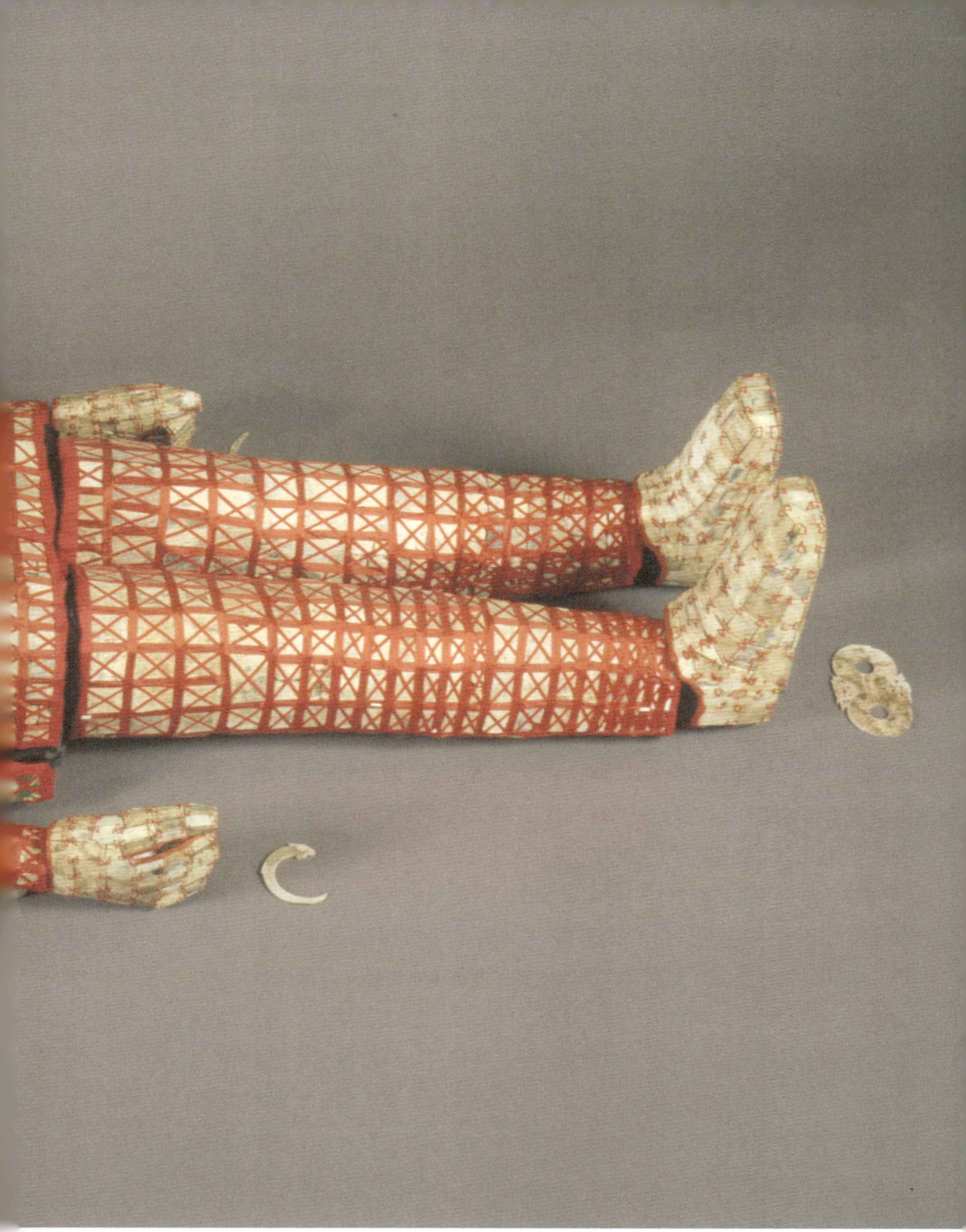

鎏金蟠龙铜托座

鎏金力士铜托座

玉璧，原因至今未明。

铜构件漆木屏风的复原成功也是室内整理的成果。这座漆木大屏风下葬时是靠贴东墙放置的，按清理时所见，屏风的漆木构架已朽，剩下少许残板和漆皮，鎏金的铜包角构件掉落在墙脚，形成 4 堆，每堆相距约 1 米。北部的 1 堆还与 7 件动物造型的铜铸件堆置在一起，还见到一些雉鸡尾羽的残片，估计是屏风顶上的装饰物。蟠龙托座、力士托座与包角构件原来相套固定，因主棺室高度不够，它们被砍断后放置在东墙根南北两端，顶上的朱雀和双面兽首饰件也被拆下来。由于铜构件顶上有插管，此物当初以“支灯”命名。当全部构件去锈之后，发现构件的铜框筒里面都刻有按顺序编码的数字或作定位的“左”“右”等字样，这为复原提供了可靠的依据。

南越王墓出土的铜构件屏风器形硕大，结构奇巧，是我国考古首次发现的最早、最大的实用漆木屏风。南越王把这座屏风带到墓室里随葬，说明他生前非常喜爱这座屏风。屏风出土时放置于主棺室的东侧，中间的屏门可以向外开启，两侧可以展开呈 90 度。屏风上部装饰有青铜鎏金朱雀和双面兽顶饰，上可插羽毛；下部有鎏金人操蛇托座等，独具岭南特色。屏风上绘有红、黑两色的卷云纹图案，绚丽多彩。多数铜构件内壁凿刻有数字记号，这

屏风复制件

说明当时的工匠做事非常严谨，在每一个构件的内壁刻上了数字和符号，以确保组装不出错。当时制作如此精美的屏风非常不易，由此可见南越王生前生活之奢华。

收藏家赵眜

南越文王墓中随葬了一批战国时期的遗物，如铜镜、铜鼎、整玉雕琢的玉器以及海外器物，其中玉盒与洛阳金村战国墓的极其相似。考古人员发现很多器物是墓主生前的实用器和珍爱之物，尤其是有些玉器在当时就已经破裂，却依然被珍视，经重新修补加工后继续使用并随墓主人一起入葬相伴千年，可见古人对于玉，甚至是残、断、碎玉器的珍惜。

虎头金钩扣龙形玉佩出土于南越王墓玉衣头罩的右侧位置。由一条青玉雕刻的龙和一个金质的虎头带钩组合而成，形成一幅龙虎争斗的生动图景。玉龙长体弯曲成 S 形，张口衔鳍，尾巴回卷，下半部分折断，断口两边各钻有 3 个小圆孔，以线绳连缀。虎口形成的套銎，出土时正好套在玉龙的折断处。显然是龙形玉佩下半断裂后，特意制作了一虎头金钩与之相配，使玉佩的功能改变成为带钩。

金钩扣玉龙

玉盒

还有一件玉盒，由青玉雕成，玉质温润，内外打磨光洁，雕琢精细，堪称玉器之精品。盒盖一侧原已破裂，沿着裂缝钻有对称的2组小孔，还在盒盖内侧刻有凹槽，应是以丝、麻类线绳把破片连缀起来，线头可掩藏在盒盖里面的凹槽内而不外露。

从这些出土文物的修复可以看出，当年的南越王非常珍视这些宝贝。原因有二：第一，这些玉器本身非常难得；第二，历史上的南越王其实是个文物爱好者，甚至是一位收藏家。

南越国与海上丝绸之路

秦统一岭南之后，把东南沿海从福建、台湾海峡一直到北部湾，全部纳入了帝国的版图。珠江的出海口、北部湾，整个大陆的沿海跟海江也都纳入帝国的统治。

番禺位于珠江出海口，毗邻中国最大的边缘海——南海。南越国时期岭南与南海地区已经有经济往来，番禺是岭南与东南亚贸易的中心。可以说，南越国是我国海上丝绸之路的发祥地。广东面临南海，造船业始于先秦时期，到了汉代，广东已具备相当发达的造船业，汉武帝在公元前111年平定南越后，开始重视经营海外贸易，自广州开辟了通往东南亚的海上丝路。

汉武帝时期，中国船队从广州出发，远航至东南亚诸国通商贸易，东汉时航线更远达波斯湾。因此，秦汉时期海上丝绸之路正式形成，并出现了一定程度的繁荣，最远可到达斯里兰卡。海上丝路以南海为中心，起点主要是广州，所以称之为南海丝绸之路。

当时，丝绸为主要的贸易货物。《汉书·地理志》记载："有译长，属黄门，与应募者俱入海市明珠、璧流离、奇石异物，赍黄金杂缯而往。"译长去海外贸易的时候，进口的是海市明珠、璧琉璃、奇石异物，出口则是各种各样的丝织品以及黄金。

南越国的丝织品

南越王墓7个主室和外藏椁都有丝织物的遗迹发现，其中尤以西耳室最为集中。这些丝织物炭化了，像棉花团一样，但仍可看出有的是整匹织物，估计不少于100匹。有平纹绢、方孔纱、斜纹绮和高档的锦、罗、绉纱以及手工编织的组带等共8类20多个品种。朱染的高档织物在马王堆汉墓和满城汉墓中都有发现，为秦汉时王公贵族最时尚的衣料。

出土的铜器、漆器等300多件器物都有丝织品包裹。织物使用的靡费程度，简直与今人之用包装纸和塑料袋无异。这个现象一方面反映南越王室生

丝织品包裹的铜壶

活的奢华，同时亦可说明当时南越境内丝织生产是很丰裕的。南越国时，珠三角的居民无疑也有种桑养蚕及丝织生产，本墓出土丝织物的品类之多、产品之精就是最好的证明。

通过南越王墓出土的印花凸版可以发现，这些丝织品有一部分是南越国自己生产的。有研究者发现，墓中出土 2 块铜印花凸版，一大一小，小的为“定位版”，大的为“主纹版”，印有如火焰纹黄白色加朱色圆点的图案。这

铜印花定位版

铜印花主纹版

银盒

些印花版的纹样与长沙马王堆出土的金银色印花纱基本一模一样。由此也证明，至少有相当一部分用于海外贸易的丝织品是南越当地生产的。

南越国的舶来品

作为广州市海上丝绸之路申遗的6个重要史迹点之一，南越王墓出土了波斯银盒、原支非洲象牙、红海乳香、焊珠金花泡、玻璃珠饰等舶来品文

八角形石立柱发现情形

物，这是广州作为海上丝绸之路发祥地最重要和最直接的物证。

波斯阿契美尼德帝国时期的裂瓣纹银盒，是迄今考古专家公认的在中国发现最早的舶来品。

如果说银盒是从波斯通过某种途径来到南越国的话，那么前文提到的角形玉杯就是南越工匠的创作了。角杯从纹饰形式、设计到琢治都是中国的，但是角杯的造型母题却是西方的。起源于地中海沿岸，经亚历山大东征，在印度希腊化，由印度作中转站经南海道将信息传到南越国，由南越工匠糅合

栏杆柱

巴贾石窟第 12 号窟

桑奇大塔围栏

波斯帝王陵墓

中国纹样与西方的造型制作出独特的角形玉杯。

建筑物中也有外来文化的影子。我们在南越王宫的御花园里，发现了许多八角形石柱。这种石柱在北方地区或中原地区是从未出现过的，经过比较研究，最后发现南越国宫苑所使用的八角形石柱和石栏杆望柱与公元前 3 世纪至前 1 世纪印度巴贾石窟和桑奇大塔的八角形石柱基本一致，应是受到海外文化影响的结果。

通过南越国与印度石柱对比，以及南越王墓出土的舶来品，说明当时的南越国政权很乐意接受这种新的建筑样式以及乐于收集海外高档宝货奇珍。因此可以推断，当时的南越国王室在很大程度上促进了海外交通与交流。

再看南越王陵的石室结构。南越王墓在山体里面开凿墓道，在顶部又用10块大石垒筑住，这种做法在国内极其罕见。考古学家研究，这种向山石内开凿横穴崖墓的方法，不是汉代墓制内部演变的结果，其理念很可能受中亚和西亚尤其是伊朗地区类似墓葬的影响，借鉴自阿契美尼德王朝的墓穴筑造。

从这些考古结果来看，南越国与南海各国进行了深入的交往。从南越国时期墓葬和遗址出土大量域外之物，有一部分就是受海外文化影响的工艺品，可以推断公元前3世纪南越国就与海外文化发生了多方面的接触，海上丝绸之路至少不晚于南越国时期就已经开辟了。

南越国时期，岭南地区经过百年发展，以中原文化为主体，汉越文化融合，吸收内地和海外文化因素，形成一体多元文化格局，是中华文明的一部分。那时，具有务实、开放、兼容、创新特征的岭南文化已初步形成，并创造出了较高的物质文明，其紧跟中原的发展步伐，为岭南地区2000多年的发展奠定了基础。

考古小知识

相关背景

考古学的一项重要任务是要重建过去人类的生活。考古发现的相关背景（周围的沉积物、出土位置与周围其他发现物的共生关系等）对于重建工作非常重要，如出土器物与古遗骨的相对位置可以帮助考古学家判断器物的作用。那些被盗掘的遗址，其相关背景资料就会永远丢失。这种对背景资料的破坏被称为扰动，而扰动也不仅仅是人类活动，自然界风与水的作用同样会破坏原生背景。

相关遗址

南越王宫遗址

位于广东省广州市中山四路，保护面积约 5.3 万平方米，是迄今发现的年代最早的中国宫苑实例，对研究中国历史文化、古代城市、古代建筑史和古代工艺史有极重要的价值。

1995 年和 1997 年先后两次进行考古发掘，发现了南越国宫署御苑中大型石构水池和曲流石渠。池中出土的八角形石柱、石栏杆等与古印度巴贾石窟的八角形石柱很相似，见证着中外文化的交流。现该遗址上建立了南越王宫博物馆。

相关阅读

[1] 麦英豪、黄淼章、谭庆芝：《广州南越王墓》，生活 · 读书 · 新知三联书店，2005 年。
[2] 岳南：《越国之殇：广州南越王墓发掘记》，商务印书馆，2012 年。
[3] 南越王宫博物馆：《南越国——南汉国宫署遗址与海上丝绸之路》，文物出版社，2020 年。

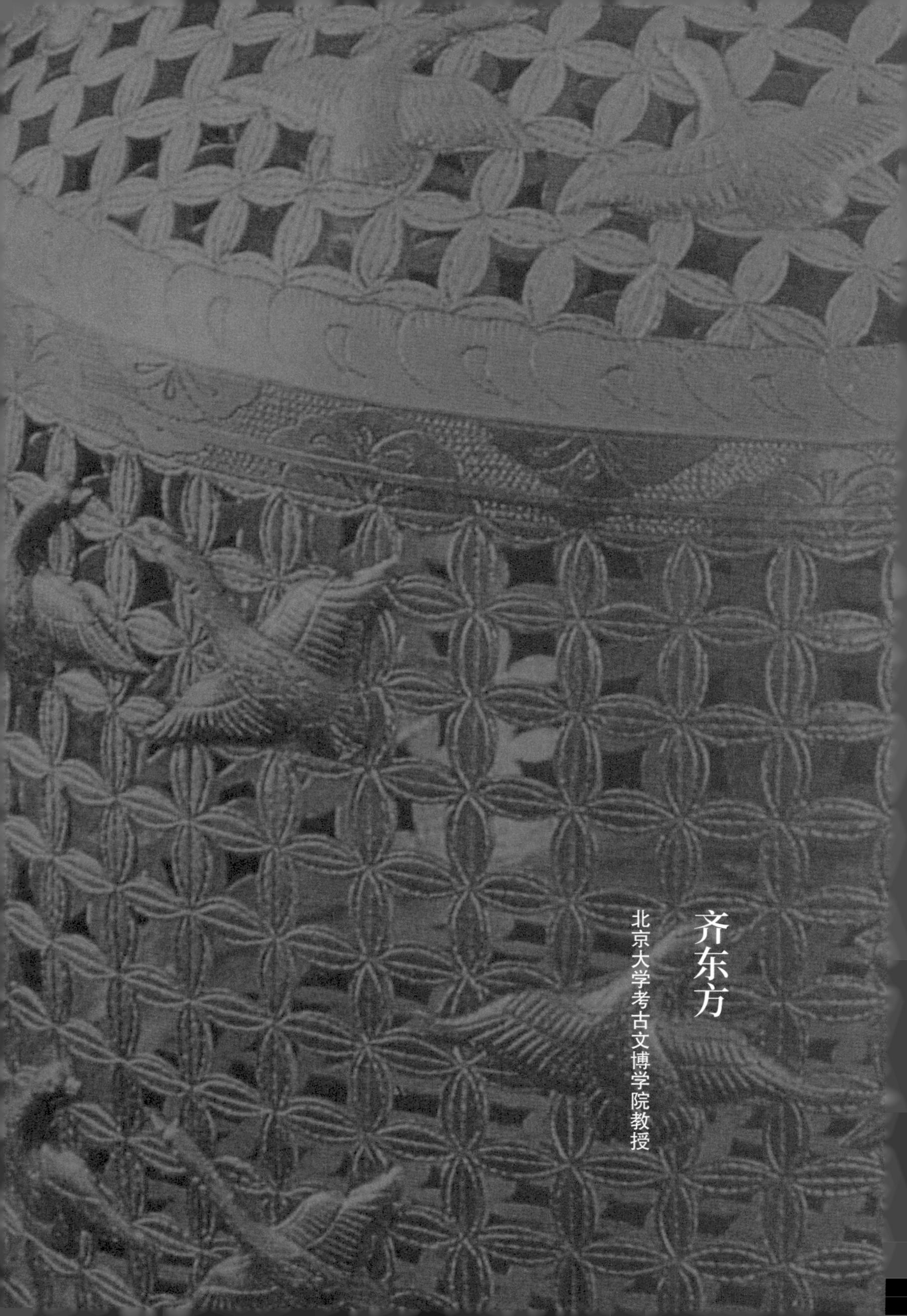

齐东方
北京大学考古文博学院教授

1987

法门寺地宫

看得见的大唐盛世

案
间：1987 年
置：陕西省宝鸡市扶风县
处时代：唐代
积：31.48 平方米
年被国家文物局评为“1949 年以
考古发现”
门寺遗址入选“百年百大考古发

物账碑

引自陕西省考古研
编:《法门寺考古
告》，文物出版社，2

法门寺的历史悠久，始建于东汉，号称“关中塔庙始祖”，周魏以前称“阿育王寺”，隋文帝时改为“成实道场”，唐高祖定名“法门寺”。由于寺内安置着释迦牟尼佛指骨舍利，法门寺在唐代成为佛教圣地、皇家寺庙，先后经历了高宗、武后、中宗、肃宗、德宗、宪宗、懿宗和僖宗 8 位皇帝，共 7 次大迎佛骨之“盛事”，每次迎送声势浩大，朝野轰动。唐懿宗咸通十四年（873）迎佛骨，唐僖宗李儇送还佛骨，按照佛教仪轨，将佛指舍利及数千件稀世珍宝一同封入塔下地宫。

明清以后，法门寺逐渐衰落，却一直存在。1981 年看到的法门寺是明清时期的建筑，这年 8 月的一场雷雨，导致法门寺塔半壁垮塌。6 年后，陕西省政府决定按原样重建新塔。1987 年 4 月 3 日，考古队清理塔基时，在明代塔基的下面，意外地发现了唐代地宫，千年的传奇展现在人们面前。

法门寺地宫是唐代规模最大、等级最高的佛塔地宫，藏有大量的金银器、玻璃器、瓷器、珠宝、丝绸等，重要的是，地宫中有一块记录这些物品名称的“物账碑”，实物大多可以与之对照，具有非常重要的价值。

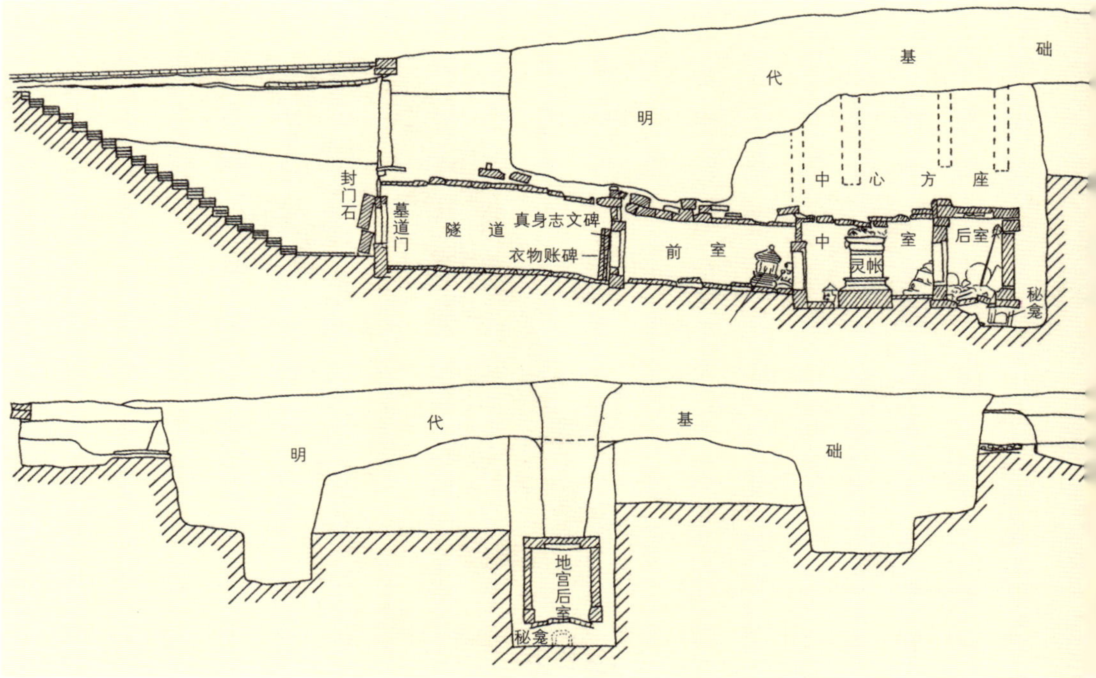

信佛的皇帝

法门寺地宫平、剖面图

唐朝的国教是道教，但大部分时期佛、道并重，很多皇帝信仰佛教。其中最著名的当属武则天。武则天推崇佛教有政治原因，为了登基称帝，她需要找一套理论体系做支撑。儒家反对女人参政；道教尊老子李耳为教主，唐朝皇帝姓李；佛教则宣扬众生平等，特别是《大云经》中，还讲述了一个天竺国王的女儿受人们拥戴的故事。于是，武则天命人作《大云经疏》，暗示自己就是弥勒菩萨转世，将要成为女皇，由此找到了顺理成章、理直气壮上位的理由。武则天称帝后兴佛事、塑佛像，还亲自迎请禅宗北宗神秀禅师进宫讲法，佛教昌盛。

唐朝还有一位笃信佛法的皇帝唐宪宗，他迎接法门寺佛骨舍利进入宫殿内供养还拒绝劝谏，这件事因一首诗流传久远。

一封朝奏九重天，夕贬潮州路八千。
欲为圣明除弊事，肯将衰朽惜残年！
云横秦岭家何在？雪拥蓝关马不前。
知汝远来应有意，好收吾骨瘴江边。

这首韩愈作的《左迁至蓝关示侄孙湘》诗，很多人都会背诵，诗的内容就和法门寺迎佛骨有关。事情发生在元和十四年（819），唐宪宗准备迎请舍利，由于劳民伤财，时任刑部侍郎的韩愈写下了《谏迎佛骨表》上奏宪宗，列举历朝佞佛的皇帝"运祚不长""事佛求福，乃更得祸"。认为迎佛骨之举"伤风败俗，传笑四方"。还主张"乞以此骨付之有司，投诸水火，永绝根本，断天下之疑，绝后代之惑"。如此措辞严厉，使宪宗大怒，幸亏宰相裴度等人求情才免一死，韩愈被贬黜出京。"宪宗启塔，亲捧香灯""王公士庶，奔走舍施，唯恐在后。百姓有废业破产、烧顶灼臂而求供养者"。此事当时极为轰动，韩愈却为此付出代价，诗的头两句"一封朝奏九重天，夕贬潮州路八千"，意思是说早上他给皇帝上了一个奏折，晚上皇帝就把他贬官流放了。

唐代痴迷于佛教的皇帝中，还有唐懿宗李温，他不惜"削军赋而饰伽兰，困民财而修净业"，也下诏书迎奉佛骨。在同样遭到群臣的劝谏时，懿宗以"朕生得见之，死亦无恨"的理由，封口群臣。佛骨迎入京城，沿途禁军和兵仗绵延数十里，壮观的场面甚至超过皇帝主持的祭天大典。佛骨在宫中供奉 3 天后，送到京城的寺院让百姓瞻仰，虔诚的善男信女结彩欢迎，念佛经之声惊天动地，朝廷百官竞相施舍金帛。这次迎奉佛骨持续了相当长的时间，直到懿宗驾崩，僖宗即位后才把佛骨送归法门寺。

法门寺佛塔地宫，就是这一年送还佛骨后封闭，众多稀世珍宝也一同被封入地宫。

地宫所保存的大批宝物，分为财物、用物、膜拜物 3 大类，不仅等级高、品种多，而且大多保存完好，为研究唐代宗教、政治、经济、文化等提供了实物证据，社会价值远远超过佛教本身的意义。

地宫中属于佛教的物品当然最多。有一件造型精致、纹饰绚丽的鎏金银“捧真身菩萨”造像，堪称唐代金银器的精华。菩萨通高38.5厘米，重1926.7克。束高髻，头戴三尖花蔓冠，冠中錾刻[1]结跏趺坐佛[2]1尊，两边嵌珍珠团花1朵，周边串饰珍珠。双手捧置錾刻发愿文的鎏金银荷叶盘，有匾栏，栏上贴饰16朵宝相花，衬以蔓草，内饰联珠纹一周。金匾两侧以销钉套环与护板相连，边沿饰一周几何纹样的草叶，内外沿各饰联珠一周，护板中镂空成3股金刚杵，四周衬以缠枝蔓草。匾上錾文为：

“奉为睿文英武明德至仁大圣广孝皇帝，敬造捧真身菩萨，永为供养。伏愿圣寿万春，圣叶万枝，八荒来服，四海无波。咸通十二年（871）辛卯岁十一月十四日皇帝延庆日记。”

这是唐懿宗39岁生日时，为供养佛指舍利敬造的。此时，懿宗染病久治不愈，由僧人敬造捧真身菩萨，为皇帝祈求“圣寿万春”。还为这尊菩萨专门制作了大红罗地蹙金绣衣，拜垫、半臂、案裙等微型衣物。这些衣物保存完好，工艺精湛，光泽质地如新。蹙金工艺，是用金丝盘结成花朵纹，固定到织物的上面，也称为簇金绣。捻金丝加工复杂，最细直径仅为0.06毫米，堪称古今一绝，为纺织史上的一大奇迹。捧真身菩萨体现了唐代皇族对佛教崇敬的态度，咸通十四年（873）在送还佛舍利时，一并请入地宫永为供养。

懿宗李漼是唐代第17位皇帝（除去武则天和殇帝李重茂），在位14年，终年41岁。史家对他的评价不高：骄奢淫逸，不思进取，宠信宦官，面对内忧不知其危，遭遇外患不觉其难。但他崇信佛教，亲自唱经，亲迎佛骨却成为他人生的一件大事。

法门寺地宫共出土3枚锡杖。在佛教典籍中，锡杖是比丘十八物之一，《锡杖经》云：“佛告诸比丘，持此杖即持佛身，万行尽在其中。”出家人的

---

1. 利用金、银等金属材料的延展性对器物进行再加工，一般将金属材料锤薄刻出浮雕的效果或饰以纹样。（编者注）

2. 即互交二足，将右脚盘放于左腿上，左脚盘放于右腿上的坐姿，又称如来坐、佛坐。

鎏金银捧真身菩萨

引自陕西省考古研究院等编:《法门寺考古发掘报告》,文物出版社,2007年

法门寺迎真身银金花四肢十二环锡杖局部

引自陕西省考古研究院等编:《法门寺考古发掘报告》,文物出版社,2007年

大红罗地蹙金绣衣

引自陕西省考古研究院等编:《法门寺考古发掘报告》,文物出版社,2007年

修行是布衣行脚、托钵化缘，但不能惊扰施主家，更不能敲打门扇。锡杖“杖头安镮，圆如盏口，安小环子”，锡杖上面有小环，轻摇会发出清脆的响声，这样房屋主人就知道是出家人来化缘了。后来锡杖代表着僧人的地位身份，成为佛教法器、佛家的圣物，是至高权威的象征。

过去锡杖有传世和出土者，著名的是日本正仓院所藏一枚唐代白铜头锡杖，长 1.75 米。法门寺出土的最大的一枚锡杖，等级更高造型精美绝伦，长 1.96 米，重 2.39 千克。上面还有铭文：“文思院准咸通十四年（873）三月二十三日敕令造迎真身银金花十二环锡杖一枚，并金共重六十两，内金重二两、五十八两银。打造匠臣安淑郧，判官赐紫金鱼袋臣王全护，副使小供奉官臣虔诣，使左监门卫将军臣弘悫。”这枚迎真身银金花四股十二环锡杖，用金 2 两，银 58 两，杖身 4 轮套 12 个环，也是皇帝为迎送佛指舍利敕令工匠专门制作的。四股十二环代表佛教基本教义中的“四谛”和“十二因缘”，是等级最高的，堪称佛门奇宝。

法门寺出土的另 2 枚锡杖为 1 枚鎏金单轮六环铜锡杖和 1 枚纯金锡杖。其中纯金锡杖通长仅 27 厘米，小巧玲珑，为密宗[3]结坛供佛时的作法用具。杖的顶部为桃形轮杖首，杖杆的上端位于桃形轮心内，其上塑一佛像，佛结跏趺坐于莲花座上，佛身后有背光，杖顶为宝珠形，轮侧为仰莲座，上托智慧珠，轮两侧各套 6 枚锡环。

供奉佛祖离不开熏香，法门寺出土了很多香炉。其中最重的是鎏金卧龟莲花纹五足朵带银香炉，由炉盖、炉身组成。通高 29.5 厘米、盖径 25.9 厘米、内径 24.8 厘米、腹深 7 厘米，重 6408 克。铭文：“咸通十年（869）文思院造八寸银金花香炉一具，并盘及朵带环子，全共重三百八十两。匠臣陈景夫，判官高品臣吴弘悫，使臣能顺。”这件香炉在迎佛骨前就已经制造并送到了法门寺。这件鎏金银香炉，重达 380 两，这是个惊人的数字。1 两银子在唐朝，通常折 1000 文铜钱（又称 1 贯），唐太宗贞观年间 1 斗米卖 5 文钱，1 两银

3. 佛教宗派之一。（编者注）

卜龟莲花纹五足朵带
占

陕西省考古研究院等
法门寺考古发掘报
文物出版社，2007 年

子就可以买 200 斗米，即 20 石，唐代的 1 石约为现在的 59 千克。唐朝九品官月俸 5 石米，大约 0.3 两白银。因此这件香炉极为贵重，展现出唐王朝的皇家气派。

地宫中最神奇是佛指舍利 4 枚，其中 3 枚影骨、1 枚灵骨。2 枚骨质，2 枚玉质。佛指舍利不仅是佛祖释迦牟尼的象征，还是佛祖、佛教、佛法的象征，具有神圣而崇高的地位。

相传，释迦牟尼佛涅槃后，遗体在城南火化。弟子们在灰烬中发现了一

七重宝函

引自陕西省考古研
编:《法门寺考古
告》，文物出版社，2

些奇异的结晶体，称为“舍利”，于是他们将佛舍利分为 8 份，由 8 个国家各自起塔供养。印度孔雀王朝的阿育王（前 303—前 232），把佛教立为国教，搜集释迦牟尼佛遗存的舍利，建造了 84000 座宝塔进行供养。《法苑珠林》中，列出了阿育王在中国为供奉佛祖释迦牟尼真身舍利相继建造的 19 座宝塔的塔名、建塔时代与立塔的地点。

秘藏于法门寺地宫秘龛中的 1 枚骨质舍利颜色略黄，表面有裂纹和斑点，被鉴定为佛祖真身灵骨。其瘗藏宝函錾文“奉为皇帝敬造释迦牟尼佛真身宝函”。保存最奢华讲究的是一枚玉质管状的影骨，套在一件小金塔内的银柱之上，外面套置 1 木 1 石 3 金 3 银的八重由大至小的宝函，宝函锁钥齐全，内填各种香料。最外层檀香木函出土时已残朽，其余七重现保存完好。这组宝函是唐懿宗赐赠的供奉释迦牟尼舍利的一套金银器。

佛指舍利为当今佛教界最高圣物，法门寺灵指再现，神光亘发，实是世界佛教界的一件大事。

口玻璃瓶

西省考古研究院等编:《法门寺考古发掘报告》，文物出版
07 年

玻璃与对外文化交流

法门寺出土佛教法器、膜拜物并不奇怪，但还有一些与佛教无关的来自外国的器物，见证了唐代的对外文化交流。

在地宫后室，考古人员发现了 20 件晶莹剔透、造型精美、纹饰独特、异域色彩明显的玻璃器。比照物账碑中记录的“瑠璃钵子一枚，瑠璃茶碗子一副，瑠璃叠子十一枚”，无疑是指地宫中的这批玻璃器。玻璃是现代人的说法，唐代称为琉璃，也写成瑠璃。

“物账碑”中所称的“瑠璃钵子”，是一件釉彩玻璃碗，口径 14 厘米、底径 13.1 厘米、高 2.8 厘米，呈淡黄色，透明度很高。碗的内壁口沿处绘有 12 个黑色半圆弧纹，腹壁下部绘两周黑色弦纹，底部绘黑色石榴纹。内壁除黑色纹样外，还施满不透明的黄色釉料作底色。釉料彩绘是玻璃装饰工艺的一种，一般采用研磨后的矿物颜料加上黏合剂涂绘在玻璃表面上，然后再放入适当温度的窑室中加热，使颜料与玻璃表面黏附。根据判断这是一件伊斯兰釉彩玻璃，生产时间早至9世纪，极为罕见。

“瑠璃叠子十一枚”，是指一些蓝色玻璃盘，这些盘上的花纹有十字花、八叶花、水波纹、枫叶纹、网格纹，斜平行线纹等，采用刻画的技法饰出，风格细密繁缛。刻纹玻璃是伊斯兰玻璃工艺特点之一，用比玻璃坚硬的材

玻璃托盏　动脉影摄

料，在冷却后的玻璃表面刻画出各种线条，有的在主要线条中描金色，华丽夺目。法门寺出土的这组玻璃盘在伊斯兰玻璃中也很罕见。

还有 1 件贴花盘口玻璃瓶、2 件印纹筒形杯。贴花盘口玻璃瓶，无模吹制成型。肩部缠贴一道与器体相同颜色的玻璃条。腹部贴 4 排装饰，第一排为 8 个深蓝色同心圆形饰，第二排为 6 个不规则的五角星形饰，第三排为 6 个花芯形饰，靠近底部的第四排为 6 个深蓝色的水滴形饰。瓶上的玻璃条、星状和水滴状等装饰，是将熔融的玻璃料挑到瓶身，在冷却之前加工出所需要的纹样形状。这种热加工装饰工艺，早在罗马玻璃中就已经出现，波斯萨珊王朝的玻璃工匠继承发展了这一技术。此瓶的造型特征又与萨珊时期的银瓶相同，是西方输入的器物无疑。

法门寺地宫有一件玻璃托盏，素面淡黄色，透明，有小气泡，内外壁光洁。喇叭形口，腹壁斜收，有厚重的小平底，是中国器形。古代中国人并不擅长制造玻璃，当时的中国有成熟的青铜器、玉器、陶器、漆器制造，可以满足人们日常生活器具的需要，玻璃制品并非不可取代，始终未能成为古人生活中的常用品。罗马玻璃、萨珊玻璃和伊斯兰玻璃在世界工艺史上有独特

、碾子
西省考古研究院等
法门寺考古发掘报
物出版社，2007年

的地位，中国发现的早期玻璃大多来自国外。法门寺唐代地宫出土最多的一批伊斯兰玻璃器皿，不完全都是唐懿宗时期的。它们大部分是伊朗内沙布尔地区所生产，是9世纪阿拉伯帝国强盛时期阿拔斯王朝的产品。

古人觉得玻璃充满神秘感，“物账碑”中明确记载，这批伊斯兰玻璃器皿为唐僖宗（873—888）供奉给佛祖的。除了玻璃的不菲价值之外，或许也是因为佛家世界以琉璃为宝，认为琉璃蓄纳了佛家净土的光明和智慧，是供佛修行的圣物，因此东方净琉璃世界是佛教中的理想世界。

茶具与茶文化

法门寺的“物账碑”记载地宫的物品“茶槽子、碾子、茶罗子、匙子一副七事，共八十两”都有实物对应。被誉为是现存最早、规格最高、配套最完整、工艺最为精美的茶具宝物。

茶槽子的槽座，饰鎏金纹样，底部为弧形，便于碾轴在槽为来回滚动。

茶罗子

引自陕西省考古研究
编:《法门寺考古发
告》，文物出版社，2

前后两端的槽板上各饰有3朵相连的流云纹，内有壸门1个。左右两侧的槽板上饰麒麟和流云纹，其间各有镂空壸门3个。槽面还插入1块可抽动的长方形辖板，闭合时，槽身密封。铭文为“咸通十年（869）文思院造银金花茶碾子一枚，共重廿九两，匠臣邵元审，作官臣李师存，判官高品臣吴弘悫，使臣能顺”，茶槽子辖板内刻“十六字号”，碾子上铭文为“锅轴重一十三两拾柒字号”。

茶罗子由盖、身、座、罗、屉5部分构成，外观上看像一个盝顶方盒，饰有相对的两组飞天和流云，罗身前端饰有云气山岳，后端饰双鹤流云，两侧为2名执幡褒衣束髻的仙人。座上有镂空扁桃形壸门10个，前后各2个，两侧各3个。身内有罗和罗屉，罗屉为长方形抽斗，用来盛接筛下的茶末，罗框内尚存织罗残片。茶罗子上的铭文是“咸通十年（869）文思院造银金花茶罗子一副，全共重卅两，匠臣邵元审，作官臣李师存，判官高品臣吴弘悫，使臣能顺十九字号”。

匙子，也可以叫做茶则，为量器。茶末入釜，要用茶则来量取。《茶经》:“则，以海贝、蛎蛤之属，或以铜、铁、竹、匕、策之类。则者，量也，准也，度也。凡煮水一升，用末方寸匕，若好薄者减之，嗜浓者增之，

飞鸿毬路纹银笼子
陕西省考古研究院等
《法门寺考古发掘报
文物出版社，2007 年

故云则也。”

法门寺地宫茶器，并不止“七事”，还有银盐台、笼子、玻璃托盏等器。

银盐台由盖、台盘、三足架组成。盖上有莲蕾捉手，盖为荷叶状，面饰 4 个摩羯，台盘由一周花瓣组成。铭文为“咸通九年（868）文思院造银涂金盐台一只并盖，共重一十二两四钱。四字号。小焊药。判官臣吴弘悫，使臣能顺”。

鎏金飞鸿毬路纹银笼子，有 4 足，有提梁。盖为穹顶，内圈有 5 只飞鸿，外圈飞鸿两两相对。笼体腹壁錾 3 周飞鸿，共 24 只，均相对翱翔。通体镂空，镂孔均作毬路纹，笼底有“桂管臣李杆进”6字錾文。

还有制作精巧细腻、玲珑剔透的金银丝结条笼子，用金丝和银丝编结而成。笼体为椭圆形筒状，上有盖，下有足。盖呈四曲，顶部以金丝编织成盘旋而上的锥状物。盖口与笼口以子母扣扣合，上下口及底边均以鎏金银片镶口。笼体两侧结出提梁，提梁与笼盖以长链相连接。4个狮形兽面足，足底分成4叉，盘卷起来，整个笼体编结成网眼形，笼底亦镂空，原有木片垫底，出土时木片已朽。

法门寺地宫的这两件笼子，“物账碑”记有：“笼子一枚，重十六两半。龟一枚，重二十两。盐台一副，重十三两。结条笼子一枚，重八两三分。”

“物账碑”所记载的“琉璃茶碗、柘子一副”，即地宫出土的玻璃盏托。

茶槽子、碾子、茶罗子、匙子、琉璃茶碗、柘子，有物账与实物对照，是确切无疑的茶具。盐台和笼子的作用在铭文和物账上却没有明确记载。但“物账碑”将这些茶器列于唐僖宗所供奉的“新恩赐物”项，“物账碑”记录有材质顺序，内容功能顺序，摘取这段记载的：“笼子一枚重十六两半，龟一枚重廿两，盐台一副重十一两，结条笼子一枚重八两三分，茶槽子、碾子、茶罗、匙子一副七事共重八十两，随求六枚共重廿五两，水精枕一枚，影水精枕一枚，七孔针一，骰子一对，调达子一对，棱函子三，琉璃钵子一枚，琉璃茶碗拓子一副，琉璃叠子十一枚。”

虽然中间夹叙了其他物品，但很明显叙述方式考虑到了以材质分类，结合唐代饮茶要加盐，贮茶需要笼子的习惯，因此这些器物可以视为一套茶器。这套茶器的制作年代不同，编号也不连贯。然而，制作年代不同的盐台和茶槽子、茶罗都有“文思院造”字样，制作人、检验官为同一批人，似乎是不同时间专门为宫廷制作的茶器。尽管这套茶器不全，仍是目前最完整可靠的成套茶具。

如今风靡世界的饮料——茶，最早发现、开发和利用是在中国。中国饮茶变化的节点在唐代，标志是出现了茶神陆羽和他的著作《茶经》,《新唐书·隐逸传》记载，陆羽著《茶经》后“天下益知饮茶矣”。赵磷《因话录》

里又说："陆羽性嗜茶，始创煎茶法。"从此转变了传统的饮茶方法，饮茶也在整个社会全面普及。法门寺出土的茶具属晚唐时期的文物，这套茶具直观地反映了当时的饮茶方法。即先把茶制成茶团、茶饼放到笼子里，饮茶时从笼子里取出，用茶碾子碾碎，如果不够碎再用罗筛，然后用茶釜煮水，用匙量好茶末放入茶釜中，煮好以后用勺把它舀到碗里来喝。

法门寺出土的是唐代宫廷茶具，甚至可以说就是僖宗所用过的茶具，因为茶槽子、锅轴刻有"五哥"字样。五哥是唐朝第18位皇帝僖宗李儇（874—888）幼时宫里对他的爱称。

唐朝人饮茶不仅普及，还超越了生活必需品的范畴。将煮茶的过程、饮茶的心境，上升到了精神与文化层面，把饮茶嗜好提高到澄心静虑、畅心怡情的生活方式，进而通过品茶来修身养性、品味人生，达到精神上的享受。

法门寺地宫的其他发现

法门寺的珍宝数量大，无法一一列举，特别值得一提的，是能够解惑的及填补空白的发现。

解开名称之谜的香囊

法门寺地宫出土了两枚银香囊，即鎏金银镂空香具。香囊呈球体状，上下半球对称以子母扣相扣合，外壁上下鎏金錾饰双峰团花纹，冠饰四峰团花，底饰折枝团花，内置钵状香盂及平衡环，这种巧妙的工艺设计，使里层的香盂在任何时候都能始终保持平衡状态。这种器物并非首次发现，法门寺发现的重要性，是解决了器物的名称问题。

提到香囊，最容易想到的是纺织品制作的香包，唐代石刻、壁画中也能见到人们腰间所系的香包。但"物账碑"记录时却称"香囊两枚"，明确了这种以前被叫做薰球、薰炉的器物，唐人叫作"香囊"。这一发现，也激活了我们对文献的记忆，白居易诗中说“拂胸轻粉絮，暖手小香囊”，表明香囊可以有温度。显然，纺织品制作的香包无法做到。王建的诗更明确，“香囊火死香气少，向帷合眼何时晓”，点明了香囊中可以燃火。解释佛经字义的《一切经音义》中讲得更清楚，“案香囊者，烧香圆器也。以铜、铁、金、银玲珑圆作，内有香囊，机关巧智，虽外纵横圆转，而内常平，能使不倾。妃后贵人之所用之也。”法门寺地宫所见的香囊正与文献记载相合。

在《大般若波罗蜜多经》中载：“若善男子善女子等，怖畏怨家恶兽灾横厌祷疾疫毒药咒等，应书般若波罗蜜多大神咒王，随多少分香囊盛储，置宝筒中恒随逐身，供养恭敬尊重錾赞叹，诸怖畏是皆自消除。”可见香囊也用于佛事供养。

香囊

引自陕西省考古研究院等编：《法门寺考古发掘报告》，文物出版社，2

香囊外观图　动脉影摄

解决中国陶瓷研究悬案的秘色瓷

如果说香囊解决了一个器物名称的问题，那么法门寺秘色瓷的出土，令人真切地看到传说中十分精美的瓷器。唐代陆龟蒙《秘色越器》诗中说：“九秋风露越窑开，夺得千峰翠色来。”唐末徐夤《贡余秘色茶盏》云：“捩翠融青

秘色瓷

引自陕西省考古研究院等编:《法门寺考古发掘报告》，文物出版社，2007年

瑞色新，陶成先得贡吾君。巧剜明月染春水，轻旋薄冰盛绿云。”宋赵令畤《侯鲭录》：“今之秘色瓷器，世言钱氏有国，越州烧进，为供奉之物，不得臣庶用之，故曰秘色。”所谓秘色瓷，被后人渲染得十分神秘。

秘色瓷是古代专为皇室烧制的一种质量上乘的御用瓷器，极负盛名，但长期以来因缺乏实物印证，其真实面目成为历史之谜。法门寺地宫出土的碗、盘、碟等瓷器，在“物账碑”里明确记为“瓷秘色碗七口内二口银棱，瓷秘色盘子、叠子共六枚”。这些真身现世的秘色瓷，造型典雅，釉质明澈，晶莹剔透，似玉类冰，用“千峰翠色”“掠翠融青”“明月染春水”描述，并非夸张。这一批器物的出土还让人们首次知道了秘色瓷中有髹漆平脱黄釉瓷这一种类。这一发现，一扫秘色瓷的千年疑云，解决了中国陶瓷史研究的悬案。

填补唐朝生产责任制空白的器物铭文

法门寺地宫出土金银器的铭文更是重要发现，极具学术价值。这些器物铭文，字数虽然不多，却包括了制造机构、时间、名称、用途、材料、重量、人名和身份，信息量很大。如金钵盂上的铭文："文思院准咸通十四年（873）三月廿三日敕令造迎真身金钵盂一枚，重十四两三钱，打造小都知臣刘维钊，判官赐紫金鱼袋臣王全护，副使小供奉官臣虔诣，使左监门卫将军弘悫。"唐代前期少府监中尚署直接管辖有"金银作坊院"，文献只载大明宫内建有文思殿，是建筑的名称。法门寺金银器上的铭文，证明文思院是唐代设立的宫廷手工业作坊，专为唐皇室制作金银工艺品，这是历史文献中没有的。

为保证产品质量，文思院在生产制作中有完善、严明的生产组织系统，每件金银器物制作要经过复杂的程序。参与制作的人员职位有别，责任分明。最低一级的是匠、打造匠，稍高一些的作官、打造作官、打造小都知，都属于器物的制作者，即工匠；第二个等级是监造番头、判官、判官高品、判官赐紫金鱼袋等，是检验产品质量的监督；再高的等级就是副使、副使小供奉官、使、使左监门卫将军，为更高一层的监督者。产品制成后，参与者的人名按其不同身份由低向高排列刻在器物上，表示着产品经过了逐级检验，这些铭文表明了文思院生产运作的情况。

从铭文中我们还发现，奉职于文思院的人可以得到升迁。咸通九年（868）制作银盐台时身为普通"判官"的吴弘悫，到咸通十年（869）制作银茶碾子、银茶罗子、五足银炉时升为"判官高品"，而到了咸通十三年（872）制作银如意、银手炉时，吴弘悫已经升为"（文思）使"，咸通十四年（873）制作素面金钵、银锡杖时又为"使左监门卫将军"。吴弘悫是长期在文思院奉职并不断得到升迁的重要人物。

钵
西省考古研究院等
法门寺考古发掘报
文物出版社，2007年

鸯团花纹大银盆
西省考古研究院等
法门寺考古发掘报
文物出版社，2007年

文思院工匠的地位也有变化，咸通十年（869）造足银炉的“匠臣陈景夫”，到咸通十三年（872）时成为“打造小都知臣陈景夫”，展现出唐朝有着严格的生产责任管理和升迁制度。如果没有众多器物上的铭文，是完全想不到的，这一发现填补了历史记载的空白。

不该出现的器物

法门寺还有一些有趣的发现，出现了似乎不该出现的器物，鎏金鸳鸯团花纹大银盆。盆壁分为 4 瓣，每瓣内錾 2 簇阔叶石榴团花，团花中有一双鼓翼鸳鸯立于仰莲座上，两两相对。盆底是一对嬉戏的鸳鸯和阔叶石榴大团花。外饰 24 朵莲花。这件高 14.5 厘米，口径 46 厘米，足径 28.5 厘米，重 6265 克的大盆，主题纹样竟然是鸳鸯纹。唐代鸳鸯表示男欢女爱，佛教戒色，所以法门寺本不该出现这样的器物。由于盆底外壁錾刻“浙西”二字，我们可以推测这是在浙西制作，奉献于皇室的器物，皇家将它作为珍宝转送给法门寺。

古代佛寺是知识文化聚集之所，广泛接受施舍，成为聚财之所。作为意识形态领域的圣地，即便遇到大的战乱和政治性破坏，教徒们也想方设法进行保护、使之流传。由于佛寺具有延续性，历代修葺，长久不衰，供奉、施舍的财物是当时最珍贵的物品，精品多，内容广泛。法门寺地宫的开启，也开启了认识唐代的大门，开启了学术研究的新路径、新方向。

考古小知识

遗址时代判断

如果没有文字材料，如何判断遗址的时代？地层只能提供相对年代的判断。含碳的有机材料可以通过放射性 ^{14}C 来断代，范围可及距今 5 万年；可见树木年轮的古代木头可以通过树木年轮来断代，树轮也可用于校正放射性碳测年；早于 8 万年的旧石器时代，可对火山岩用钾氩法断代；富含碳酸钙的岩石、牙齿可通过铀系元素（^{238}U 和 ^{235}U）测年，可测范围距今 10 万年至 50 万年；烧制的陶土、黏土等可通过热释光断代，范围可达距今 10 万年。需要注意的是，考古学所谓的“距今年”（BP）指的是距离 1950 年，而不是真正距离“今年”的时间。

相关遗址

何家村遗址

1970 年 10 月 5 日，在唐长安城兴化坊所在地（今何家村），施工者发现了埋在地下的陶罐，后来考古又发现 1 件陶罐和 1 件提梁银壶，在这 3 件容器内，共有 1000 余件精美器皿出世，大多为皇家专用。这一发现被誉为 20 世纪中国重大考古发现。鎏金双狮纹银碗就是这批文物的其中之一。它高 3.7 厘米，口径 12.6 厘米，制作精巧，造型美观，是体现中西方艺术风格的精美之作。

相关阅读

[1] 陕西省文物考古研究所等编：《法门寺考古发掘报告》，文物出版社，2007 年。
[2] 齐东方：《隋唐考古》，文物出版社，2002 年。
[3] 齐东方：《唐代金银器研究》，中国社会科学出版社，1999 年。
[4] 韩金科：《法门寺塔地宫》，生活 · 读书 · 新知三联书店，2012 年。

李岩

南海Ⅰ号保护与发掘亲历者

南海Ⅰ号

南宋的海上文明使者

1987

档案

时间：1987 年

位置：广东省阳江市海域

时代：南宋

面积：分布轮廓面积约 19.15 平方米

2019 年度全国十大考古新发现

南海 I 号沉船入选“百年百大考古发现”

2015 年年底暴露的沉船基本轮廓及各船舱货物

1987 年，广州救援局与英国海上探险和救捞公司在广东阳江海域发现一艘沉船，并打捞出一批珍贵文物。后来，中国水下考古事业创始人俞伟超先生将其命名为：南海 I 号。经过 20 年的调查及相关考古工作，确立了“整体发掘、异地保护”的发掘方案。2007 年 12 月，南海 I 号被整体打捞出水，并正式移驻广东海上丝绸之路博物馆水晶宫，相关考古发掘及保护工作全面展开。

南海 I 号是一艘南宋沉船，木船残长约 22.1 米，船体保存最大船宽约 9.85 米，已发掘的船舱内最深处约 2.8 米，分布轮廓面积约 19.15 平方米，共

有 14 道横向隔舱壁板，分 15 个船舱[1]。

船体基本为正沉态（正向沉没），上层建筑无存，右后部微倾斜下沉，尾部存有尾尖舱。两舷为多重板搭接结构。沉船保留有右舱壁板、左右舷板、舵承孔（支撑舵杆和舵的装置）等船体结构，还有船中桅托梁、小隔板等构件。船体表面残存结构基本清晰，船板搭接等部分造船工艺比较明确。现存的船体结构复杂，有些货舱存有水平分割结构，在中国沉船考古中非常罕

1. 引自国家文物局水下遗产保护中心等编著：《南海 I 号沉船考古报告之二——2014~2015 年发掘》，文物出版社，2018 年。

船舱结构俯视图

见。从目前对南海 I 号的认识来看，它属于耐波性好、装货量大的短肥型的福船[2]。该船所载船货种类相当丰富，以铁器、瓷器为大宗，纸张等已不复存在，出土了包括金属器、竹木漆器在内的文物约 18 万件。南海 I 号船体及所载货物是当时中国与国外贸易的宝贵遗存，证史的同时也补充了相关历史记载的空白。

南海 I 号是目前世界上发现的海上沉船中年代较早、船体较大、保存较完整的远洋贸易商船，是海上丝绸之路贸易的重要实物资料和珍贵的水下文化遗产，为中国海外贸易史、造船史、陶瓷史和航海技术史研究提供了难得的实物证据。

2. 我国古代三大船型之一，另两种是广船和沙船。

号想象复原图
绘

南海 I 号发掘记

南海I号自发现以来，由于距离大陆海岸相对较远，而且又在现代渔场范围内，所以它面临很大的被破坏风险。因此，对其进行抢救性发掘是一个很现实的问题。

南海I号所沉没的海域处深海之中，伸手不见五指，能见度基本为零，这样的发掘环境比田野考古发掘更困难！发掘它，不仅要克服海况天气以及海水压力等不利因素，而且船体及所载文物易损的特性也陡然增加了工作难度。

我有幸直接参加了南海I号的部分调查与整体打捞方案的组织制定工作，个人理解南海I号水下考古发掘的两大难点在于：第一是确定如何对它进行

南海 I 号整体打捞出水

发掘，第二是发掘方案确定之后如何进行实际的操作。

为了慎重起见，南海 I 号被发现以来，从 2000 年到 2006 年前后，一直都在调查与方案的论证、实验阶段。最终，在风险可控的情况下，选择了整体打捞方案，即将南海 I 号以及船体周边的淤泥装入一个钢制的沉箱中，将其整体移送到现在的广东海上丝绸之路博物馆预设好的大水池中，然后再以人工营造的室内环境对其进行考古发掘。

整体打捞过程的难点在于精确的定位与施工。按照广州救捞局的专家所言，这就像从海底取上来一篮子鸡蛋，又不能让这些鸡蛋破损。我们知道海水每分每秒都在不停地波动，而且水下没有能见度，所以对南海 I 号的沉箱放置位定位的精度要求极高。第一个定位难度在于：必须是钢制的沉箱罩住整个南海 I 号船体，但沉箱的体积又不能太大，否则起重重量也是一个非常大的难题，所以沉箱要刚好罩住南海 I 号船体与船的残存高度。第二个定位的难度在于：沉箱脱离海床时，需要在沉箱底部穿上预制的钢梁，同样是在没有能见度的情况下进行定位与操作。南海I号的成功打捞显示了我国水下工程技术人员的先进水平，用现代“水下鲁班”来形容他们都不为过。

虽然2007年沉箱承载着南海I号和淤泥被移入广东海上丝绸之路博物馆的水池中，但是对考古领队与救捞工程专家来说，仍然内心忐忑。原因在于随着考古发掘的进行，船舷、船头、船尾揭露出来了，沉箱边缘与其距离得到了验证，应当说设计、施工非常精确；但是船底的情况尚无法直接观察到，还在淤泥之中包裹着，也就是说，当时底梁在横穿沉箱时，是否对南海I号的船底造成了破坏，尚不清楚。直到2019年，沉箱内的考古发掘挖到了船底的部分，才看到底梁在船底的下方穿过，且还有相当多的安全距离。十多年后救捞专家和我们的考古领队们心里的一块石头才落了地。南海I号被评为2019年度全国十大考古新发现。

在平静的日子里，十多年弹指一挥间，但是，对于南海I号水下考古发掘而言，等待结果的这十多年是漫长的。毕竟一个人能有多少个十多年呢？但这样的等待，用领队崔勇老师的话说就一个字：值！

海上丝绸之路

南海I号远航的背景

目前，南海I号的考古发掘工作基本结束，我们对船体和出土（水）文物有了初步的认识，因此可以对南海I号进行全景式解读。根据考古工作得到的“碎片”重新搭建南海I号，给出一个基本完整的框架。

经过多年的发掘，考古工作人员终于实现了当初发掘的重要愿景之一——通过文物上的字来判断南海I号的年代。

发现带文字的文物，这个愿望可以说实现了一半，同时也给我们出了一道难题：首先让水下考古队员们兴奋的是一件德化瓷罐，上面用墨汁书写着“郑尽金记置，癸卯年岁次”，“癸卯”是古人用天干地支记录的年代。结合船上出土的瓷器以及金银货币之特征来看，均为南宋时期。在南宋的纪年表中，癸卯年对应的年代有两个：一是南宋孝宗淳熙十年（1183），二是理宗淳祐三年（1243）。简单来说，该瓷器墨书的时间会稍早于南海 I 号沉没的年代，应当是在装船过程中书写的。所以，在上述两个年代中择其一，也就代表着南海 I 号沉没的年代。

“癸卯”纪年青白釉印花双系罐底墨书

但是，另一个难题也随之出现。南海 I 号船舱中还发现了一些广东南海奇石窑出产的大罐，肩部上有“丙子”年款的戳印。这类陶罐的肩部印纹上的“酒墱”和“玉液春”，自铭功用，所以它们基本是盛装酒水的容器；对罐壁和底部残留物检测显示，有与酒相关的发酵类酶存在，也佐证了这一判断。难点在于戳印“丙子”年在南宋也有两个：属于南宋初年的丙子年是高宗绍兴二十六年（1156），另外一个南宋时期的丙子年是宁宗的嘉定九年（1216），那么，丙子和癸卯，究竟如何判定哪个年代是南海 I 号沉没的时间呢？

丙子戳印罐

最终，奇石窑的罐子与两个干支纪年的组合，南宋孝宗淳熙十年（1183）被认定为南海 I 号沉没的年代，理由如下：奇石窑的罐子，生产的时间是北宋末至南宋初年，从生产的时间上，将宁宗嘉定九年的丙子年（1216）就排除出去了，理宗淳祐三年（1243）之癸卯年也就不在其列了。

丙子戳印罐局部

罐子作为酒类的包装用品，不仅生产年代较早，而且可以重复使用。绍兴二十六年（1156）距离淳熙十年（1183）有 27 年的时间，即酒罐子至少使用了 27 年，即使在现代社会，这个时间也是比较合理的。

那么，又如何看待“南海 I 号”沉船发现的铜钱呢？出土（水）的铜钱共 23000 多枚，根据目前的统计，年代最

元宝”铜钱

晚的是淳熙元宝，是否可以依据铜钱来判断南海Ⅰ号沉没的时间呢？答案是不能，原因在于我们无法一文不差地获得南海Ⅰ号上所载的铜钱，因此，严格来说只能是参考。

确定了沉船的时间是南宋淳熙十年（1183），那么，此时南宋的社会如何呢？当朝皇帝宋孝宗赵昚，是南宋的第二位皇帝，孝宗使用的年号有隆兴、乾道、淳熙。因乾道、淳熙年间，南宋社会出现了相对和平、稳定的环境，社会经济也得到较好的恢复及发展。因此，这一时期被称为“乾淳之治”。孝宗支持北伐，尽管没有取得很好的结果，但是宋金对峙，为南宋争得了难得的几十年的和平环境。这一时期，国家对市舶司（主管海外贸易的部门）非常重视，市舶司收入在国家财政中的比重增加。南宋朝廷对外国商人给予优待的政策，及对外国宗教秉持宽容的态度，促使了海外贸易的发达。南宋首都临安府因商业发达，被当今学者称为“世界都市之冠”。

乾道、淳熙前后，海上贸易也前所未有地被士大夫关注，陆游、范成大等文人的作品中都有反映海上贸易的场景；在这一时期成书的《岭外代答》《夷坚志》等作品中都记录和体现了海外贸易的内容。其中《岭外代答》成书于淳熙五年（1178），即南海Ⅰ号出航前5年完成；《夷坚志》从宋高宗绍兴十三年（1143）开始创作，直至宋宁宗嘉泰二年（1202）洪迈去世停笔，其中记载了不少海商的故事。这些作品为南海Ⅰ号的考证提供了更多可以佐证的文字史料。泉州九日山的祈风石刻记载了一次祈祷信风的活动，当地的政府官员和一些商人一起祈祷信风能够顺利到来，没有信风，远航的船只则无法起航。这通石碑中，明确记载了当时海船出发和回来的时间。

九日山祈风石刻（之一）

淳熙十年，岁在昭阳单阏闰月
四日，郡守司马伋同典宗赵子
提舶林劭、统军韩俊，以遣舶
于延福寺通远善利广王祠下，
事也。遍览胜概，少憩于怀古
待潮泛舟而归。

从政治、军事、经济、文化等各个方面出发，乾淳之治这一时期，南宋社会对发展海外贸易不仅有需求，同时也具备了很好的条件。

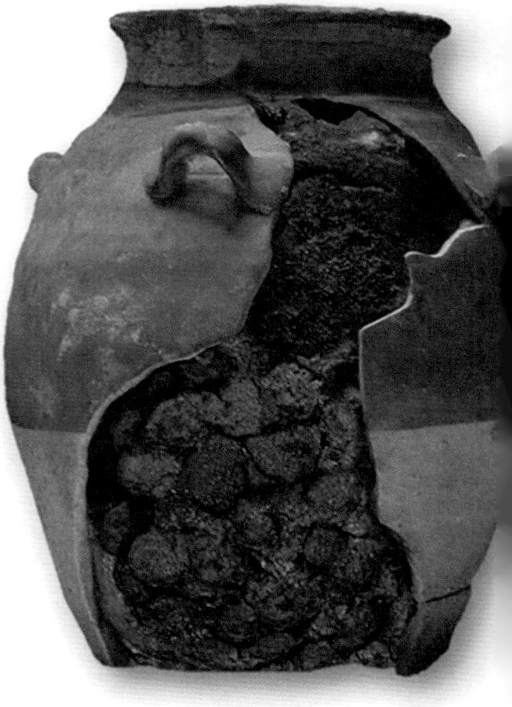

南海Ⅰ号出土的咸鸭蛋及容器

南海Ⅰ号装载的物品

通过研究沉船上出土（水）文物的种类、数量、位置等问题，使得我们能够了解船上的物品哪些是生活物品、哪些是个人随身物品、哪些是商品（船货）。

生活用品

船上生活用品主要是航行期间，船员和乘客们的食物。海船上的食物，唐人称其为海粮。南海Ⅰ号上的食物种类非常丰富，动物制品有：鹅、鸭蛋、羊头骨等；水果残骸有：梅核、槟榔果核、橄榄核、枣核、滇刺枣核、南酸枣核、葡萄籽、荔枝核等；坚果核有：锥栗、银杏、香榧子、松子等；粮食作物有：稻谷壳、冬瓜子；香料有花椒籽、胡椒籽等。此外还发现有酒类的遗存，显示海船乘员们航行期间，在船上生活的人不仅有淀粉、蛋白质及果类等食物，还饮用相当数量的酒，这与宋代的记载相吻合。

个人物品和随身物品

个人物品和随身物品分为商业用具、宗教用品、文具、奢侈品等。

南海Ⅰ号上的商业用具包括天平、杆秤

南海Ⅰ号出土的鹅笼

南海Ⅰ号出土的鹅笼和鹅骨骸

盛放天平的木盒

木盒内的砝码

南海 I 号天平想象复原图　崔俊　绘

等称重工具。我们发现的天平至少分属于六个个体，天平收藏在木盒子里，内有砝码、鹅卵石、横杆，底座和立柱等。船上的天平最少称重 0.12 克，最大的称重在宋代的 6—7 两之间（1 两约等于 40 克），最重的砝码是 100 多克。在以往的考古发掘中，我们已经发现了不少宋代砝码，但是一直不知道宋代的天平是什么样子。根据南海 I 号出土的残件，我们复原了宋代吊盘摆针式天平，填补了这一领域的空白。出土的杆秤是比较完整的中国杆秤，最大称重在三五十斤。这两个称重工具的出现说明，在海上贸易中不同的货品使用的称量工具不同。

除了称量工具以外，南海 I 号上出现较多的是宗教用品。僧伽和尚，是唐代高僧，到了宋代被神化。船员供奉僧伽，祈祷保佑平安、防止海难。除此之外，还有罗汉造像、念珠等宗教用品。

南海 I 号上发现的文具有砚台、锡印章、木印章。因此，我们推测船员

号出土的僧伽和尚

南海 I 号出土的罗汉

· 2009 年试掘出土的砚台

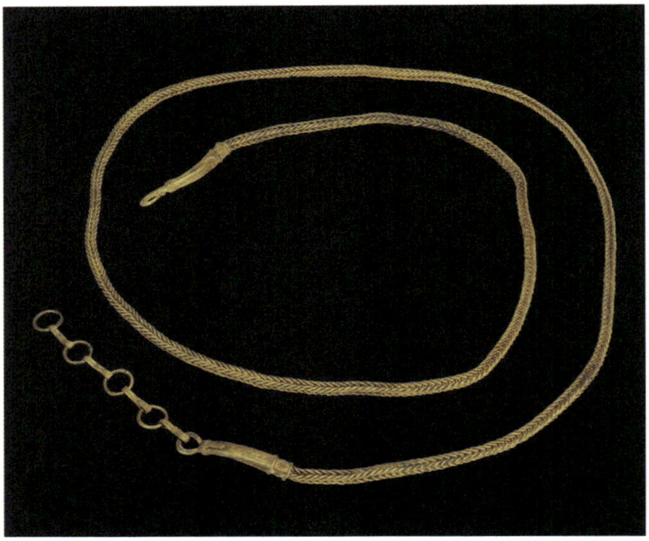

1987 年发现南海 I
水的金项链

需要记载航行日志，海商需要对船上的交易进行记载，有一些商业文书需要处理。

1987 年，在南海 I 号被发现时，出土（水）了 1 件 500 多克的纯金项链。通过环扣上不规则的磕碰痕迹判断，这应当属于个人物品。此外，还出土（水）了几件铜戒指。由于铜戒指出土（水）数量少，应该是船上海商的随身物品。这些物品显示了船上海商的地位与身份是有差别的。

还有一个有意思的现象，南海 I 号绝大多数金器出现在船的中间偏左舷以及左舷之外的区域。根据我们的研究，认为这些金器原来不应该在现在这个位置，应该在船上身份等级较高的人所处的舱位附近。那么应该在船舱里的器物为什么会集中在左舷呢？ 我们推断是由于船受到风浪将这些器物甩了出来，并且船沉没前曾发生过向右的急转弯，使得这些金器绝大多数被甩到了左舷，有的甚至被甩出船体。这一发现，为我们研究沉船的原因提供了依据。

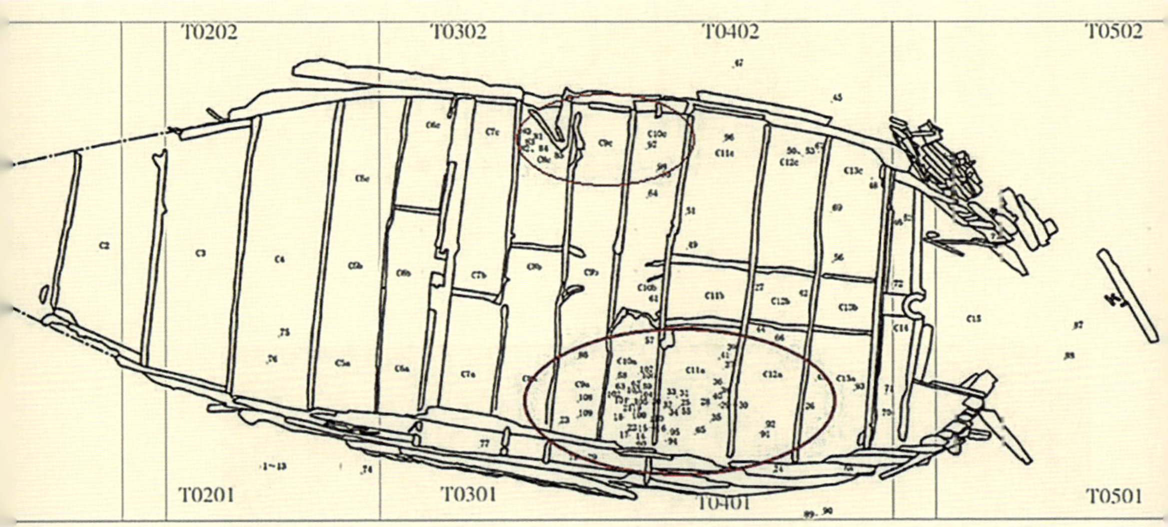

中分布示意图

商品（船货）

南海 I 号上的商品（船货），以质地区分大致有铁器、铜器、瓷器、竹器、漆器、金银器、货币等。

考古学家在首层甲板上发现了很多铁器及银铤凝结物，通过称重的方法，估计船上装载有铁器 124 吨左右，比重非常大。宋朝人不讲排水量和载重，而是用力胜[3]和料[4]表达载重量。根据孙键老师的研究，南海 I 号复原后的排水量大约有 400 吨，根据计算，装货量大约在 300 吨。关于南海 I 号载重量还需要研究，方能给出确切答案。

船上的铜器主要是铜镜。根据铭文，铜镜基本来自浙江湖州石家。

船舱内码放的瓷器，大约 16 万件。瓷器来自江南各个窑系，包括景德

3. 净吨位的单位。（编者注）
4. 料是以容积来计算海船载货量的一种单位。

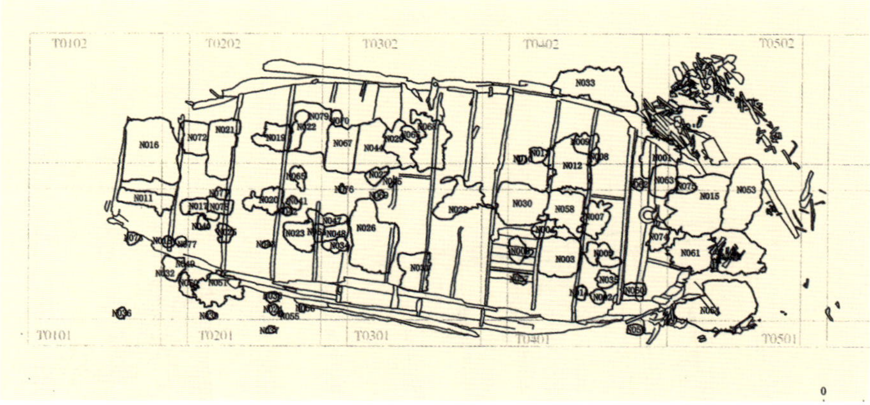

南海Ⅰ号凝结物分布与甲板位置示意图

南海Ⅰ号 2014 发掘所见凝结物彩照

镇窑系青白瓷器、德化窑系瓷器、龙泉窑系青瓷器、瓷灶窑酱釉绿釉瓷器、闽清义窑瓷器等等。器形包括壶瓶、罐、碗、盘、碟、钵、粉盒、炉等。

竹器中可辨器形的有 16 件，多为包装材料。

漆器主要是盒等容器，多为外销货物。

船上作为商品的黄金饰品上大多留有加工痕迹，是未镶嵌宝石或者未经抛光的半成品。还有金页、金牌、碎金，共千余克。银器有鱼形银饰品、超过 300 千克的银铤[5]。此外还发现有 23000 多枚铜钱，铜钱的数量虽然很大，

5. 宋朝时日常交易还没有广泛使用银子，南海Ⅰ号上发现的银铤是用于大宗贸易的。（编者注）

号出土的部分铁器

南海Ⅰ号凝结之银铤

号大型银铤凝结物

南海Ⅰ号试掘时出水的漆器残片

南海Ⅰ号的漆器

南海Ⅰ号出土的各类金项链

总价值并不多，大约 23 贯。金页、银铤上多有店铺名称、重量、地名等戳记，反映了南宋时期异常活跃的商品经济已延伸到了海外贸易领域。

我们分析沉船出土（水）的物品，得到四个方面的信息。第一，个人物品是有等级的。第二，与通常以瓷器为大宗的海贸商品有所不同，沉船中黄金奢侈品数量之多为目前所仅见。第三，统计船货数量，并结合文献和出土

景德镇窑青白釉印花凤纹花口芒口碗

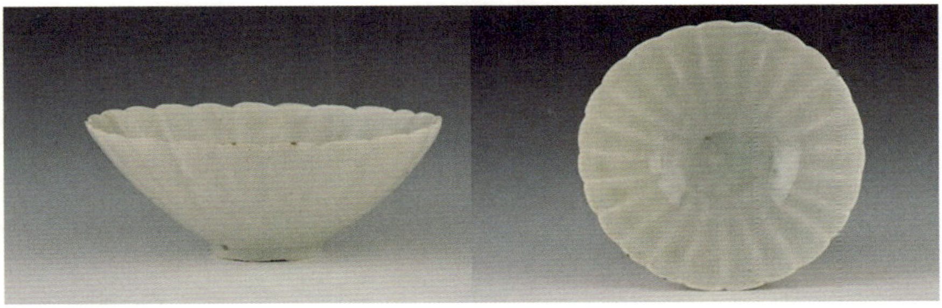

景德镇窑青白瓷器

龙泉窑系瓷器

文物墨书的记载，船货的价值大约为：铁器 28965 贯、白银货币 20195 贯、瓷器 5550 贯、黄金奢侈品 3000 贯左右、黄金货币 1000 多贯、铜钱 23 贯、总价值在 60000 贯以上。第四，根据船上携带白银货币数量巨大这一特点，我们推断此次出行兼有较多采购目的。

德化窑瓷器

龙泉窑系碗

磁灶窑系瓷器

闽清义窑瓷器

南海Ⅰ号出土的“杭四二郎”款银铤

揭秘始发港及目的地

始发港问题

有些学者认为南海Ⅰ号从泉州港出发。个人认为判断南海Ⅰ号出发的港口，应当依据两个主要证据：首先是船货（商品）的集散地港口，其次是商品的产地。

我们先来看看金银货币的产地与集散地：

南海Ⅰ号目前出土的黄金货币中，可以提供产地和集散地的品种主要是金叶子。南海Ⅰ号的金叶子按照铭文中关于店铺名称分类，共有“韩四郎”“王助教◇”“晋李四郎”3种。这些戳印显示，黄金货币的制作与销售地点都在临安（今杭州）。从田野考古发现来看，各类黄金奢侈品也产自制作金银币的店铺。

300多千克的银铤又何如呢？其中也有不少银铤自铭了产地：“杭四二郎”25两银铤标记了店铺的地址：“霸南街东”；第11船舱银铤凝结块中

南海Ⅰ号出土的耳环

南海Ⅰ号出土的条形金饰

“霸南街东王助教◇”款金叶子

南海Ⅰ号出土的金页和金牌等

剥取的“张二郎”“京销铤银”银铤，虽然无法看到其店铺地址的铭文，但在杭州玉泉出土的金牌中，有“张二郎”的标记说明产地在杭州，“京销铤银”中的“京销”二字，是南宋银铤中最为常见的文字，南宋都城在临安，“京销”说明其产地同样也在杭州。

从商业贸易的角度而言，产地与采购地不一定是相同的地点，而采购地点与集散地关系密切，与南海Ⅰ号装船的地点更是密切相关。南海Ⅰ号的金银货币、奢侈品产地为南宋时期的临安，那么其交易或集散地又在何处呢？

南宋临安从事金银货币、金银器皿与首饰的制作销售机构被称作金银盐钞引交易铺，吴自牧先生的《梦粱录》有相当精彩的记载：“……自五间楼北，至官巷南街，两行多是金银盐钞引交易，铺前列金银器皿及现钱，谓之‘看垛钱’……并诸作分打钑炉鞲，纷纭无数。”并提到李博士桥邓家金银铺汪家金纸铺等店铺。

南海Ⅰ号出土（水）的金叶子中，“王助教◇”的店铺以及韩四郎的店铺地址均可在南宋时期临安金银店铺分布图上找到。

南海Ⅰ号出土的部分铜钱

从南海Ⅰ号的出土（水）文物并结合文献的综合判断，其上货的第一个地点是临安（今杭州），那里有当时影响世界的“金融街”，是贵金属生产与销售中心。

再来看看瓷器。船上10多万件（套）的瓷器，产自江西、浙江、福建、广东等不同窑口，对于数量众多的瓷器而言，产地分散，集散地才是我们关注的重点。

林士民先生早在20世纪80年代初，对宁波（南宋称明州）东门口码头遗址、江厦码头遗址、渔浦城门遗址和码头基址进行了考古工作，特别就东门码头遗址发表了自己观点：从考古与文献相结合的角度，证实了古宁波港是宋元时期景德镇陶瓷的外销集散地之一。宁波大榭岛的考古发掘，在2米多的堆积中不仅发现了南宋时期数量庞大的景德镇、龙泉窑2个窑口之瓷器，还出土了瓦、瓦当以及陶排水管等建筑物遗存。这些遗存恰好印证了林先生关于宁波作为瓷器仓储地的观点，且林先生发现的部分景德镇窑口的瓷器与南海Ⅰ号上的基本相同，因此可确认船上景德镇瓷器的集散地在宁波。

宁波大榭岛仓储遗址出土的部分瓷器

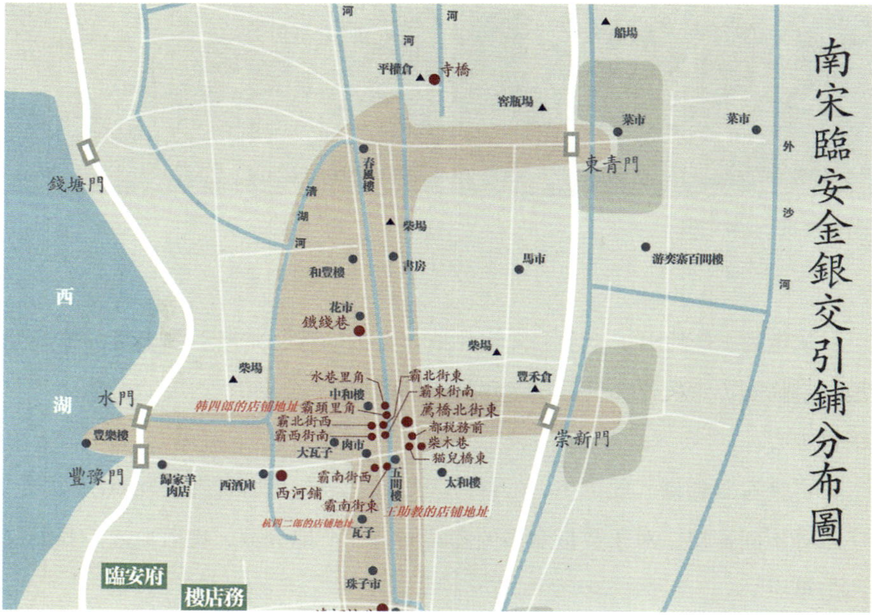

南海 I 号部分金叶子的产地与交易店铺位置示意图
引自浙江省博物馆编:《金银同辉——南宋金银货币精华》,文物出版社,2019 年

综上所述,黄金白银货币制作集散均在临安(今杭州);白银货币重量在 300 千克以上,有相当的重量,价值又如此之高,显然运输距离越近,越符合商业成本与安全运输的原则。因此,南海 I 号始发港推测为杭州是有充分依据的;加之宁波作为景德镇、龙泉窑口瓷器的集散地为佐证,其航行的路线也非常顺畅合理。

朗地区 12—13 世纪的腰带配件

朗地区 11—12 世纪镶嵌宝石的戒指

号镶金饼金戒

美国大都会艺术博物馆 *Islamic jewelry in the* *politan Museum of Art*

号出土尚未镶嵌宝石的带銙

国大都会艺术博物馆 *Islamic jewelry in the* *politan Museum of Art*

目的地港口

推断南海Ⅰ号的目的地港口之依据，主要是船上黄金奢侈品类船货。因为中国瓷器在东南亚至非洲都有分布，铁器在东南亚分布广泛，不具备排他性。南海Ⅰ号中出土（水）的黄金奢侈品商品虽然数量少，但是排他性好。

我们分析黄金奢侈品的文化艺术风格来看，项链模仿西方或伊斯兰文化区风格者不少，完全中国风格也有，还有艺术融合风格的；南海Ⅰ号出土的伊斯兰风格带銙，与出土于大伊朗地区的 10—13 世纪黄金饰品，风格相近。从此类商品完工的角度而言，成品与中间产品并存。南海Ⅰ号的戒指有不少未完工者，即宝石并未镶嵌，大伊朗地区的斯里兰卡则是宝石主产区，显然这些首饰镶嵌宝石的工序要在南海Ⅰ号目的地港口或附近才能完成，之后才能进入销售环节。从数量上来看，模仿伊斯兰风格的产品以及中间产品比例大，这种比例说明，船载黄金产品在生产工艺和交流贸易上处于比较成熟的状态。除此之外，南海Ⅰ号出土（水）的天平砝码与沙特阿拉伯塞林古港出土的 13 世纪的砝码一样。砝码的发现更证实了此类贸易处于比较成熟的阶段，而非初期。

因此，无论是带有伊斯兰艺术风格的首饰还是未完工的半成品，将南海Ⅰ号的远航目的地港都指向了阿拉伯半岛或波斯湾沿岸港口。

海上航行的聚落

南海Ⅰ号沉船被移入“水晶宫”后，给我们创造了比一般田野考古更为优越、稳定的室内工作环境，同时，可对船体和少许外侧及船底的淤泥进行更为精细的发掘。在沉船的发掘中，我们引入了田野考古聚落发现的方法，以期了解船只不同舱位构造和功能，重构船上的“小社会”。毕竟，船上的“小社会”是陆地社会在海上的延伸，人的等级与法律在船上也同样适用。基于此，我们对南海Ⅰ号这个航行的聚落社会进行重构。

我们来看看南海Ⅰ号船体舱位的基本情况。从船尾部分船舱和隔舱板的结构以及散落的木构件推测，如后部C12、C13、C14船舱的隔舱板厚重，且有补强的附贴薄板结构，隔舱板表面也残留多处榫卯结构，该木船的上部应当存在一定的舰楼建筑；虽然现在船体的尾部上层建筑基本无存，但原来应有尾楼；船只载货及乘员所用的空间即为船舱和尾楼。

南海Ⅰ号尾楼的名为——艄，根据T0502（船尾右侧探方）第四层发现的一件酱釉执壶之墨书而来，该壶底部有“纲”，壁近底部有“艄前公用”内容的墨书。墨书的内容显示，此壶是提供给尾楼公用的器皿。根据文献记载，船上一些普通海商就在货物所载舱内席船货而卧。结合船体中部至尾部左侧出土较多金器推断，艄内乘员为本船上地位较高的乘员舱位，这些金器应当是沉没过程中从尾楼，即艄内甩出的。

根据文献记载：船上最高领导为纲首，其下还有管事、火长。南海Ⅰ号出土的瓷器中带有墨书的有2000—3000件，其中大部分为姓氏。有“纲”字墨书的有15件，皆为瓷灶窑酱釉罐，墨书写在罐子底部，应当属于纲首。此类瓷器主要集中在C9舱中，该舱中同时还有带“郑知客”墨书的瓷器，郑知客应当是船上的管事。当时海船上重要的乘员还有负责导航的人——火长，南海Ⅰ号也出土（水）了一位“导航员”的墨书瓷器，这位导航员姓蔡——“蔡火长”。这三位是船上等级最高的一组人。

其他舱位则应当是中、小海商的。这个等级中，还有“以舱代薪”的船

墨书褐釉执壶

墨书褐釉执壶

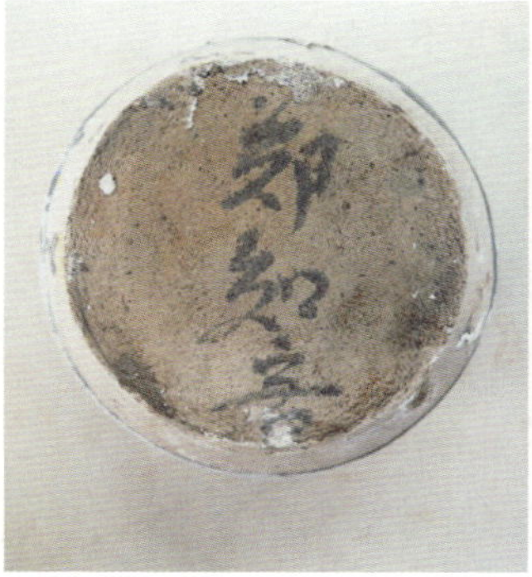

郑知客墨书

蔡火长墨书

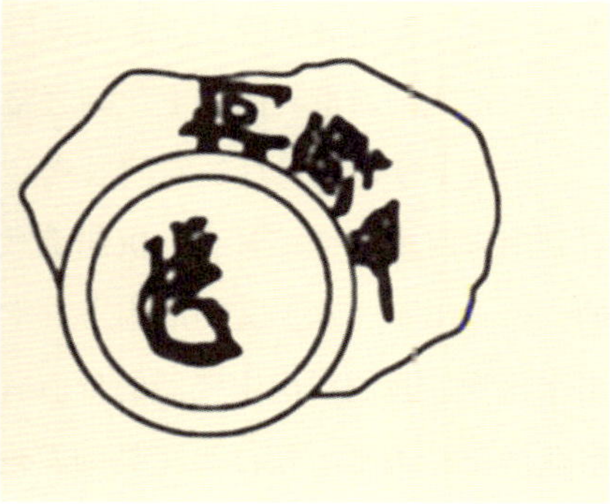

柯头甲墨书

工，即船工兼小商人。他们是没有工资的，被允许装载少量货物，货物卖掉之后，货款归这些船工所有，并以此代替薪金。例如带“陈工直”墨书的瓷器，即为船工所有，他受雇于纲首，拥有少量舱位代替工资，贩运些瓷器。除此之外，还有带“柯头甲”墨书的瓷器，显示宋代保甲制度在船上一样适用。为防止犯罪，船员也被编入不同的保甲单位，相互监督，如果犯法，则要连坐。

根据墨书的姓氏，我们推断船上有乘员30—50人。在等级分析的基础上，结合文献记载，推测乘员在船上的起居亦有区别，艄（尾楼）中的海商可顾望整个货舱，既安全又便于看管；小商人则在瓷器货舱中安身。

从南海Ⅰ号船舱结构、出土墨书及文物综合来看，按照当时南宋社会的各种相关法律，船上的乘员组成了与陆地社会类似的小社会。这个小社会中，人各自在不同的等级，拥有不同的财产、承担各自的责任，并且还有宗教信仰与活动，这个小社会中的人们为了相同的目标与梦想，共同生活在海上航行的聚落中，这个聚落不是一个村落或县城，而是一艘海舶——南海I号。

南海I号的发掘填补了海上丝绸之路南海研究的空白，使这一沉睡于海底近千年的文明使者得以复苏，并重新活跃于中国与世界交流的国际舞台上。作为一艘满载货物在出航不久后就沉没的船只，南海I号无疑是不幸的，但作为古代沟通世界的海上丝绸之路的见证者，它又是不朽的。

南海I号是被封存的时间胶囊，带着千年前的故事浮出水面，我们得以看到南宋时期的微缩社会。沉船满载的状况，是南宋淳熙之治时期海上贸易的代表，出土（水）文物成为考古学对器物断代的标志性器物群；通过研究出水器物，我们对南宋瓷器的价值有了新认识，并构建起当时黄金奢侈品的产业链条；天平、杆秤等衡具的发现也具有文化符号的意义。南海I号的发现使得我们重新定位了临安府在南宋海上贸易中的地位，重新构建起临安府在东南沿海手工业和商业网络的中枢作用。正如有学者认为的，临安府称得上“世界都市之冠”。同时，南海I号在全球商业贸易和文化交流中所体现的和平平等、交流互鉴的思想对当今国际社会有着重要的启示作用。

美国作家盖瑞·金德（Gary Kinder）在一部主题为“中美洲”沉船打捞的作品中说：“海难是上帝写了一半的剧本，句号得由那些沉船打捞者来完成。”对于南海I号的考古工作来说更是如此。关于船只的始发港、航行线路、目的地、船上人员组成、遇难沉没原因等一系列问题，一直为社会各界所关注。

考古学是严谨的科学，在没有确实可靠的证据面前，进行定性判断并不严肃，只能是推测。许多问题要经过很长时间的研究才会有结果，有些甚至会成为未解之谜。随着考古工作、研究的深入，相信南海I号会给我们带来更大的意外与惊喜！

考古小知识

水下考古

作为考古学的分支，水下考古与田野考古两者没有任何本质不同，区别主要体现在遗迹遗物埋藏环境不同、获取遗物的技术手段不同。埋藏在海洋、湖泊、江河等水域下的古代人类活动的全部遗存及近现代部分沉船舰均属水下考古对象。水下考古还包括与水下遗存相关的河岸海岸或海岛，甚至大陆腹地的遗存。总之，它是人类认识自己过去的一种较新的方法与手段。

相关遗址

南澳Ⅰ号

“南澳Ⅰ号”是我国沿海经过正式考古调查发掘的明代沉船，它为解决中国海外贸易、航海、制瓷等诸多学术课题提供了翔实可靠的材料，为研究明代中国经济提供了新的资料和线索。以陶瓷为例，沉船中大量的漳州窑系产品极富特色。由于漳州窑的特殊性，目前国内传世与出土的器物均不多见，窑址发掘亦多为残件；通过对“南澳Ⅰ号”沉船的发掘，不仅提供了品种极为丰富的成品，同时也填补了16—17世纪间大航海时代我国海外贸易政策转变、东南沿海经济结构变化等资料的空白。“南澳Ⅰ号”沉船是我国目前发现的位置较深的水下沉船遗址，地靠台湾海峡南端，洋流较急。考古队通过周密设计、细致工作，克服了种种不利因素，成功地实施了科学的水下考古发掘，组织、发掘、保护各方面都是我国的水下考古学科建设与实践的成功尝试。

相关阅读

[1] 李岩:《解读南海Ⅰ号——打捞篇》，科学出版社，2019年。

[2] 李岩、陈以琴:《南海Ⅰ号沉浮记——继往开来的航程》，文物出版社，2009年。

[3] 阳江日报社等编:《海上敦煌——探秘南海Ⅰ号》，南方日报出版社，2010年。

[4] 李庆新著，余成永译:《“南海Ⅰ号”与海上丝绸之路》，五洲传播出版社，2010年。

[5] 广东省博物馆:《大海道——南海Ⅰ号沉船与南宋海贸》，岭南美术出版社，2019年。

杨军

江西省文物考古研究院研究员

南昌西汉海昏侯墓考古队领队

海昏侯墓

2011

黄金遍地的废帝

刘贺墓

档案

时间：2011 年

位置：江西省南昌市新建区大塘坪乡观西村东北

时代：西汉

面积：46000 平方米

2015 年度全国十大考古新发现

西汉海昏侯墓入选“百年百大考古发现”

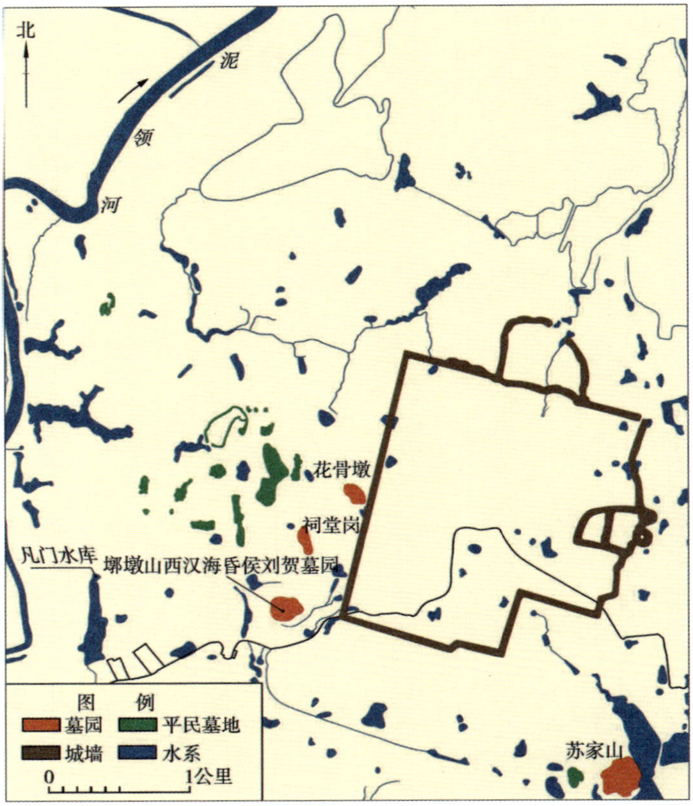

海昏侯国城址、墓园与墓
分布图

海昏侯墓位于江西省南昌市新建区大塘坪乡观西村东北约 500 米的墎墩山，是西汉海昏侯刘贺的墓葬。2011 年因盗掘被群众发现，后江西省文物考古研究所对它展开了抢救性发掘。海昏侯墓的整个发掘过程被专家评价为代表了当今中国一流的考古水平、文物保护水平和展示水平的考古项目，几乎囊括了包括全国十大考古发现奖、国家田野考古奖、世界考古论坛田野考古发现奖在内的所有考古大奖。

整个墓地由海昏侯刘贺及其夫人的 2 座主墓、7 座祔葬墓、1 座外藏坑及园墙、门阙、祠堂和厢房等建筑构成，内有道路和排水设施遗存。墓地面积约 4 万平方米，已发掘面积约 1 万平方米，共清理出土了各类文物 1 万余件（套），包括最著名的刻有“刘贺”名字的玉印、马蹄金、麟趾金和孔子屏风等。此外，墓中还出土了成套编钟、编磬等乐器；数量可观的竹简、木

（南→北）

南→北）

牍以及有文字的漆笥、耳杯；近 400 万枚五铢钱；制作精美的玉器……这些都是汉代考古的文物珍品。对研究中国汉代政治、经济、思想、艺术和中西文化交流具有重要意义。

海昏侯墓是迄今为止中国发现的面积最大、保存最好、内涵最丰富的汉代列侯等级墓葬。目前，江西省在海昏侯墓基础上已建成南昌汉代海昏侯国遗址公园，并将其划分为遗址博物馆区、墓葬展示区、紫金城展示区、考古预留区、入口功能区、历史体验生态休闲区等 6 大功能区，总体规划范围约 12.03 平方千米，致力于保护和展示这一珍贵的历史文化遗产。

沉睡了2000多年的海昏侯墓

抢救性发掘

2011年3月23日，在南昌市新建区大塘坪乡观西村老裘村村民小组东北约500米的墎墩山上，一座古代墓葬遭到盗掘，热心村民发现后立即拨打了江西电视台新闻热线报告这一情况，江西省文物考古研究所闻讯后及时派员进行了现场勘查并上报国家文物局。经专家论证，国家文物局同意对墓葬进行抢救性考古发掘。

我们发现盗墓贼先盗挖了位于东面的海昏侯夫人墓（M2），再盗挖位于西面的海昏侯墓（M1）。盗墓贼之所以这么做，一方面是被墎墩山的表面现象迷惑了，由于受到墎墩山上全是灌木和茅草等植被的影响，他们误认为M2比M1的封土大，可是当我们除掉这些杂草以后，结果恰好相反。另一方面他们还搞错了墓葬的主次关系，以为东面（左边）是主，西面（右边）是次，其实西汉是以西（右）为尊，西面是主，东面是次，就像汉代的长安城一样，皇帝住的未央宫在西面，太后住的长乐宫在东面。

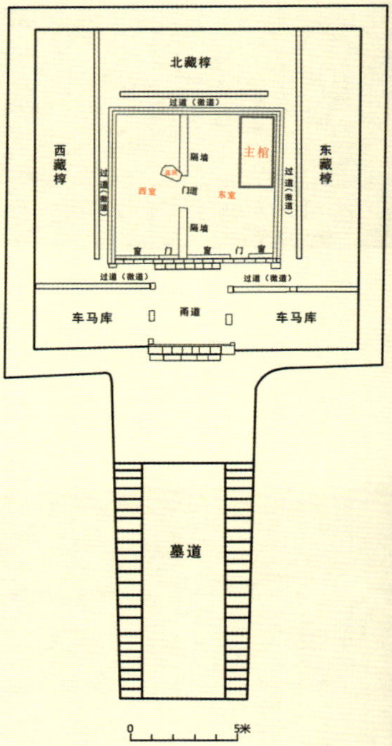

海昏侯刘贺墓M1平面图

值得庆幸的是，盗墓贼把盗洞打在墓室的正中央，居然也没有盗掘到什么东西，对墓葬没有造成大的破坏，这是为什么呢？在海昏侯墓发掘之前，列侯墓一般有两种情况：第一种为马王堆汉墓类型。马王堆汉墓是轪侯和他的夫人辛追的墓，但是轪侯的封地在现在的河南一带，他是被当时的皇帝派到长沙国去做官，最后死在长沙，并且葬在长沙，所以按照长沙当地的楚制进行埋葬，棺在中间，周围是边箱和头箱；第二种情况是像霍

椁顶板

光、霍去病这些有功的大臣，被皇帝封了侯，死后为皇帝陪葬，被埋在帝陵的旁边，皇帝要赐黄肠题凑、金缕玉衣等葬具、葬服，他们的棺一般也在墓中间。海昏侯这种死后葬在自己封地内的列侯，他的墓则是按照汉代“事死如事生”的观念，仿照他活着的时候居住的房子格局，营造他在阴间的地下宫殿。海昏侯墓的主椁室[1]分为东、西两室，东室为“寝”，西室为“堂”，主棺放在东室的东北面，东、西两室中间有门道相通，盗墓贼将盗洞打在墓室的正中央，正好打在东、西两室中间的门道上，基本没有盗掘到什么东西。他们认为文物还在下面，于是把椁底板还打穿了两层。

1. 椁室即放棺椁的墓室。棺是用来殓装尸体的，椁是在棺外套的一层棺木。（编者注）

正是这些“机缘巧合”，海昏侯墓才“逃过一劫”。

另外，海昏侯墓地处鄱阳湖湿地，没有大型的基建和工业项目，鄱阳湖生态保护区建设在一定程度上也保护了海昏侯墓，没有让它遭到大的破坏。

人们常说“汉墓十室九空”，海昏侯墓能够保存至今，其实是非常不容易的。不仅现代盗墓贼对它实施了盗掘，古代的盗墓贼也曾“光顾”。海昏侯墓的西北角有一个五代时期留下的盗洞，后来我们发现，古代的盗墓贼也仅仅是进到了墓室西北角的衣笥库就放弃了，也没盗挖成功，这又是什么原因呢？这得益于公元318年东晋时期豫章郡发生了一场大地震，这次地震将海昏侯墓的整个椁室震塌了。到了南朝刘宋时期，又因为地质变迁，鄱阳湖水南侵，使原来的枭阳县、海昏县等豫章古县都淹没到鄱阳湖中，这也造成了海昏侯墓的地下水位上升，很多随葬品被泡在水中。因此，五代的盗墓贼即使进到了墓室西北角的衣笥库，但由于整个椁室坍塌，当时又不具备水下盗墓的条件，所以就放弃了，该墓才得以幸免，没被盗挖成功。也正是因为随葬品泡在水里面，这种绝氧的环境才使得竹简、漆木器等有机质类的文物保存至今。

从事考古工作的人都知道，2000多年前的汉墓，一般是不会有异味的，只有明清时候比较晚近的墓葬，才会因为尸体没有完全腐烂而发出一种难闻的异味。2011年海昏侯墓刚发现时，当我们坐在打井师傅轱辘车的吊篮里下到盗洞内进行勘察的时候，就闻到了一阵阵扑鼻而来的奇特的香味，直到2015年打开墓葬椁室，这个香味仍然还在，所有在场的记者、专家和工作人员都闻到了这股香味。为弄清楚这种香味来自哪里，我们做了很多的工作，请了中国科学院、中国社会科学院专门研究植物木材的鉴定专家对海昏侯墓椁木的材质进行了检测分析，初步推测这些香味应该是来自椁木的香味。海昏侯墓椁木有樟木、杉木、松木、楠木等几种材质。还有一部分香味可能来自博山炉等薰炉里面的香料散发出来的多种味道裹挟在一起的香味，有关这项研究工作还在继续进行，目前尚无定论。

昏侯墓的考古工作主要分为五个阶段

-阶段：（2011 年），主要是进行大范围的外围调查和勘探工作，发现了历代海昏侯墓园、紫金城址、贵族和平墓地，并对海昏侯墓及其墓园进行重点钻探。

二阶段：（2012—2013 年），对海昏侯墓园进行发掘。先后发掘了 1 条车马坑、多座祔葬墓、园门、门阙及墓园建筑基址等。

三阶段：（2014—2015 年），重点发掘海昏侯刘贺墓葬。2014 年，完成封土和墓室内填土的发掘。2015 年，进行椁室的发掘、遗物的现场提取和应急保护。同时开始勘探海昏侯国都城——紫金城。

阶段：（2016—2017 年），实验室考古、室内文物保护与修复工作全面展开。

阶段：（2018—2020 年），对墓园中 M2 墓进行发掘，目前田野发掘工作已结束。虽然墓葬被盗极其严重，但从已揭示的"堂坛"、墓穴、封土的平、剖面观察，"堂坛"底部叠压 M1 建造时的遗存，证明 M2 晚于 M1。

2011 年开始，历时 9 年的考古工作，勘探总面积约 400 万平方米，发掘约 1 万平方米，出土各类文物 1 万余套），基本确认了紫金城城址、历代海昏侯墓园、贵族和平民墓地为核心的海昏侯国一系列重要遗存，同时确第一代海昏侯刘贺墓。

海昏侯墓的发掘理念

海昏侯墓的考古工作，没有按照惯例直奔主题，集中力量发掘主墓。而是先对被盗墓葬周围方圆 5 平方千米的区域进行全面、系统的考古调查，结果发现这里还真不是一座墓那么简单，在被盗墓葬东北直线距离不到 2 千米的地方，我们发现了一座面积约 3.6 平方千米的汉代紫金城城址，在城址的西面和南面，我们还发现了大量的汉墓群。根据《汉书》和《豫章记》等文献记载，这里很可能是曾经的昌邑王、海昏侯生活过的地方，这些遗存很可能和汉代海昏侯国有关。这样我们就把被盗墓葬与海昏侯国联系起来，采用了聚落遗址的考古方法对墓葬进行发掘。按照这样一条以聚落考古、大遗

三维扫描

低氧舱和充氮保护

址考古为思路的考古技术路线，使海昏侯墓的考古工作得以有计划、有步骤地实施和推进。

高科技手段的运用

在海昏侯墓的考古发掘和文物保护全过程中，高度重视高新科技手段的运用。在考古调查、勘探和发掘过程中，广泛采用地球物理探测、GPS定位、电子全站仪布网测绘、地理信息系统（GIS系统）、航拍、三维扫描、延时摄影、数据库等科技手段，努力做到发掘精细化、资料影像化、信息数字化。比如考古队在发掘前对墓园进行全面布网测绘，测控点达9000多个，将调查、勘探和发掘数据完全数字化，建立海昏侯国遗址田野考古调查、勘探、发掘的地理信息系统。在文物清理和保护过程中，使用X光探伤、X光成像、高光谱、红外扫描、能谱分析等无损或微损分析检测技术；使用去离子水养护、泥土分离剂、薄荷醇、充氮保护和低氧舱（低氧气调链）等文物提取和保护技术；不同遗迹土样的浮选检测技术、针对残留物的蛋白质、孢粉、DNA基因分析、检测技术等，都为保护与科学研究提供了依据。

另外，注重出土文物现场提取保护工作。针对各个发掘对象，考古和科

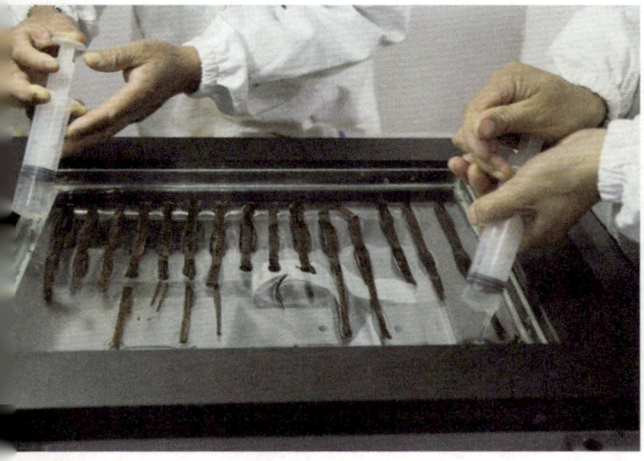

[红]外扫描

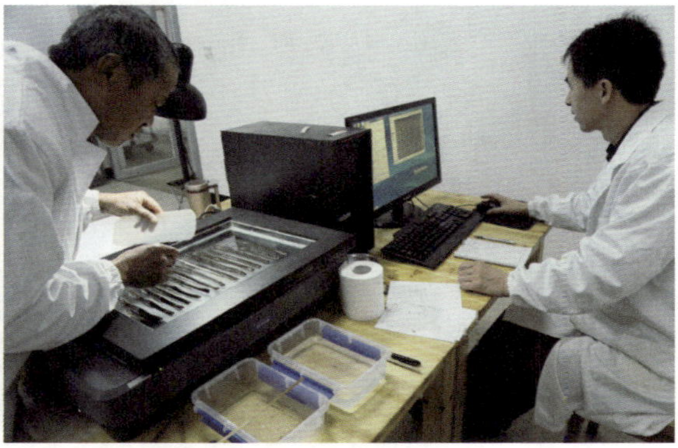

竹简红外扫描

研单位都制订了详细的发掘方案和预案，同时集全国各方面专家之力，特别是高校和科研单位的全面介入，参与文物保护方案的设计与实施，既强化了对文物的现场提取和保护，也把合作延伸到实验室，取得了单纯依靠田野考古手段无法达到的效果。在提取遗物过程中，考古发掘人员和文物保护人员紧密合作，共同制订提取预案，共同参与到文物提取和保护工作中；针对质地脆弱和埋藏情况复杂的文物，广泛采用套箱技术提取进行实验室考古。提取出的文物都在考古工地的应急保护场所先进行现场应急保护处置后，才进入工地专门的文物保护工作用房，实施专门保护。

专家认为，海昏侯墓的考古工作，理念先进、方法科学、计划周密、目标明确。发掘者始终重视文物的现场安全和文物信息的提取，重视文物的展示利用与保护，注重多学科的介入，注重高科技手段的应用，考古发掘现场与文物保护井然有序，实验室考古及时细致、科学规范，是考古发掘与文物保护结合的成功范例，反映了我国田野考古的发展方向。

主椁室文物提取

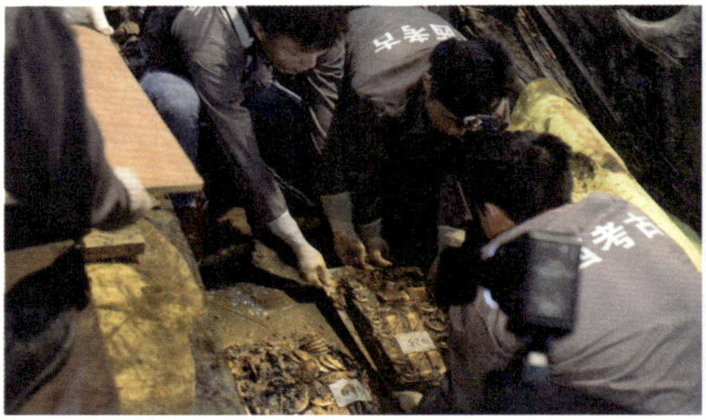

金器提取

主棺套箱提取

现场应急保护

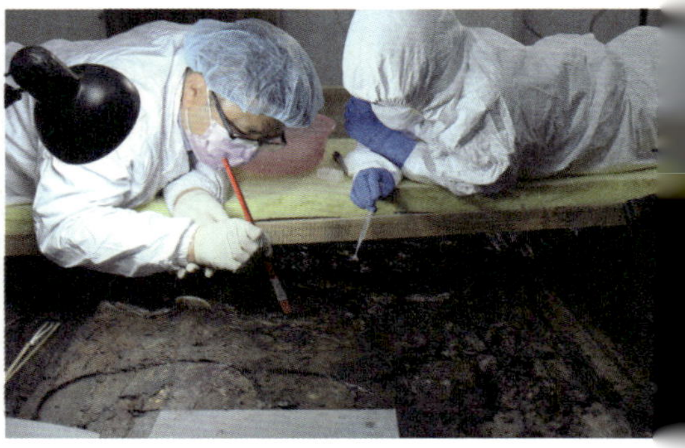

实验室考古

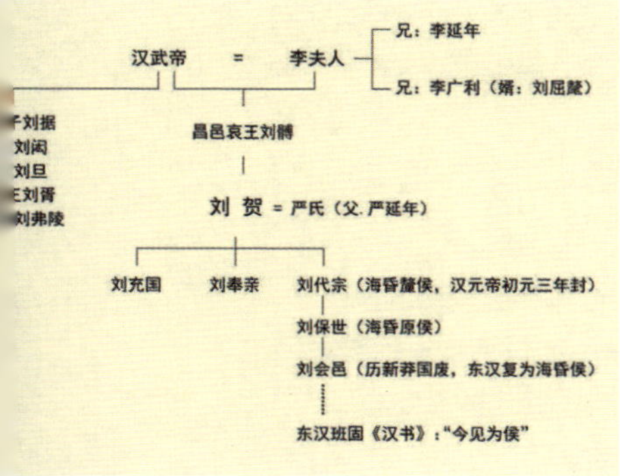

图

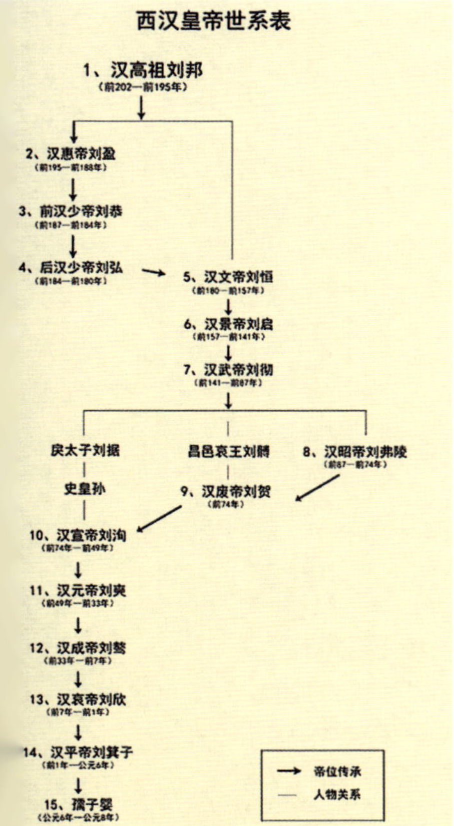

海昏侯与海昏侯国

墓主身份确认

班固《汉书》等文献记载海昏侯的爵位世代承袭，跨越了至少4代，一直延续到东汉。第1代海昏侯为故昌邑王，即汉废帝刘贺；第2代是海昏釐侯刘代宗；第3代是海昏原侯刘保世，王莽新朝时，一度被削藩贬为庶民；第4代海昏侯是刘会邑。

根据文献记载，南昌西汉海昏侯墓地处文献记载西汉昌邑王（海昏侯）刘贺的封地，历史背景清楚。大量的出土文物、完整的墓园结构、高等级的建筑遗迹、鲜明的墓葬特点、明确的墓地与都邑位置关系，组成了关于墓主身份的多重证据链。特别是通过出土木牍、金饼上墨书“海昏侯臣贺”“元康三年十月”“元康四年六月”的文字，主棺柩内棺里出土的写有“刘贺”名字的玉印，我们最终确认了墓主人身份，他就是第1代海昏侯刘贺，曾经是西汉历史上第9个皇帝和第2代昌邑王。

海昏侯刘贺真有史料记载的那么不堪吗?

第一代海昏侯刘贺（前92—前59）为汉武帝之孙，他奶奶是在中国历史上留下了“倾国倾城”成语的李夫人，也是汉武帝最喜欢的女人。公元前97年，汉武帝封儿子刘髆为昌邑王，封国称昌邑国，国都昌邑（今山东巨野）。刘髆在位11年后去世，由其6岁的儿子刘贺继承王位，成为第二代昌邑王。两代昌邑王共同经营昌邑国20多年。公元前74年，

证明墓主身份的物件

“刘贺”玉印

刻有“刘贺”名字的玉印

出土于墓主人遗骸的腰部位置，质地为和田白玉，纽为高浮雕幼螭，印面阴刻“刘贺”二字，属于刘贺的私印。在两汉时期，印章是常见随葬品之一，也是判断墓主身份的最直接证据。以螭为印纽在汉代少见，按照明朝人的说法，螭为龙生九子之一，或许此印可能暗藏刘贺为皇帝子孙的寓意。

墨书金饼

墨书“臣贺”字样的金饼

在金饼上，写有“南藩海昏侯臣贺……元康”的墨书，“贺”字直接指明是第一代海昏侯刘贺，而元康是汉宣帝刘询的第3个年号。

奏章

署名“臣贺”的木牍奏章

在出土的木牍上，专家发现了海昏侯与侯夫人写给皇帝、皇太后的奏章正本，木牍上“南藩海昏侯臣贺昧死再拜皇帝陛下”“主太后陛下”“元康四年六月”等字样清晰可见。

琴

汉昭帝驾崩，无子。19岁的昌邑王刘贺被拥立为帝，仅27天即遭废黜，成为西汉历史上在位时间最短的皇帝。被废后，刘贺被重新遣返回山东昌邑王宫，被褫夺王位，废为庶人，过着幽禁的生活。10年后，29岁的刘贺被汉宣帝封为海昏侯，34岁病逝后葬于他的封地海昏侯国，也就是今天的江西南昌新建区大塘坪乡观西村的墎墩山。刘贺死后，汉宣帝采纳大臣的建议，下诏废除海昏侯国，所有带有王侯标志的财产，失去贵族身份的刘贺家人是不能继承的，最后全部被埋进了他的墓葬。海昏侯刘贺是我国历史上唯一一个曾当过皇帝、王、侯和平民的人，虽然文献史籍对他的记载不多，但他的短暂人生却充满着跌宕起伏的传奇经历，从19岁登上人生巅峰到34岁病死，故事精彩绝伦。他的墓葬，则见证了他的传奇人生。

根据《汉书》记载，第一代海昏侯刘贺在当皇帝的27天里做了1127件荒唐事。可在考古发掘中，海昏侯墓里出土的文物却为人们了解刘贺提供了一些新角度。我们在墓里发现成套编钟、铁质编磬，笙、箫、瑟等乐器，青铜“火锅”（推测为蒸馏白酒的蒸煮器），形似冬虫夏草的中药地黄补品、精美的漆器化妆盒、围棋盘、古琴，还有大量的竹简、画有最早孔子像的漆屏风，甚至在遗骸腹部位置发现了未被消化的香瓜子，通过各种细节，我们可以还原出这样一个海昏侯刘贺——他藏书、尊儒术、弹古琴；喜欢化妆，经常在脸上扑粉，嘴上涂着唇彩；他最喜欢吃着火锅、喝着酒，欣赏音乐、下着围棋。看似养尊处优，可其实被贬之后一直郁郁寡欢，年纪轻轻，身体还

甬钟

钮钟

画妆盒多子奁

围棋盘

“火锅”

“蒸馏器”

不好，不得不经常吃些中药补品，最终死在了夏秋季节，临死前还刚吃过香瓜（古人吃香瓜不吐籽儿）。

或许这就是考古研究的魅力和价值，通过遗迹和文物重新解读古籍里的人和事，不断追寻和接近历史的真相。就像著名考古学家张忠培先生说的那样，考古是“以物论史、透物见人、替死人说话、把死人说活”。

海昏侯国是什么样子的？

汉承秦制，在设置郡县的同时，又行“分封”，实行郡国并行制。封国包括王国与侯国，诸侯王和列侯在封国里没有行政权，行政权归郡执行，由中央统一管理；但他们有封邑，食租税，“制同京师”。高祖刘邦曾分封“异姓七国”（韩、赵、楚、淮南、燕、长沙、梁）。高祖末年，除吴氏长沙国外，其余异姓王均被翦除，代之以刘邦兄弟子侄所封的“同姓九国”，利用宗族血缘关系加强统治。它与后来汉武帝吸取“七国之乱”的教训，采纳主父偃建议，实行“推恩令”一起成为西汉国家治理体系的重要组成内容。

列侯作为次于天子、诸侯王的第三等级贵族，主要分为王子侯、功臣侯和外戚恩泽侯。他们有封国和指定封地、设家吏，有食邑权、世袭权等。据《汉书·王子侯表》记载，宣帝时分封王子侯 63 位，食邑户数均不等，多的上千户，少的几百户。元康三年（前 63）“诏复家”制度实行，汉宣帝下诏曰：“骨肉之亲，析而不殊”，封刘贺为海昏侯，就国豫章郡海昏县，食邑 4000 户，但不得参与宗庙朝聘祭祀之礼。

一般来说，古代都称湖为“海”，比如什刹海、洱海等指的都是湖。“昏”在甲骨文里面表示太阳下山的样子，指黄昏，代表西面。“海昏”的意思就是鄱阳湖的西面。海昏侯国范围大致包括今天南昌市新建区北部、南昌县北部、永修县、武宁县、靖安县、安义县、奉新县，均在鄱阳湖西面。刘贺死后，海昏侯国曾被除国 10 年，汉元帝时恢复，至少再传了 3 代，到班固写《汉书》时，还依然存在。

在西汉，诸侯王和列侯仿照皇帝，在封地都建有自己的都邑，刘贺也不

国城址航拍图
北）

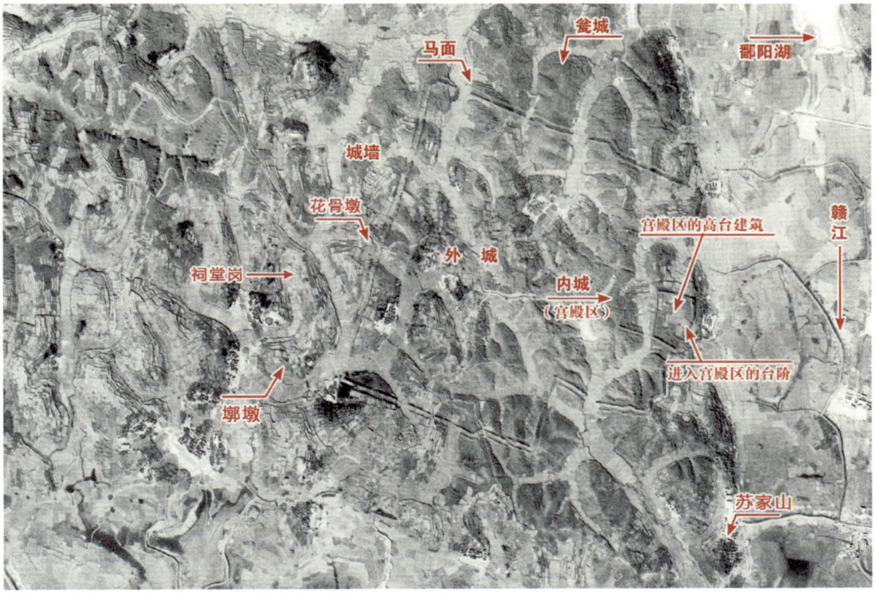

例外。考古发现的南昌汉代海昏侯国遗址真实、完整地展现了海昏侯国国都、历代海昏侯墓园、贵族和平民墓地的空间布局，是重要的国家级历史文化遗产，具有重大的研究和展示利用价值。

紫金城城址为汉代海昏侯国的都城，东临赣江，北依鄱阳湖，平面呈曲尺形，由内城和外城组成，占地面积 3.6 平方千米。内城为宫城，由东西 2 座小城组成，面积约 12 万平方米，发现了大量高等级的建筑基址。

海昏侯国都城有两个重要的特点：

· 城墙为人工夯筑的双重城墙，双重城墙间距 7.9—27.9 米，内墙较高大，外墙较低矮。

· 城内交通网络水、陆并存，以水路为主，陆路为辅。水路与陆路相接处，发现码头遗迹，河岸上发现大量人类活动的遗迹和遗物。

紫金城城址的西面和南面为墓葬区，由 4 代海昏侯墓葬区及其之外的 24 处贵族和平民墓地两部分组成，总面积约 1.4 平方千米。

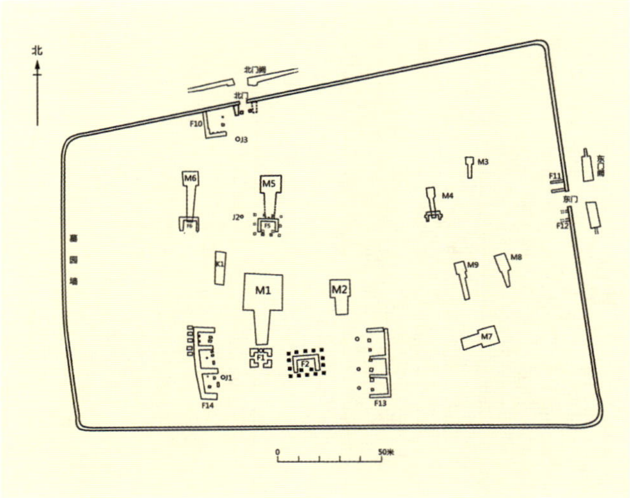

海昏侯刘贺墓园
（墎墩山墓园）

海昏侯墓的惊世发现

海昏侯刘贺墓由墓葬本体及车马坑构成，是一座按照侯的规格、王的规模，甚至带有皇帝痕迹下葬的列侯墓。海昏侯墓的考古工作拥有多项重大发现：

第一，它有一个完整的墓园，墓园占地约4.6万平方米，是我国迄今罕见的保存较完好、结构较完整、布局较清晰、拥有较完备祭祀遗存、内涵丰富的西汉列侯墓园，对研究西汉列侯墓园的园寝制度具有重大意义。

根据我们以往的考古发现，西汉皇帝的帝陵是有陵园的，以陕西咸阳汉景帝阳陵为代表。诸侯王一级也是有陵园的，以江苏盱眙大云山江都王刘非墓为代表。但是像列侯这一级，有没有完整的陵园或墓园呢？虽然长沙马王堆汉墓也是列侯级别的墓葬，但它没有发现墓园。刘贺墓园的发现至少能够证明，像刘贺这样的列侯，他和西汉的皇帝、诸侯王一样，是有一个完整墓园的。陕西西安富平侯张安世墓发现的兆域沟可以作为列侯有墓园的旁证，它和刘贺墓园的区别是：刘贺墓园是有垣墙的，张安世墓的墓园用的是兆域沟。

一般情况下，在帝陵、诸侯王陵的陵园里面，入葬者只有皇帝和诸侯王

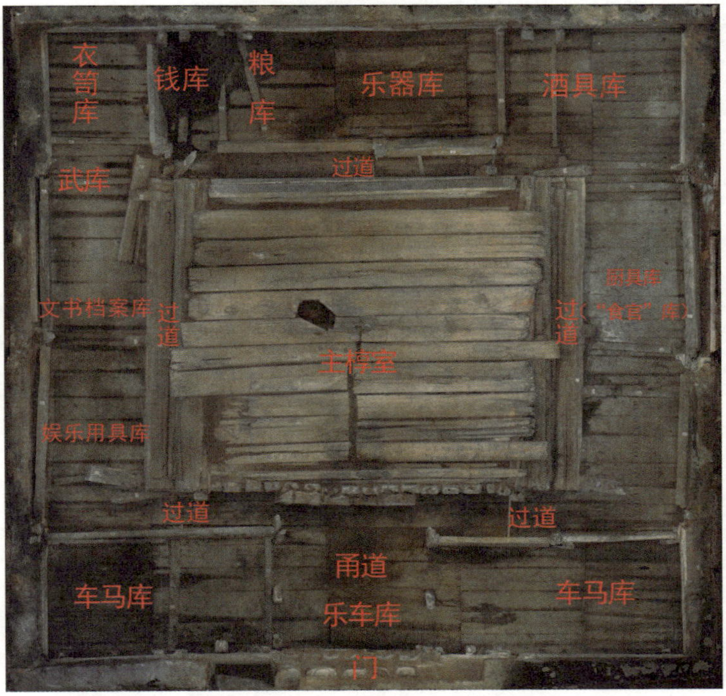

M1 椁室正射影像（上为北）

墓室平面示意图

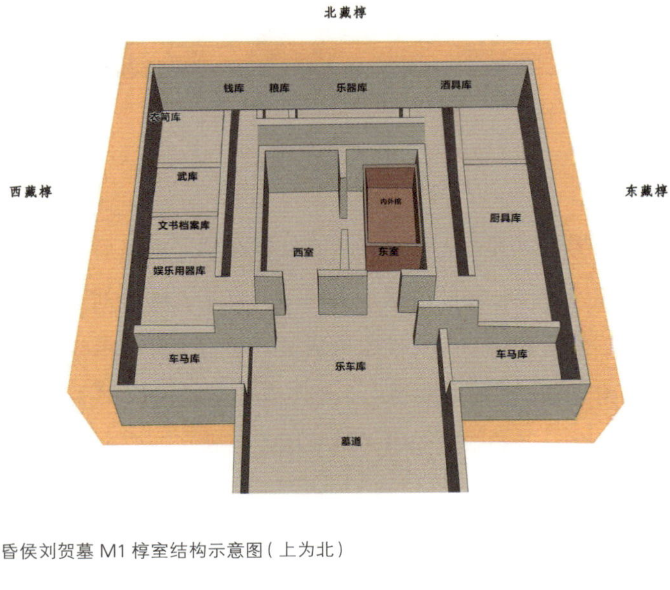

海昏侯刘贺墓 M1 椁室结构示意图（上为北）

海昏侯刘贺墓园 M5
（上为西）

一个人为男性，其余入葬者皆为其女性配偶，如皇后、夫人或妾等。刘贺墓园和帝陵、诸侯王陵的陵园最大的不同点是，除了刘贺本人是男性外，在墓园里面不仅祔葬侯妾等女性家族成员，还祔葬有继承权的未成年的男性家族成员。祔葬墓 M5 的发掘表明，该墓墓主就是《汉书》等文献记载的海昏侯刘贺第一个早逝的未成年嗣子刘充国，反映了西汉列侯的墓园具有家族聚葬性质。

第二，墓室的设计模仿墓主生前真实生活场景，事死如事生。椁室设计

严密、结构复杂、功能清晰明确，呈居室化和宅院化特点，是考古发现的一座以“汉制”为代表的列侯标本墓。墓室各部分既相对独立，又相互连通；墓道直通墓底，可到达椁室任何地方，与西汉早期湖南长沙马王堆汉墓那种墓道不及墓底的“楚制”相区别，对于研究、认识西汉列侯等级葬制提供了难得的资料。

第三，主棺位于主椁室东室的东北部，有内、外两重棺，放置在有 4 个轮子的棺床上，即《仪礼·既夕礼》记载的“輁轴”。内棺内有墓主人遗骸

海昏侯刘贺墓 M1 正射影像（上为东）

主棺外棺（西北→东南）

刘贺遗骸下的包金丝缕琉璃席正射影像图（上为西）

刘贺主棺内包金丝缕琉璃席下的金饼（上为西）

侯墓车马坑正射影像图（上为东）

痕迹，头部被镶玉璧的漆面罩"温明"覆盖，保存有牙齿，腹部发现尚未消化的香瓜子。遗骸不穿玉衣，采用多重衣衾裹束的绞衾制，衣衾内有数件大小不等的玉璧。遗骸下有包金的丝缕琉璃席，这种以铅钡玻璃为主要原料的琉璃席在当时又称为"玉席"。琉璃席下等距放置 20 组金饼，每组 5 块，共计 100 块。

第四，迄今出土的 1 万余件（套）金玉满堂、富可敌国的各类文物，大部分是刘贺和他的父亲刘髆在汉武帝时期积攒下来的财富，是汉代文明的物化表达形式，形象地再现了西汉时期高等级贵族的生活，具有很高的历史价值、艺术价值和科学价值；大量工艺精湛的玉器，错金银、包金、鎏金铜器，图案精美的漆器，显示出西汉时期手工业高超的工艺水平。

第五，海昏侯墓创下秦汉考古史多个"第一"：

· 长江以南地区发现的唯一大型真车马陪葬坑

车马陪葬坑位于主墓西侧，为主墓的外藏椁。平面呈长方形，坑北有一条不及坑底的斜坡道，内葬实用车马，计有木质彩绘车 5 辆，20 匹马以及 3000 余件装饰豪华的车马器。这一车马陪葬坑见证了西汉列侯车舆、出行制度。

甬道乐车库的偶乐车

钱库

套箱提取的北藏椁钱库中的五铢铜钱

· 在我国汉代考古史上首次发现偶乐车

主墓甬道乐车库出土 2 辆偶乐车，1 辆为配有 1 件实用青铜錞于和 4 件青铜镯的金车，1 辆为配有建鼓的鼓车。这种“金车、鼓车并用”的搭配组合为西汉列侯的车舆、出行制度作了全新的诠释，而且这种出行制度可能与先秦时期的军乐有关。

· 首次以考古的方式将“千文一贯”的币制前推了 1000 年

主墓的北藏椁出土了约 400 万枚、重达 10 余吨的五铢钱，按汉制换算相当于 100 千克黄金，见证了一个国力强盛、社会富足的汉武帝时代的中国。

画像

孔子屏风复原图

特别是了解了汉代铜钱以1000文作为一个基础单位的重要信息，首次以考古方式证明唐宋以来以1000文铜钱为一贯的计量方式最迟起源于西汉。

· 发现我国最早的孔子像

在主椁室的西室，发现一个双折式的“孔子屏风”，它由衣镜主屏和《衣镜赋》辅屏共同构成，上有孔子及其7位弟子的画像及传记。7位弟子是颜回、子赣（贡）、子路、堂骀子羽（澹台灭明）、子夏、子张和曾子。上面的孔子像是目前发现最早的孔子画像。上面的文字内容许多抄录自司马迁的《史记》，是目前我们看到的有关《史记》的最早实物资料。屏风上的“东王公西王母图”和《衣镜赋》是目前发现最早的东王公图像和文字资料。孔子屏风是海昏侯生前使用的实物，是海昏侯刘贺“正衣冠”“知兴替”“明得失”“图史自镜”之物。作为奢侈品，它是西汉时期漆器制造的巅峰之作，是《盐铁论》中“一杯棬用百人之力，一屏风就万人之功”的物化表达形式。海昏侯刘贺墓出土的以《论语》为代表的儒家经典竹简和画有最早孔子像的屏风，是汉武帝时代“罢黜百家，独尊儒术”的见证。

· 出土的金器最多

海昏侯墓出土的金器数量巨大，共计 480 件、重达 120 千克的马蹄金、麟趾金、金饼和金板的出土是我国汉墓考古史上保存最完整、数量最集中的一次发现，是西方人眼中汉帝国“多金王朝”的体现。马蹄金和麟趾金为汉武帝根据天马、白麟等祥瑞制作，用来颁赐给诸侯王的纪念品，采用花丝镶嵌等细金工艺制作，有的分别带有“上”“中”“下”三字，有的还镶嵌琉璃。马蹄金和麟趾金上所用的赶珠丝和巩丝等外来细金工艺，体现了受地中海世界希腊艺术的强烈影响，与同墓出土的一批具有草原风格和异域风格的文物一样，是汉武帝派张骞出使西域，凿通丝绸之路后，中西文化交流、中西文明互鉴的物质体现。比如骆驼形象的编钟笋簴，独角羊形象的银质当卢，双狼猎猪纹玉饰件，缠丝玛瑙（苏莱曼尼玛瑙），

金饼

马蹄金、麟趾金与金饼（主椁室西室北部）

金板

金

金

银质当卢

猎猪纹玉嵌饰

铜玩具

水晶以及独角羊、骆驼玩具等。金饼和金板则是具有储藏功能的硬通货，它们作为墓主生前的储备黄金与西汉时期的酎金制度有关。每年 8 月天子祭祀宗庙献酎饮酎时，诸侯王和列侯都要按封国人口数献黄金助祭，如所献黄金分量或成色不足，王削县，侯免国。

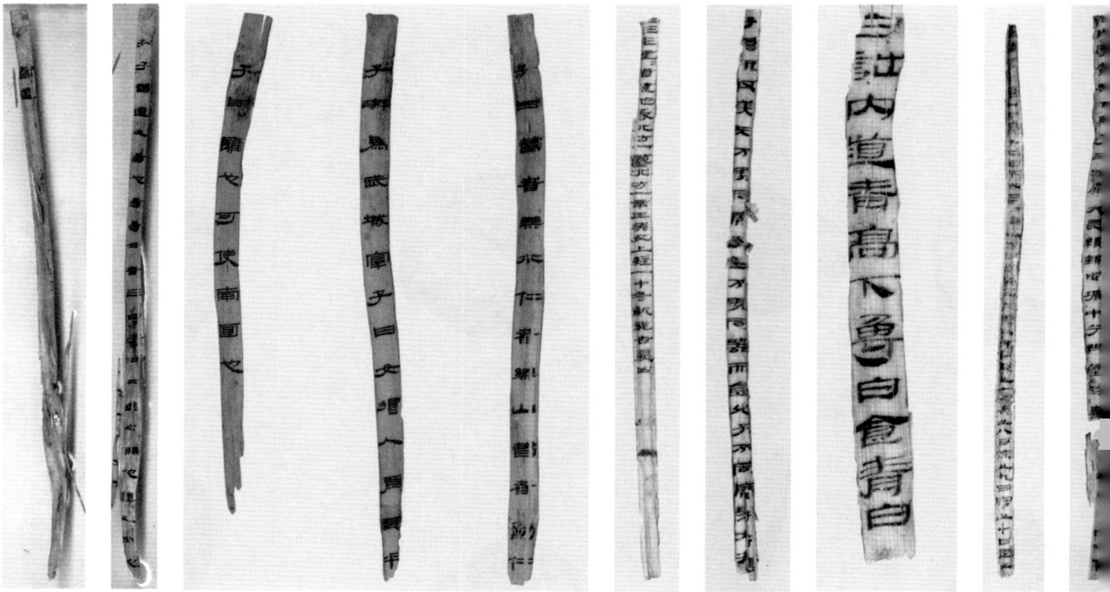

1 2 3 4 5 6 7 8

第六，海昏侯墓发现了失传 1800 多年的《齐论语》

海昏侯刘贺墓出土的 5200 多枚竹简和近百版木牍，使得多种文献在两千年后得以重现。竹简涉及内容非常广泛，最主要的是儒家的经典，如《论语》《易经》《礼记》《孝经》《诗经》《春秋》，同时还发现了《六博棋谱》，当时作为医书的《房中术》以及《悼亡赋》。儒家经典中最重要的发现是失传了 1800 多年的《齐论语》。《论语》在汉代有三个版本：《古论语》《鲁论语》和《齐论语》。我们今天所用的《论语》本子，是西汉末年安昌侯张禹依据《鲁论语》结合《齐论语》形成的《张侯论》；东汉末年，大学者郑玄以《张侯论》为底本，参照《齐论语》《古论语》作《论语注》，《齐论语》在汉魏之后就消亡失传了。《齐论语》和《鲁论语》《古论语》最大的区别就是多出《知道》和《问王》两篇，海昏侯墓里面就发现了《知道》篇的篇名简，从而确认海昏侯墓里面随葬的《论语》是失传了 1800 多年的《齐论语》。海昏侯墓是迄今所见随葬《论语》抄本最早的墓葬，海昏侯墓竹书《论语》代表了《论语》的早期面貌，具有重要的版本学价值，这对于我们审视其他似为《齐论语》的竹书简牍有着重要的参考价值。

1.《论语·知道》篇名 2564 反）
2.《论语·知道》篇名 2564 正）
3.《论语》简
4.《易经》简（四区 12
5.《礼记》
6.《六博棋谱》简
7. 医简（五区 46—59）
8.《悼亡赋》简（四区

考古小知识

黄肠题凑

黄肠题凑这种藏具，是柏木黄心围成的木框，流行于秦汉时期。其使用者多是帝王及其妻妾，还有经皇帝特许的王公大臣。“黄肠”指墓葬的材料和颜色，即黄心的柏木，“题凑”指墓葬的形式和结构，即木头皆向内。使用“黄肠题凑”这种葬具是汉代厚葬之风的产物，是墓主人身份和地位的象征，著名的有北京大葆台西汉墓和石景山区老山汉墓等。

相关遗址

大葆台西汉墓

大葆台西汉墓位于北京市丰台区黄土岗乡，是西汉晚期的 2 座大型木椁墓，其中 1 号墓是最早发现结构清晰的黄肠题凑墓，墓中出土了目前最早的西汉车轮实物，对研究西汉帝王葬制具有重要价值。

相关阅读

[1] 江西省文物考古研究所、首都博物馆编：《五色炫曜——南昌汉代海昏侯国考古成果》，江西人民出版社，2016 年。
[2] 池红主编：《南昌汉代海昏侯国考古专辑》，江西画报社，2016 年。
[3] 朱凤瀚：《海昏简牍初论》，北京大学出版社，2020 年。
[4] 辛德勇：《海昏侯刘贺》，生活 · 读书 · 新知三联书店，2019 年。
[5] 辛德勇：《海昏侯新论》，生活 · 读书 · 新知三联书店，2019 年。

郑建明

上林湖后司岙唐五代秘色窑址发掘领队

2015

后司岙

解密中国青瓷的巅峰之作

档案
开始时间: 2015 年*
位置：浙江省慈溪市桥头镇上林湖中部西岸边
所处时代：晚唐—北宋
面积：发掘面积近 1100 平方米
2016 年度全国十大考古新发现

---

5 年是通过正式发掘确定后司岙遗址为最重要的秘色瓷烧造地的起始年。

上林湖后司岙窑址

上林湖是唐宋时期越窑的中心窑场，也是唐、五代至北宋时期全国的窑业中心，代表了 9—11 世纪中国青瓷烧造技艺的最高成就。最近几年对于上林湖进行的考古调查和发掘表明，晚唐时，上林湖窑区采用了一种新的制瓷工艺：使用瓷质匣钵[1]进行装烧，并且在匣钵之间用釉密封，烧成后，打破匣钵取出瓷器。这种烧制方法能够为青瓷的烧造提供高质量的还原气氛[2]，使得烧成的器物釉色比用普通匣钵烧造得更加青翠，消除传统越窑青瓷泛黄的色调。这种瓷被称为秘色瓷。但随着时代、政权、人们审美倾向的更迭，秘色瓷逐渐沉没在了历史长河中，转而留给后代人们的是无限遐想和不断探索的空间。

皇家御用秘色瓷

晚唐陆龟蒙《秘色越器》诗说：“九秋风露越窑开，夺得千峰翠色来”，是“秘色瓷”见于文献之始。五代时期，庄宗同光元年（923）闽王王审知使徐夤

1. 匣钵为窑具之一。在烧制瓷器时为防止气体及有害物质对胎体、釉面破坏而使用的容器。（编者注）
2. 极少有游离氧的状态，把瓷土中的三氧化二铁还原成氧化亚铁。（编者注）

秘色瓷器

来贡，徐夤作《贡余秘色茶盏》，其中提到："捩翠融青瑞色新，陶成先得贡吾君"，第一次出现了贡瓷的概念。宋代赵令畤在其私人笔记《侯鲭录》记载："今之秘色瓷器，世言钱氏有国，越州烧进，为供奉之物，臣庶不得用之，故云秘色。"即现在的秘色瓷，世人都传其是晚唐以来在江东地区（今江南地区）建立了吴越国政权的钱镠家族于越窑烧造并进贡给帝王使用的，但是不允许臣子平民使用，所以称为"秘色"。嘉泰年间的地方志《会稽志》几乎沿用了《侯鲭录》中的说法："越州秘色瓷器，世言钱氏有国日作之，臣庶不得辄用，故云秘色……"也就是说，《侯鲭录》中对于秘色瓷的定义得到了官方和民间的广泛认同。宋代的许多文献如：《清波杂志》《云麓漫炒》《高斋漫录》《坦斋笔衡》等几乎众口一词地延续了"越州烧，臣庶不得用"的说法，这种说法也一直持续到了现在。

"秘"用作形容词，常与帝王有关，如禁苑称"秘驾"，宫廷藏书之地称为"秘阁"，制诏之地称为"秘庭"一样；"色"是种类、品类的意思，如"各色人等""清一色"等；"秘色"所指便为入贡的品类。在日本奈良正仓院的《东大寺献物账》中，圣武天皇御用的"银装唐样大刀"项下所记载的"绯地秘锦"可以作为秘色瓷是入贡品类的佐证，由此我们可以从文

法门寺地宫入口

献上梳理得出：秘色瓷即入贡的越窑青瓷。作为入贡瓷器来说，秘色瓷自然而然就是最高等级的青瓷。

但是仅凭文献记载，对于什么是秘色瓷、什么是“千峰翠色”的理解歧义是很大的。直到考古工作者在陕西扶风县法门寺的唐代地宫中发掘出了秘色瓷，才解决了陶瓷界长期以来争论不休的问题。

法门寺地宫出土的“应从重真寺随真身供养道具及恩赐金银器物宝函等并新恩赐到金银宝器衣物账”中记载有 13 件瓷器：“瓷秘色碗七口，内二口银棱。瓷秘色盘子、碟子共六枚。”在地宫中还出土有 1 件漆盒，内有碗、盘、碟子等，能够和衣物账上的记载相对应。除此之外，法门寺地宫中室第 2 道门前侧发现有 1 件八棱净水瓶，从其胎、釉、装烧工艺等各个方面来分析，可知这件器物与漆盒内发现的 13 件瓷器应是同一批器物。

由于法门寺地宫中的这些重要发现，且这批器物造型工致，釉色青绿而薄匀、清亮，装烧先进，并不是民间越窑瓷坊能烧造的，我们基本确定了天青色的越窑青瓷即为秘色瓷，也为文献中所记载的唐代曾在上林湖畔建造“贡窑”提供了信实的物证。

与瓷的区别

陶器是以陶土作胎，表面不施釉或施低温铅釉，以低温烧成，其硬度比较低、吸水率比较高。部分陶器以瓷土
台，或高温或低温烧成，如白陶与夏商周时期的硬陶，但表面均不施釉。陶器的出现非常早，在距今 2 万多年前
日石器时代晚期至新石器时代早期即开始出现，在新石器时代得到了巨大的发展，是不同地区诸考古学文化的重
载体。到了夏商周及秦汉六朝时期，制作工艺与质量均得到了进一步提高，汉代伴随着成熟瓷器的出现，瓷器逐
取代陶器而成为主流，这一过程在唐代基本完成。

瓷器是以瓷土作胎、表面施高钙釉、高温烧成的器物。中国瓷器出现于夏代晚期，发展于春秋战国，成熟于汉
兴盛于唐宋元，明清以后彩瓷取代的青瓷、白瓷、黑瓷等单色釉进入繁荣时期，延及当今。瓷器是中华民族对
界文明作出的杰出贡献，代表了中国智慧、中国创造与中国的生活方式。

原始瓷是原始瓷器的简称，由于原始瓷多为青瓷，因此有时也称原始青瓷。原始瓷是瓷器发展的早期、低级状
它以瓷土作胎，表面施高钙釉，经高温烧成。原始瓷属于瓷器的范畴，但胎釉等性状较为原始，是陶器向瓷器
渡阶段的产物。原始瓷出现于夏代，成熟于商代早期，初步发展于西周早期，兴盛于战国，延及东汉早期。主要
中于浙江以及相邻诸省份。

消失千年的秘色瓷寻踪

越窑位于浙江宁绍平原，创烧于汉代，三国两晋时期发展迅速；六朝时期已形成产区范围广、瓷窑众多、制瓷技术高的越窑系；隋唐五代时达到鼎盛，后逐渐衰落。越窑主要烧造青瓷，胎质细腻，釉层均匀，浑厚滋润，如冰似玉；器物品种繁多、造型丰富，一些碗、盘常被做成瓜果和花朵形，精巧美观，样式新颖，多采用刻花、划花、印花、雕刻等装饰技法，与传统的素面青瓷相比增添了许多新意。唐宋时期越窑青瓷的发展大概可以分为 8 个时期：唐代早期、唐代中期、唐代晚期、五代时期、北宋早期、北宋中期、北宋晚期、南宋。

越窑经过唐代早期的发展，至中晚唐时期逐渐到达历史高峰，最杰出的成就是烧制出了精美绝伦的秘色瓷。五代时期，中原政权不断更迭，战事不断，但江浙一带的吴越国所受影响较少，社会经济得到了提升，瓷业生产在唐代的基础上继续发展，产品质量独步天下。因此，钱镠家族为了保全政治地位，便将秘色瓷等大量珍贵物品向中原朝廷进贡。根据《宋两朝供奉录》

法门寺出土的秘色瓷碗

法门寺出土的秘色瓷盘子

法门寺出土的秘色瓷碟子

法门寺出土的秘色瓷净瓶

记载，钱弘俶曾向北宋政权进贡的“金银饰陶器”多达 14 万件，表明贡窑的数量是不断增长的，而对于贡窑所在地和秘色瓷的寻找，自民国时期就已经开始了。

陈万里先生在我国陶瓷考古、科研方面取得了丰硕的成果。他是我国近代第一位走出书斋，运用考古学的方法对古窑址进行实地考察的学者。为考察浙江青瓷，自 1928 年起，他“八去龙泉，七访绍兴”，先后发现龙泉窑大窑遗址、上林湖越窑遗址，搜集了大量瓷片标本，并进行排比研究，开辟了一条瓷器考古的新途径，使我国陶瓷学进入了一个崭新的阶段，为现代陶瓷学研究奠定了科学的基础，被学术界誉为“中国陶瓷考古之父”。20 世纪 50 年代以来，陈万里先生更是不辞辛苦地走遍了我国南北各地，调查了许多

瓷与普通青瓷胎（下为秘色瓷）

窑址，发表了许多调查报告与重要论文。

陈万里先生对于秘色瓷的产地也有着独到的见解，他认为如果陆龟蒙的《秘色越器》指的是“秘色瓷”，那么浙江就是越窑的产地。因此，他将秘色瓷的产地牢牢地锁定在浙江，多次到浙江寻找秘色瓷。

1935 年，陈万里先生去余姚上林湖考察，目的就是为了寻找秘色瓷。他在 5 月 15 日《余姚上林湖访古记》记载：“本日午前在甬参加夏季卫生运动大会以后赶往上林湖。湖水清澈见底，浅处有芦草，微风拂之，荡漾有致。黄花小草，亦随处可以见到，风景之佳，实不让杭州西子湖也。四围山色葱翠可爱，低诵陆龟蒙‘夺得千峰翠色’之句，翘首南望，早已神驰于湖西村矣。自蕹云亭南行折东几穿湖而过……居民均业砖窑，殆为千数百年由制瓷而转为制砖欤！”根据陈万里先生的记载，可以推测出上林湖地区曾经有大量的瓷窑烧制瓷器。

全国十大窑场

1. 越窑

越窑是南方著名的青瓷窑，主要位于浙江宁绍平原，从东汉至宋代均有烧制，秘色瓷代表了其最高的烧造水平。

2. 邢窑

邢窑不仅是“北白”的代表，也是唐代最重要的白瓷生产窑场。邢窑最晚于北朝末期至隋代开始生产，唐代发展到顶峰，五代之后开始逐渐衰落。河北邢台市内丘城关为邢窑的中心窑场。唐代鼎盛时期的邢窑白瓷，胎色洁白，胎质细腻坚致，施釉均匀，釉色白中略泛点黄，釉面湿润，代表了这一时期白瓷的最高生产水平。

3. 龙泉窑

龙泉窑是我国古代著名的青瓷窑场之一，因主要分布于浙江龙泉地区而得名，它创烧于北宋，兴盛于南宋至元代，延续至明代中晚期。是文化内涵庞杂、生产地域广阔、规模十分壮观的青瓷窑业系统，也是中国历代青瓷工艺技术形成发展的集大成者，在中国陶瓷史上占有极其重要的地位。龙泉窑作为我国最后的庞大青瓷窑场，对中国的制瓷业、中国文化及中外文化交流等具有重要的影响。

4. 汝窑

宋代名窑之一，也是宋代最重要的宫廷用瓷之一。目前与之相关的窑址有两处，分别是河南宝丰的清凉寺窑址与汝州张公巷窑址。汝窑的产品以失透的天青色乳浊釉最具特征，它一改越窑、耀州窑青瓷的透明玻璃釉，使釉面更具有玉的质感，从而将青瓷的烧造技术推向一个全新的高度。

5. 御窑厂

江西景德镇珠山御窑厂是元明清三代专造宫廷用瓷的皇家窑厂，以景德镇龙珠阁为中心，元至元十六年（1279），元世祖忽必烈在珠山设浮梁瓷局，负责为皇家监造御用瓷。明洪武二年（1369），朱元璋将浮梁瓷局改建为御器厂，清康熙年间又改称为御窑厂，到清宣统三年（1911）止。景德镇御窑厂是我国烧造时间最长，规模最大，工艺最为精湛的官办瓷厂。

6. 定窑

定窑是宋代名窑之一，也是北方地区宋代最具有代表性的白瓷窑场。它是继唐代的邢窑之后兴起的又一大白瓷窑体系。创烧于唐，发展于五代与北宋早期，极盛于北宋晚期至金代早期，终于元。定窑以产白瓷著称，兼烧黑釉、酱釉和绿釉瓷，文献分别称其为“黑定”“紫定”和“绿定”。主要产地在今河北省保定市曲阳县的涧磁村、野北村及东燕川村、西燕川村一带，因该地区唐宋时期属定州管辖，故名定窑。

7. 建窑

建窑窑址位于今福建省建阳市水吉镇，创烧于晚唐、五代，北宋晚期至南宋时期为其鼎盛时期。北宋晚期，由于斗茶风气的盛行，建窑大量生产黑釉瓷盏，还曾为宫廷烧制斗茶用器，器底刻“进盏”“供御”字样。建窑黑釉瓷器胎体厚重，釉色光亮，有兔毫、油滴、鹧鸪斑、曜变釉等。

8. 湖田窑

湖田窑是青白瓷的典型窑场，因其窑业中心在景德镇的湖田村而得名。约创烧于五代，发展于北宋早期，兴盛于北宋晚期至南宋早期，在南宋晚期衰退的同时发生巨大转变，元代以后主流青白瓷产品被卵白釉等瓷器所取代，但其生产一直延及明清时期。北宋中晚期到南宋早期的青白瓷胎釉质量精细，被称为饶玉，胎体薄而透光，釉色莹润亮丽，釉质如玉，釉面晶莹碧透，造型秀美精巧。

9. 耀州窑

耀州窑创烧于唐代的黄堡镇，五代成熟创新，宋代鼎盛繁荣，金代延续发展，金末元代日渐衰落，明中期以后逐渐停烧。五代以青瓷为主，水平迅速提高。宋金耀州窑繁盛时期的青瓷以装饰工艺中的刻花和印花工艺大量使用而独具特色，装饰纹样达上百种。

10. 巩义窑

巩义窑位于河南省巩义市，主要包括站街镇的黄冶窑和北山口镇的白河窑两个窑址。其产品包括白瓷，也包括唐三彩等低温釉陶器以及黑釉、白釉、蓝彩、绿釉、黄釉与青花瓷器等，是隋唐时期北方地区重要的白瓷与唐三彩窑场，也是唐青花的主要烧造窑场。

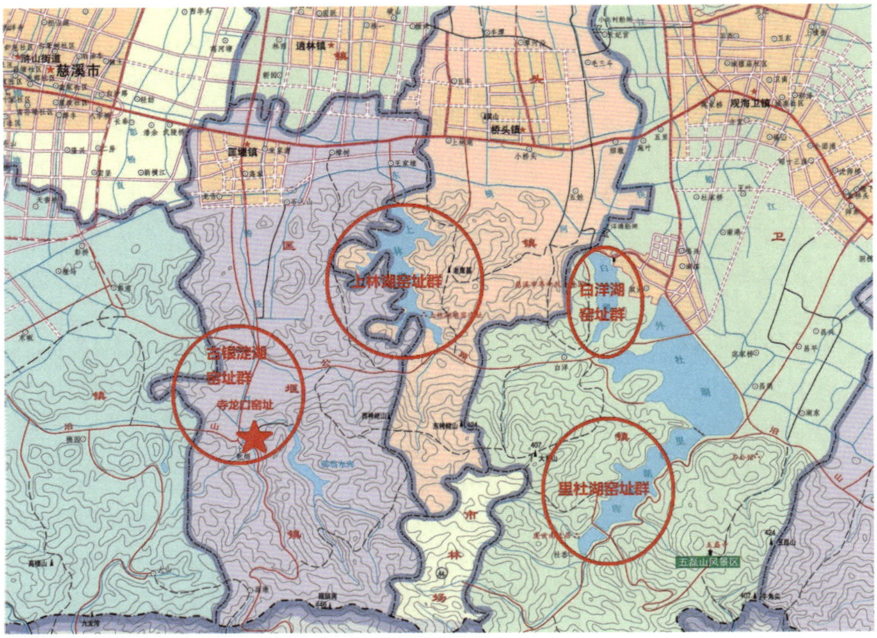

上林湖窑址群分布示意图

窑址考古揭开贡瓷之谜

上林湖窑区考古

中华人民共和国成立后，省、市、县多级文物部门对宁绍平原先后进行了多次详细的考古调查工作，初步理清了越窑的时空格局。确定上林湖地区是唐宋时期越窑的中心产区，是这时期的窑业中心，基本理清了上林湖地区唐宋时期窑址的分布范围与窑业面貌。

浙江省慈溪市东南的桥头镇一带的上林湖地区作为唐宋时期越窑的核心产区，分布着大量窑址。它们发展于唐代早中期，兴盛于唐代晚期至北宋早期，北宋晚期开始衰落，直至南宋早期仍有短暂的宫廷用瓷烧造期。唐宋时期的上林湖代表了越窑乃至同时期中国制瓷业发展的最高水平，其产品种类丰富，造型优美，釉层滋润如玉。部分器物器形巨大、复杂，质量高超，是我国唐宋时期主要生产宫廷用瓷的窑场。

上林湖越窑的发展大致可以分为 7 个阶段：

1. 隋—初唐时期是越窑发展的低谷期：产品种类少、造型简单，胎质

越窑碗

盛唐越窑碗

粗、胎色深、釉面质感不强，多施半釉。产品以碗为主，有少量的盘口壶、鸡首壶、罐、盂、盘、碟等，多数器物比例失调，造型欠佳。胎色多呈深灰、灰黑、土灰等色，并夹杂有较多的细砂，颗粒较粗。绝大多数器物施半釉，并且仅施在器物的中腹部，碗类器物内外腹、均施半釉。除青釉外，亦有少量的黑釉或酱色釉。窑具仅有少量的支烧具、垫具与间隔具，在上林湖核心地区可能已采用匣钵。器物用明火裸烧，器物之间直接叠烧，大多不使用间隔具，只使用泥点间隔。

2. 盛唐时期开始烧造一些较好的器物，但规模不大。器物种类似乎并没有多少增加，主要器物有碗、钵、碟等。鸡首类器物已不见，盘口壶发生巨大变化，盘口加大。在质量上有较大的提高，胎质更细、釉面质感莹润感增强，釉面更加干净、细腻。多数器物施釉及底，并出现满釉现象，碗类器物内腹施半釉的现象消失。平底器及饼形底逐渐向矮圈足演进。在装烧工艺上有一个质的变化，即匣钵的大量使用，这一时期的匣钵多为 M 形，但下凹较浅。

3. 中晚唐时期是越窑的鼎盛时期，风格面貌开始出现变化。安史之乱后，中原与西域的交往被阻隔，大唐生活重心向南偏移，对艺术的取向也从西方华丽彩章、极尽绚烂的风格，转向江南水乡的朦胧飘逸。上林湖由是进入兴盛，其产品“千峰翠色”“凉露浸衣之绿”成为青瓷的定色标准。陆羽的《茶经》因“越瓷……类冰”而将其列为天下瓷器第一等。从越瓷产品中能看出唐代的豪放，像石涛的画，用笔纵肆、充满野气，却又温润如玉。这一时期的器物种类得到极大的丰富：碗、盘、碟、盂、杯、盏、盏托、执壶、侧把壶、盒子、海棠杯、薰、砚、灯、盆、盘口壶、埙、净瓶、皮囊壶、砚滴、茶匙等，通常一种器物又有很多种器型，许多器物器型庞大、造

中晚唐越窑执壶

中晚唐越窑装饰

中晚唐越窑盏

中晚唐越窑各种盒子

中晚唐越窑花口海棠杯

越窑 M 形匣钵

中晚唐越窑碗

型复杂、体现了高超的制瓷技艺。胎釉质量明显进步：胎质细腻，胎色呈较统一的浅灰白色。釉色呈青绿或青黄色，釉面莹润，多数器物施满釉。装饰上仍旧以素面为主，但出现一定数量的纹饰装饰，主要是荷叶，呈四瓣对称布局。匣钵大量出现，主要是筒形与 M 形，装烧上使用两种方式：匣钵装烧与明火裸烧，均置于支烧具上。匣钵又分成两种装烧方式：单件装烧与匣

晚唐越窑秘色瓷八棱净瓶

晚唐越窑秘色瓷扁壶

晚唐越窑秘色瓷枕

晚唐越窑使用瓷质匣钵装烧的秘色瓷盘

后晚唐越窑秘色瓷净瓶与瓷质匣钵

钵内多件叠烧。最重要的成就是因瓷质匣钵的使用，创烧成功了秘色瓷，从而将越窑青瓷推向了高峰。

晚唐时期创烧秘色瓷是制瓷技术上的巨大突破，同时亦成为唐以后历代最高等级青瓷的代名词。产品种类相当丰富：以碗、盘、钵、盏、盏托、盒等为主，亦有八棱净瓶、扁壶、执壶、瓶、罐、碟、炉、盂、枕扁壶、圆腹

五代越窑碗

净瓶等，每一种器物又有多种不同的造型。许多器物为首次出土，不见于公私博物馆馆藏与历年来的考古出土品中。这个全新的青瓷品类，以造型简洁为美，施薄釉，胎薄，质极细腻，凸显釉色之纯。秘色瓷的出现与瓷质匣钵的使用密切相关。瓷质匣钵的胎与瓷器基本一致，极细腻坚致，匣钵之间使用釉封口，以使在烧成冷却过程中形成强还原气氛而使瓷器呈现出天青色。

4. 五代时期，钱镠政权文化与经济的富足使越窑迎来了顶峰时期，无论是普通青瓷还是秘色瓷均得到了进一步发展。器物种类、造型上均较唐代发生较大的变化，金银器的风格越来越浓重：造型更加纤细、瓜棱形造型、外撇高圈足。这一时期的青瓷以釉色与造型取胜，瓷质匣钵流行，但质地上较唐代粗。

5. 北宋早期，秘色瓷面貌开始发生巨大变化，出现大量的细线划花装饰的器物，其题材包括龙、凤凰、鹦鹉、孔雀、鸿雁、缠枝花卉等，线条流畅、图案精美。但是这一时期由于缺少优质的瓷土资源，瓷器质量开始下滑，胎釉质量大幅度下降。北宋早期开始使用由釉封口的 M 形粗瓷质匣钵，器底的泥点形态开始变长，到北宋中晚期泥点连接成一条，与唐代秘色瓷器底清晰、单独的泥点形成了强烈的反差。

北宋早期细划花龙纹

北宋早期越窑凤衔枝与卷草纹大盘

北宋早期越窑鹦鹉衔枝纹

6. 北宋中晚期是越窑的衰退期。这一时期，器物装饰上开始出现大量的粗线刻花，质量越来越差，釉色发黄，胎质变差；纹饰变得模糊，只描绘轮廓。

7. 南宋时期，越窑的发展虽然有所延续，但规模极小。南宋时期越窑烧造的瓷器出现了巨大的变化，这一时期出现了 3 种类型：

· 传统的越窑透明玻璃釉和传统的越窑器型相结合。

· 器物使用传统的越窑透明玻璃釉，但是器型和纹饰都带有外来文化色彩。

· 出现施加不透明的乳浊釉器物。因为受到北宋时期汝窑的影响，所以这一类型器物的器型、釉色、装烧工艺等，都和汝窑有紧密的联系。

南宋的这批越窑器物，在中国陶瓷史上起到了重要的桥梁作用，上承汝窑，下启南宋官窑和龙泉窑。

北宋中晚期越窑粗刻花瓶

南宋越窑长颈瓶

南宋越窑乳浊釉觚

南宋越窑传统青瓷刻花盘

后司岙窑址的发掘

2014年以前，秘色瓷的烧造仍是越窑乃至中国陶瓷史上需要重点探索的问题，但通过大量的考古勘探发掘，基本可以确定后司岙一带是秘色瓷窑业的核心。因此，后司岙窑址可以说是探索秘色瓷生产的关键性窑址。

后司岙窑址位于浙江省慈溪市桥头镇上林湖中部的西岸边，是上林湖越窑遗址中最核心的窑址。发掘过程我们严格按照新版田野考古工作规程进行，发掘面积近1100平方米。揭露了包括龙窑炉、房址、贮泥池、釉料缸等在内丰富的作坊遗迹，清理了厚达5米多的废品堆积，出土了包括秘色瓷在内的大量晚唐至北宋时期越窑青瓷精品。这次发掘无论是在考古学方法上还是窑场自身，均取得了丰硕的成果。基本理清了以后司岙窑址为代表的晚唐至北宋时期秘色瓷的基本面貌与生产工艺、秘色瓷窑场基本格局、唐代法门寺地宫与五代吴越国钱氏家族墓出土秘色瓷的产地问题。

后司岙窑址在考古学方法上的创新与探索主要有6点：

第一是整个窑场，包括废品堆积区，均以遗迹的方式进行清理。每一文化层发掘过程中仅剔除泥土，留下所有的窑具、窑炉砖块以及各种青瓷产品，再进行三维扫描，制作三维立体图等，重要的标本在三维立体图上进行定位编号，使每一件编号器物都有清晰的三维坐标。

第二是以九宫格方法进行标本的清理与采集。由于越窑遗址的堆积比较厚且疏松，这一类型的窑址发掘一般以10米×10米的规格进行布方[3]。但如此大的探方会遗失一些遗物分布的重要信息，因此此次发掘是在10米×10米探方的基础上，以九宫格法将整个探方划分成九格，每一小格独立采集标本。

第三是所有的标本均进行统计与采集。窑场的废品数量非常庞大，怎么采集与处理这些海量的标本，一直是瓷窑址考古中的难题。我们的方法是以九宫格法分多个层级全部采集。首先数量相对较少的青瓷产品全部采集。其次窑具及其他遗物全部进行现场统计，之后按3个层级分别采集：典型及重要的标本进行编号和三维坐标基础上作小件采集；基本完整或较特殊但重复的标本全部采

3. 考古发掘区域内在地表划定探方的过程。（编者注）

清理后的地层——瓷质匣钵层

九宫格法取标本

现场激光三维扫描

集；剩余现场装袋、写上标签后放置在窑址边上的临时工棚中，以备日后再整理研究与博物馆展示。

第四是发掘过程三维化全记录和古代窑场废弃过程的三维化重建。在发掘过程中，我们大量使用包括地面激光扫描、低空无人遥感、近景摄影测量等多种现代科技手段进行全方位三维记录。全面记录每一层的发掘过程，并依此重建窑场形成过程的三维模型。三维记录的分辨率达到能看清每一件标本器型、胎、釉等特征的清晰度。这一发掘与记录过程，对报告编写与资料公布，亦带来重大的变化。

第五是田野考古工地数字化管理平台的使用。为实现田野考古资料与信息记录的规范化、科学化与高效化，我们与北京的一家公司展开合作，针对瓷窑窑址考古的特征，专门开发了记录系统，有效提高田野考古信息采集技术水平和工作效率，促进考古工地管理的规范化。

第六是水陆考古的结合。水下考古工作运用多波束测深仪、侧扫声呐、磁力仪、浅地层剖面仪与探地雷达等多种技术手段，系统获取了上林湖湖底地形地貌的高精度三维数字模型、平面声呐图像、环湖道路、古湖堤、古水道、古水坝等丰富的水下遗存，为内陆浅水水域的水下考古提供宝贵经验。

后司岙窑址的时代

后司岙窑址始于唐代晚期，止于北宋，基本与唐五代北宋时期秘色瓷延续的年代相始终。堆积中分别发现了带有“大中”[4]“咸通”[5]与“中和”[6]年款窑具的地层。据此可以确定此处至少在“大中”年间前后开始生产秘色瓷，在“咸通”年间前后秘色瓷占相当比例，在“中和”年间前后则达到了兴盛，这一过程一直持续到五代中期左右，在五代中期以后质量有所下降。

后司岙窑址秘色瓷的种类

秘色瓷的产品种类相当丰富，以碗、盘、钵、盏、盒等为主，亦有执

4. 唐宣宗年号（847—860）。（编者注）
5. 唐懿宗年号（860—874）。（编者注）
6. 唐僖宗年号（881—885）。（编者注）

秘色瓷不同碗底

秘色瓷不同器型盏

晚唐瓷质匣钵与五代粗瓷质匣钵

直筒形匣钵与匣钵盖

壶、瓶、罐、碟、炉、盂、八棱净瓶、扁壶、枕、圆腹净瓶、盏托等，每一种器物又有多种不同的造型，如碗有花口高圈足碗、玉璧底碗、玉环底碗等，盘有花口平底盘、花口高圈足盘等，盏的大小高矮不一。出土的秘色瓷均为素面，以造型与釉色取胜；胎质细腻纯净，完全不见普遍青瓷上的铁锈点等杂质；釉色呈天青色，施釉均匀，釉面莹润肥厚，达到了如冰似玉的效果。许多器物为首次出土。

从装烧工艺上看，秘色瓷的出现与瓷质匣钵的使用密切相关

瓷质匣钵的胎与瓷器基本一致，极细腻坚致，匣钵之间使用釉封口，以使在烧成冷却过程中形成强还原气氛。这种瓷质匣钵在至少“大中”年间前后开始出现，但普通的粗质匣钵仍旧在大量使用，此后瓷质匣钵的比例不断提高，到了“咸通”年间已占相当的比例，而“中和”年间完全取代粗质匣钵，一直到五代中期，均完全使用高质量的细瓷质匣钵。五代晚期，匣钵

匣钵与覆烧

的颗粒开始变粗，密封性下降。因此，瓷质匣钵及由此带来的秘色瓷生产，当是以后司岙为代表的上林湖地区窑场的重大发明。瓷质窑具主要构成是匣钵与匣钵盖及少量的垫具。匣钵主要有M形、钵形、筒形与直筒形等，均大小不一。匣钵之间除均用釉封口外，部分匣钵在套叠后作为盖部分的内面施有釉，封口的釉常见窑变现象[7]。匣钵盖极浅，近M形，匣钵盖与M形匣钵中心均呈圆形浅下凹以放置器物，并有多个泥点。绝大多数器物均为满釉单件仰烧，器物与匣钵之间使用多个泥点间隔。少量器物为覆烧，覆烧器物使用环形匣钵，剖面呈L形，多个叠烧，宽沿上有泥点痕迹。匣钵的叠烧方式因器物高矮大小不同而相异，以M形与直筒形匣钵直接叠烧最为常见，此外还有钵形与M形、钵形与匣钵盖、钵形与钵形对扣后再多组叠烧、钵形上叠多

7. 瓷器在烧制过程中由于温度变化导致的釉色发生的不确定性自然变化。（编者注）

喇叭形瓷质匣钵上的

个重叠的环形匣钵等。净瓶使用特殊的喇叭形匣钵。垫具总体上数量不多，以垫饼为主，亦见有少量的垫圈。垫饼中心多有较大的圆孔而呈圆环状，偶见实心呈饼状的。

后司岙器物的文字

瓷质匣钵上常见有刻画文字，以姓氏为主，亦有纪年、器物的自命名、吉祥语、“官”字款等。

后司岙的窑场格局

窑场以窑炉为中心进行布局。窑炉为依山而建的南方传统龙窑，基本为正南北向，除窑头部分淹没入上林湖水库中外，其余部分保存较好，保留了包括窑尾排烟室、多个窑门、窑炉两侧的多道挡墙等在内较完整的结构。窑

寺窑址窑场布局

炉使用砖坯砌筑，而外围的挡墙则用废弃的匣钵叠砌。窑炉西边是丰厚的废品堆积，主要是倾倒窑业垃圾处，废品与窑炉之间使用多道匣钵挡墙隔开。东边主要是作坊遗址，包括2座房址、多个釉料缸、贮泥池等。它与普通窑场以窑炉为中心、两侧均堆积废品的布局有明显区别。

后司岙窑址出土的秘色瓷产品，与唐代法门寺地宫中以及五代吴越国钱氏家族墓中出土的秘色瓷不仅在器型、胎釉特征上十分接近，而且装烧方法亦几乎完全相同，其中八棱净瓶目前仅见于后司岙窑址中。因此可以确定，晚唐五代时期的绝大多数秘色瓷器当为本窑址的产品。同时，在后司岙窑址发现多个“官”字款的匣钵。1971年，在窑址北边的吴家溪一带出土光启三年（887）的墓志罐一件，内有“殡于当保贡窑之北山”等内容，与本窑址位置暗合。据此，后司岙窑址是晚唐五代时期烧造宫廷用瓷的主要窑场，代表了这一时期的最高制瓷水平，其开创的以天青色为特征的秘色瓷产品，不仅是制瓷史上的一大飞跃，同时成了此后高等级青瓷的代名词，影响到后代包括汝窑、南宋官窑、龙泉窑、高丽青瓷等一大批名窑生产与整个社会的审美取向。

考古小知识

考古类型学

又称标型学或器物形态学。随着人类社会不断地由低级向高级演进，各种文化因素不断发展变化，器物的形态也常常随之改变。因此，器物形态的稳定性是相对的，变化性则是绝对的；器物形态既具有历史阶段的稳定性，又具有明显的时代与文化特色。考古类型学就是将遗迹和遗物按用途、制法和形制归类，根据形态的差异程度，排列出各自的发展序列，从而确定出土物相对年代的方法。20 世纪 30 年代，苏秉琦先生在研究陕西宝鸡斗鸡台沟东区基地出土物时应用了类型学的方法，对出土的陶鬲进行了仔细的分类整理，从而对考古类型学不断完善，奠定了中国考古类型学的基础。

相关遗址

荷花芯窑址

荷花芯窑址位于浙江省慈溪市桥头镇上林湖的西南岸边，是上林湖地区比较具有代表性的唐宋时期窑址。考古发现了丰富的制瓷作坊遗迹，包括：窑炉、房址 5 处，挡墙 7 道，台阶路 2 处，轱辘坑 1 处，储泥池 1 处，釉料缸 2 个，为复原唐宋时期的窑场布局提供了可靠的一手材料。同时揭露出晚唐、五代、北宋晚期 3 个时期的地层堆积。

晚唐地层堆积中，产品种类丰富，有玉璧底碗、宽圈足碗、灯盏、瓜棱形水盂、瓜棱形侧把壶、执壶、盏托、海棠杯、渣斗、盒、茶碾等，出土产品质量高超；五代地层堆积中包含大量瓷质匣钵残片及瓷片；北宋晚期地层堆积中，瓷器种类较单一，以碗、小盘、杯、盒、灯盏为主。

相关阅读

[1] 中国硅酸盐学会编：《中国陶瓷史》，文物出版社，1982 年。

[2] 郑建明：《21 世纪以来瓷窑址考古新进展》，文物出版社，2019 年。

[3] 郑建明：《浙江慈溪上林湖后司岙唐五代秘色瓷窑址》，《大众考古》杂志，2017 年第 3 期。

[4] 任世龙，谢纯龙：《越窑瓷鉴定与鉴赏》，江西美术出版社，2002 年。

于春雷

清平堡遗址考古 项目负责人

陕西省考古研究院副研究员

2020

清平堡

沙漠里的明长城

档案

时间：2020 年

位置：陕西省榆林市靖边县杨桥畔镇东门沟村

时代：明

范围：（清平堡防区）南北长约 15 千米

中国”重大项目、陕北地区营堡中遗迹保存最好、

整的明代长城城堡

年，长城被第一个列为世界文化遗产

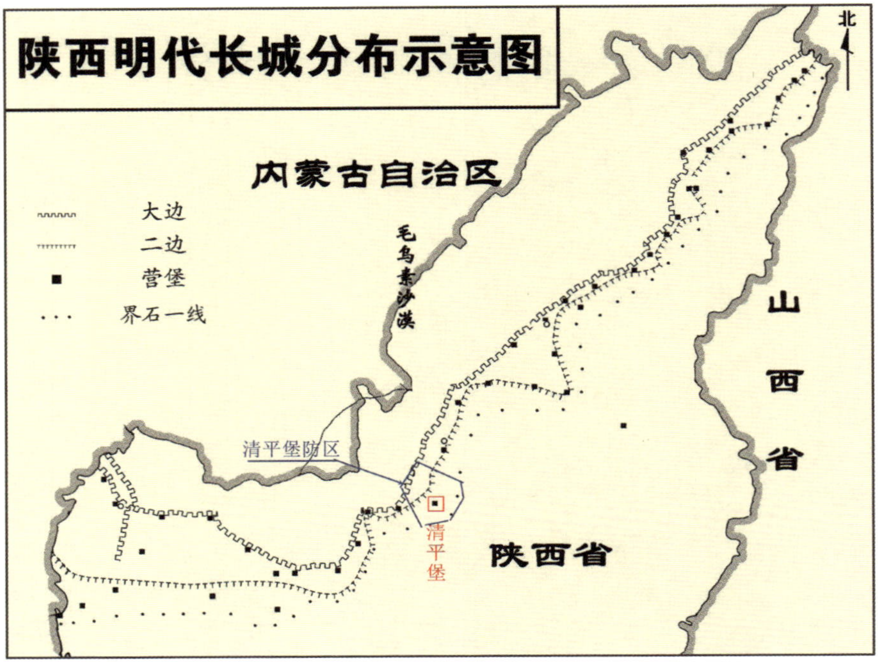

清平堡及其防区位置图　壹原视觉改绘

清平堡遗址位于陕西省榆林市靖边县杨桥畔镇东门沟村，为明代延绥镇长城沿线三十六营堡之一。清平堡现存堡墙一周，平面略呈长方形。堡内高低起伏，为流沙覆盖。在堡外西侧，尚有 2 处护城墩遗址，在南门外另有一处石拱桥遗址。据清代《延绥镇志》记载，清平堡为明成化十一年（1475）兵部尚书王复所置。“周三里八十步，南、北门二，楼铺十座，系极冲中地。隆庆六年（1572）加高，万历六年（1578）增修，砖砌。”清平堡附近的地形是一处东西向分布的凹地，南北稍高，中间较低，西侧是毛乌素沙漠南缘的芦河滩地，东侧是大理河上游，是沟通大理河流域乃至更东边的无定河下游和河套地区的咽喉部位。由于地形的关系，风沙在这里向东南突进得最远，这里也是历来的交通要道，现在的太中银铁路、青银高速（G20）等均从这里经过。

什么是长城？

长城是中国文化最重要的符号之一。中国长城是世界上规模、体量最大、修筑使用时间最长的人工构筑物。中国长城的历史伴随着以农耕民族和游牧民族交融构成的中华民族的形成，伴随着以农耕文明与游牧文明为核心的中华文明的形成，伴随着以儒家文化为代表的中华传统文化的形成而发展。所以，长城是中华民族的象征。这是中国长城的独特之处，有别于其他长城（英国、德国的罗马长城、伊朗的“红蛇”长城等[1]）。

中国长城历经春秋战国、秦、汉、南北朝、隋、唐、北宋、西夏、辽、金、明、清2000多年的修建，至今存留21196.18千米的墙体（包括壕堑）遗迹，分布在黑龙江、辽宁、吉林、河北、天津、北京、山西等15个省（市、自治区）的404个区（县），还有数量众多的单体建筑、关堡和相关设施等遗迹，是世界上延续时间最长、分布范围最广、军防体系最复杂、规模与影响最大的文化遗产类型。

长城本身是一处军事设施，最初修建主要出于军事目的。但处在不同时代与位置的长城具有不同的经济属性（分隔不同的经济形态，主要是农耕经济与游牧经济）、政治属性（区分不同的政治实体）与文化属性（区分不同文化认同的群体）。

战国长城

战国时期，齐、楚、魏、秦、燕、赵、中山国均修筑有长城，其中的齐、楚、魏、中山等长城仅具有政治属性，建筑形态上以墙体为主，只有很少量的单体建筑与关堡，这是长城产生初期的一种不成熟的体现；秦、燕、赵等长城兼具有政治属性与经济属性。以下简单介绍齐、魏、秦、赵4国的长城。

1. 英国、德国的长城是罗马帝国时代为防御北方的族群而修建，在罗马帝国分裂之后便不再起作用。伊朗的长城是波斯帝国为防御北侧的白匈奴而修建，在波斯帝国灭亡后，便也一起成为历史的遗迹。

齐长城

齐长城西起于山东省济南市长清区孝里镇东南广里村北 500 米处的岭子头，东至今青岛市黄岛区于家河村东北，全长 618.9 千米。齐长城所分隔的只是不同的政治实体，并不分隔不同的经济形态，也不分隔不同的文化体，所以，只具有政治属性。

魏长城

战国魏长城，是指战国时魏国在西部修建的防御秦国的长城，也称魏西长城，分布在陕西省境内延安市、铜川市、渭南市等地。调查发现，战国魏长城的墙体并非像明长城或秦昭王长城一样一线相连、绵延分布，而是分段存在、互不相连。根据秦魏两国界线在 60 多年时间里不断变化，长城的位置也有相应的移动，部分区段还有魏秦两国交互使用的痕迹。

战国秦长城

战国秦长城是秦国为防御西北戎狄修建的，因为修建于秦昭王时代（前 306—前 251），故也称为秦昭王长城。

秦昭王长城是连绵一线不绝的，呈东北—西南走向。秦昭王长城东北起于河套东北角十二连城黄河拐弯处内侧，西南止于甘肃岷县洮河岸边。这一线不仅仅是秦与北方胡人的政治界线，也是农耕经济与游牧经济的界线，所以兼具了政治属性与经济属性。

秦昭王长城建筑本身的一个突出特征是墩台比较密集，这是长城建筑发展的一种表现。墩台间距在 200—300 米不等，墩台间距稍小于当时弓弩射程的 2 倍。这些墩台大多可以监视对面一条沟道或山梁，而这些沟道和山梁也可以被用作通道。

赵长城

赵长城主要分为赵南长城和赵北长城两大部分，其中赵北长城又包括了赵肃侯北长城和赵武灵王北长城。赵北长城的修建体现了赵国作为一个农业为主体经济形态的政权与北方游牧经济为主的匈奴之间的关系，二者在长城一线碰撞交流融合。

秦汉长城

秦长城

北却匈奴之后，为防御其再南下骚扰中原，秦始皇遂将战国时期秦、赵、燕三国北边的长城进行重新修葺和增筑，使其连接成一线。主要新增修建的部分为贺兰山一线的长城，主要目的是将宁夏平原纳入长城防御圈以内，宁夏平原正是"新秦中"。秦长城将当时东亚大陆的农业区域基本囊括完毕，这是秦长城的经济属性；秦与匈奴以长城为界分治，这是秦长城的政治属性；秦为了加强边境的力量，采取移民实边的政策，虽然迁移的是罪谪之人，却也直接形成了中心区域对边境区域的文化影响与输送，这就是秦长城的文化属性。秦朝灭亡后，匈奴再次南进，在长城一带与原来的秦遗民交流融合，在文化上产生了趋同性。因此，才会有后来的匈奴浑邪王降汉。就长城建筑本身来说，这是长城逐渐向成熟发展过程中的一种体现。

汉长城

"故塞"，是汉代对沿用秦昭王长城、燕北长城等的称呼，也称河南故塞、辽东故塞。汉代初年，连年战乱，国家与百姓积贫积弱，匈奴则在楚汉战争之时，趁机又突破秦始皇长城，向南挺进。汉朝方面无力驱逐匈奴，也无力修建新的长城，就利用原来旧有的长城作为边防。结合当时汉朝国情且史籍中并没有关于修建长城的记载，估计不会对长城有太大的改进，甚至没有改进。

直到汉武帝时期，征伐匈奴，致使"幕南无王庭"，然后在当时控制的北界修筑了长城——光禄塞。由于若干匈奴部落的加入，汉王朝不再是一个纯粹的农业经济体，而是包括农耕和游牧两种形态的经济体。汉长城也就不再具有像秦长城那样的经济属性，移民实边的举措也使得中原文化向北方传输，所以汉长城就兼具政治属性与文化属性。

魏晋南北朝长城

北魏定都平城（今山西大同）后，由于京城处在农业与牧业的交汇地带，为了保卫国家，泰常八年（423）修建了泰常长城，在太和八年（484）修建了六镇长城，这都是纯粹政治属性的长城。

武定元年（543），东魏统治者修建了肆州长城。武定三年（545），再次修筑长城，从整个长城防御体系上观察，武定三年修筑的长城应该与肆州长城相接构成完整的防御体系。

北齐是北朝时期构建长城次数最多、调动人力最众、长城分布最复杂、长度最长的王朝。北齐长城兼具政治属性与经济属性，但并不具备文化属性。

隋唐长城

隋长城

隋长城是隋朝为防御突厥侵扰而修建于北方边境的长城，分布在今陕西北部向西经内蒙古南部与宁夏交界处附近，直达黄河岸边。

隋长城正位于隋朝都城——大兴城的正北方向，是当时隋朝主要的防御方向。由于隋朝之前也是经过多年战乱，国力贫弱，所以隋长城的几次修筑都一旬二旬便结束工程。考古发现隋长城的修建看起来很仓促，很少有夯筑的痕迹。就是这样一道草率的建筑，却也具备了经济、政治、文化等属性。这是长城建筑形态趋于成熟的体现。

唐长城

唐时期，长城的修缮主要出于政治目的，景龙年间（707—710），修建了三受降城，分为东受降城、中受降城和西受降城。渤海国修建的长城也只是一道政治界线，因此也就仅具有政治属性。

辽金长城

根据文献记载和考古调查资料，为维护帝国的统治，防御渤海国、女真和乌古敌烈等部，辽王朝曾在今辽宁、吉林、黑龙江以及呼伦贝尔草原建立大规模防御工事，即辽镇东海口长城、松花江和第二松花江间的防御工事和辽漠北边壕。

金界壕是金王朝统治者在南迁之后，为防御北方民族对自己边境的侵袭而修建的防御性工事。这些长城都是只具有政治属性的长城，不涉及经济与文化属性。

宋长城

我国现存唯一完整的宋长城西起山西岢岚县青城山，东至与山西五寨县相连的荷叶坪山，至今已有1000多年历史，其建筑风格比较独特，对研究我国古代边塞防御、社情民俗有重要的参考价值。

岢岚境内现存的宋长城墙体由片石砌成，保存完好处高约4.2米，顶宽约2.1米，有些段落还保留着炮台遗迹，在长城附近也曾发现过少量的瓷片、墓碑和古代兵器。宁夏固原一带也有部分宋长城遗迹存在。宋代是中原文化政治实体退缩的一个时代，所以才会有宋人对传统经学的反思，进而才会产生金石学，长城必然就具有了文化属性与政治属性，但并不具备经济属性。

明清长城

明长城

明长城东起鸭绿江畔的辽宁虎山，西至祁连山东麓的甘肃嘉峪关，长达8848.8千米。明长城所处地域辽阔，是明朝为防御蒙古、女真等北方游牧民族而修建的军事防御工事。明长城是一个结构复杂的整体，包括墙体、单体建筑、关堡，还有不少市场。在具体运行过程中，明长城一方面是军事防御设施，同时也是管理控制明蒙之间商业往来的设施。由于所处地区不同，东部辽东镇、蓟镇、昌平镇、宣府镇，还有太原镇、大同镇等长城分布在山区，以砖石垒砌为主；西部陕西四镇[2]（延绥镇、宁夏镇、固原镇、甘肃镇）等分布于黄土高原及河西走廊，以夯土修筑为主，万历时期曾给延绥镇营堡及墩台进行包砖。明长城沿线驻军的营堡，既是军队驻扎的地方，有校场和

2. 陕西四镇是明代的称呼，包括今陕西、甘肃、青海的部分地区。

军营；又是随军家属生活的地方，有学校和庙宇；还是明蒙之间互市的场所，有蒙汉商人与逆旅。明长城兼具政治属性、经济属性与文化属性，尤其是长城本身所包含的经济作用与文化作用更丰富，这是长城成熟阶段的特征体现。

距离清平堡 20 千米的

清长城

盛极必衰，长城在明代达到成熟阶段，由于经济文化的发展，不可避免地走向衰落。清朝版图包括原来的明朝、蒙古、女真等地，但长城仍然作为

蒙汉或清王朝东北龙兴之地的界线存在，但只是一道内部的界线。清朝初期，一度对明长城还有修缮，但由于在一个政权统治之下，这条界线也是不断被突破，直至最后消失。

界线是消失了，长城却留了下来。由于工业时代的到来，火器、机械等成了战场的主要兵器，土石建造的长城失去了军事上的作用，长城的修建就停止了，长城的利用也改换了形式。

长城，终于成了一处遗址、一处世界文化遗产。

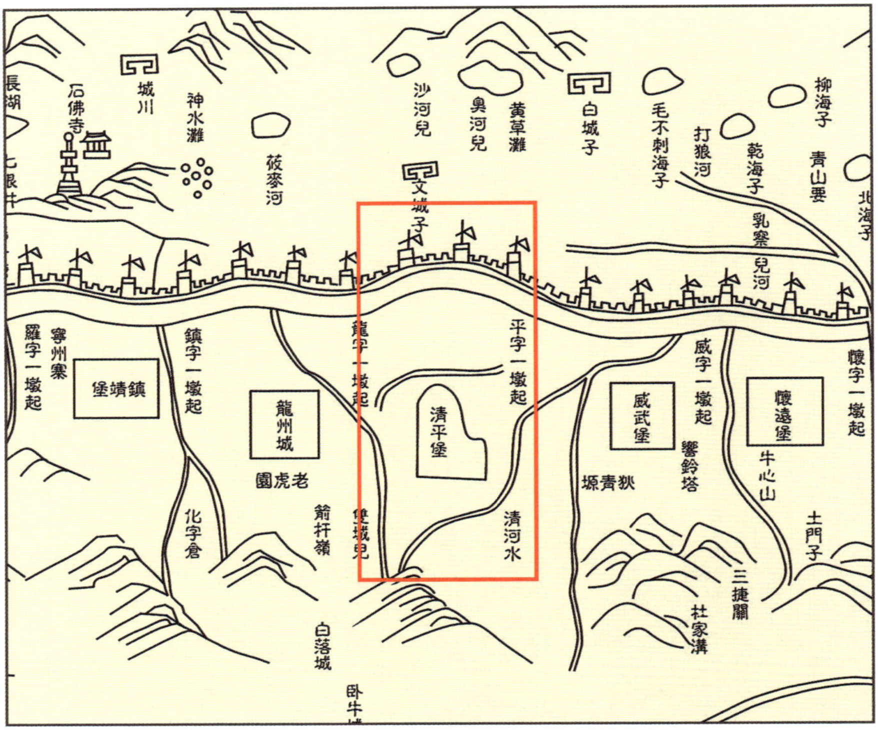

《延绥镇志》关于清平堡及其防区图（龙州堡位于龙州城的稍东处）
引自［清］谭吉璁撰，刘汉腾、纪玉莲校注:《延绥镇志》，三秦出版社，2006 年

清平堡遗址与明朝边防

文献中的营堡

营堡是明长城遗址中修建最早的一类遗迹，均位于南北交通要道上，目的就是控制或切断交通。为了让守边的士兵能长久驻扎，明朝实行了佥妻制度与军屯制度，长城沿线不仅有众多的将士，还有他们的家属也一同驻扎。在驻地，这些士兵的职责是屯守结合，家属则从事屯田以及其他生产生活活动。由于有大量的人口，长城沿线本身就是一个不小的市场，明朝的商人便往来边境进行经商牟利。由于营堡占据了南北交通的要道，也是蒙古与明朝之间民间贸易的首选场所，一些小规模的官方贸易也在这类场所举行。所以，每一个营堡就是一个市场。北部蒙古虽然是明朝边防的重

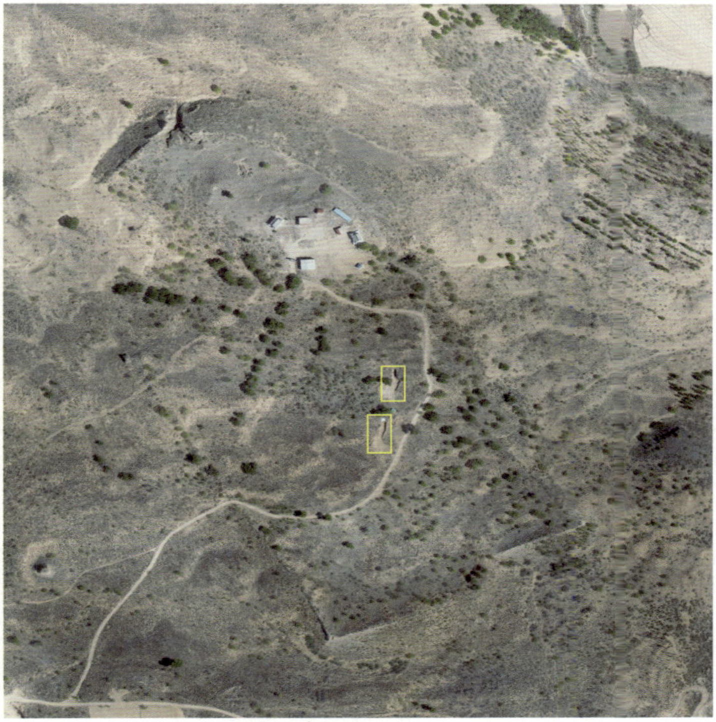

清平堡遗址航拍（黄色方框为取土沟位置）

点，但是在近300年的时间内，在北部长城沿线发生的血腥战争却并不是主流，恰恰相反，大部分时间双方和平相处，有各种各样的交流，发生了很多引人发笑或者温馨的故事。比如王琼《北虏事迹》中记载了一个故事，韦州（宁夏同心县）人跑去河套生活，并奉蒙古小十王的命令来到长城边墩处询问明朝方面"牛车昼夜不断做甚么"，明朝墩军回说准备搜套"打你帐房"。韦州人劝说不要打，并提出交换一张弓复命，明朝墩军接到韦州人的弓后，却并没有将自己的弓给他，反而威胁要打杀，韦州人只得空手而归……土木之变后，大同镇通事指挥甚至计划与也先的弟弟结为儿女亲家。这样的事例，史籍中多有记载。

清平堡北邻威武堡（位于陕西横山县塔湾镇），西南邻龙州堡。每一座营堡就负责一个最基本的防区，清平堡防区是南北长约15千米的边界，包

清平堡侧视（南—北）

清平堡侧视（西—东）

括长城大边和二边[3]的防守管辖。具体的防守是由2224名驻军执行的，所辖大边沿线的31座墩台，各有5名士兵携带家属驻守，营堡西侧有2座护城墩，也有一定数量的驻军，其余军丁及随军家属驻扎堡内，可随时出动策应各地防御。

3. 大边处于北侧，作用是防御与截断交通道路；二边位于南侧，作用是标识从事耕牧等生产活动的界限，控制长城南侧的军民不得越界耕牧。

清平堡发掘出的土砖

清平堡的护城墩

清平堡遗址的发掘

2020 年 4 月末，陕西省榆林市靖边县杨桥畔村村民在清平堡内挖沙取土时，在 2 条取土沟内发现有砖墙、泥塑造像、铁香炉、青花瓷片、砖瓦等遗迹遗物。多年来，当地对村民持续不断针对文物保护尤其是长城保护进行宣传与教育，当时村民意识到这是暴露出了古代长城的文化遗迹，便立即上报靖边县文物管理办公室。

2020年5月起，我们对清平堡内发现的泥塑造像及建筑遗迹进行了抢救性考古发掘工作。根据发掘的收获以及我们对长城的认识，经报国家文物局批准，2021年转为主动性发掘。

如今的清平堡内全部为流沙掩盖，流沙之下就是保存较好的明代至清初的营堡遗迹。流沙堆积速度很快，流沙快速的掩埋，很好地保护了这一处遗址。由于流沙的特殊性，覆盖在清平堡上方厚1—5米的沙层，却是我们考古工作需要面对的最大的难题，挖好的探方壁高度不能超过1米，且随时会垮塌。

根据两年的考古发掘及勘探与调查，目前确认清平堡中部偏南有一处中心楼，为一平面方形的砖砌高台建筑，台下有四出通道，通道顶部为券拱。中心楼南侧正对清平堡南门，东侧正对清平堡东门。这处中心楼是清平堡修建时规划的中心所在，其他营堡也都有此类设施。

中心楼西侧紧邻是显应宫[4]，即村民取沙时发现的遗迹。显应宫是一处较大的院落庙宇，东西宽25米，南北长65米，平

清平堡内沙层与遗迹

碑首

4. 显应宫，是最低一级城隍庙的名称。明太祖朱元璋封天下城隍神为五等，分别是对应京、都、府、州、县不同的行政等级，分别护佑相应的区域。县一级的城隍神为显佑伯，秩四品，其庙即为显应宫。

宫庭院

宫戏台

内小型房址

面呈长方形，围墙砌砖，地面铺砖，房间里有各种塑像。现场还发掘出土一通石碑，根据碑文所记，确定这处庙宇遗迹本名为显应宫。该石碑为明代晚期著名将领、延绥镇副总兵杜松于万历二十六年（1598）主持重修显应宫时所立。

考古发掘显示显应宫建筑结构保存完整，由照壁、宫门、宫墙、戏台、东西侧殿、正殿、寝宫等结构组成。所有建筑顶部均已坍塌，墙体保存仍然较好，残高 2—3 米。除戏台外，其余房宇内均发现有泥塑造像，与真人等大，制作水平较高，工艺精湛，造像内部木骨架已经基本腐朽，但是形态以及表面颜色仍然保存完好。西侧殿一尊小鬼塑像的形象与关中西安北边的三原县明代城隍庙壁画中的一个小鬼形象非常接近，几乎相同。

此外，在显应宫南侧还发现有数座小型建筑，建筑地面及墙体保存较好，墙体残高 0.3—1 米，是小型的民居。民居建筑形制类似，均为砖铺地建筑，内有灶、火炕等生活设施，建筑内出土有青花瓷片、白瓷片、铁锁、石质夯头等生活遗物。

目前，清平堡的考古工作仍在进行中。

明朝边防

明王朝的政权建立之时，就确定了将

显应宫发掘平面布局

城内小型建筑

出土泥塑

退守北方的蒙古部族视为整个王朝的主要防御对象。明王朝非常重视其北部的边境防御，为了防御蒙古部族南下，明王朝沿边设立军镇负责边防，在河套一带设置的军镇就是延绥镇。

明代延绥镇位于河套南侧，处于毛乌素沙漠和黄土高原的交界地带，在今天的陕西省北部榆林市和延安市。

明代延绥镇长城是逐步修成的，不同时期有不同的形态，反映了长城两侧的政权、民生动态的变化。依据明代不同时期延绥镇的边防设置，可以划分不同阶段：守在天险，守在营堡，守在墩台、界石，守在夹墙，守在互市与边墙等。

守在天险是指明代初期，东胜设卫之时，即永乐元年（1403）之前，明朝在该地区的防御仅设置有延安卫和绥德卫，依凭北方辽阔的沙漠、黄河与阴山等天险，阻止蒙古部族南下。

守在营堡是指在洪武五年（1372）至二十五年（1392）之间、永乐元年（1403）至正统元年（1436）之间，由于蒙古人渡过黄河，延绥沿边一带外侧的防御天险不再有效，对于这一带的防御重心就放在旧有的一线营堡之上，并又新筑若干营堡。这些营堡均位于交通要道上，截断了这些可供北人南下的通道。明代火器已经大量装备沿边军队，清平堡就出土有瓷雷。这种瓷雷，外有棘突，中空，底部留孔用以装填火药及引信。军种基本分为步兵和骑兵，考古发掘出土有士兵甲片和马甲片。

守在墩台、界石是指在正统元年(1436)以后至成化九年(1473)之间，由于边境军事压力逐渐增大，延绥镇的防御设施主要是依靠营堡北侧的一线墩台和营堡南侧的一线界石来实现的。墩台位于营堡北侧，一方面是为营堡提供预警，另一方面是对营堡之间小的交通道路进行封堵。界石位于营堡南侧，是标明耕种活动的北界，避免接近北人。

守在边墙是指成化十年（1474）至隆庆五年（1571）之间，延绥镇的防御体系以修建的夹墙构成，并以夹墙防御蒙古人南下。夹墙是由大边、二边和营堡构成的防御体系，大边是由墩台发展而来，二边是由界石发展而来，两者组合更加严密地封堵了南北之间的交通。

守在互市与边墙就是从隆庆五年（1571）直至明朝末年（1644），在延绥一带，开展了蒙汉两族人民之间的互市、交通有无，蒙古人民在获得生活物资后就安心放牧，两族之间战事明显减少，但仍然有边墙区分两侧，防御零星的南下事件，长城的作用在于明示了明朝政权的控制范围。蒙汉之间最终采取了互市的手段，是传统文化中“堵不如疏”理念的体现。同时边墙也没有放弃，与互市相互配合，说明文武之道，一张一弛，不可偏废。长城体系至此臻于完善，长城的时代也就接近于尾声了。

由于长城所处的位置正是在农牧交错带，在气候上属于季风敏感地带。因此，多风少雨就成了延绥镇长城附近的一般特征。清平堡所在正是一处凹地，形成一个东西向槽形地带，西北来的风沙从这个槽中穿过，同时也沉积留下不少沙土。这种形态的结果就是在这个区域，毛乌素沙漠的东缘向东突出，仿佛是向东插入黄土区域的一个芽突。清平堡周边有黄土高原常见的沟壑，但地表却覆盖一层厚厚的沙层，清平堡所在的小台地更是典型的沙漠地貌。时至今日，清平堡周边不宜农耕，少有居民，导致现在清平堡周边的居民仍然没有统一的道路、供水、网络等基础设施。

清平堡作为一座驻军营堡，本身所处的区域并不适合农业生产，其设置与废弃均与当地的军事形势密切相关。进入清代，长城两侧不再是两个对立的群体，不再发生军事活动，作为军事设施的长城被次第废弃，其他营堡转为当地普通的居民点或者成为一级行政中心所在，但清平堡就被彻底放弃了，不再有人居住于此。流沙迅速抚平生活的痕迹，只有原本高耸的堡墙和墩台尚可在流沙中露出一小截，往日的威武不再。

营堡内格局具有明显的市井生活气息和中原文化的因素。显应宫的存在及高规格的修建反映了明朝依靠文化信仰来巩固边防的方式，在长城沿线，温情的生活和频繁的交流才是主要的形态。

堡南门沟桥

堡南门沟桥与古道路

长城地带与中华文明

长城的出现，是农耕民族和游牧民族文明碰撞的结果。长城是中华传统文化地域的中心和中华民族的象征。长城所带来的影响，不仅仅加强了军事方面对边境的防御，在政治、经济、文化等方面也产生了巨大的影响。

长城·军事

长城的修建是出于军事需要，是一处完全的军事设施，其产生、发展与废弃都与军事密切相关。长城的起源就是城墙的扩展，最早的城墙就是从环壕一侧的堆土发展而来。据研究，这类防御性的设施都是在社会资源不足以满足所有族群消费的情况下，为防御争夺而产生的。例如半坡遗址的环壕、石峁遗址的城墙。当时的军事行动仅限于人力攻防，后来出现的战车也仅限于对阵时的冲击，对地形要求颇严。直到游牧业发展起来，人类对马匹的利用不仅仅是驾车，而是掌握了骑乘技术的时候，更灵活的骑兵就产生了，专门对付骑兵的长城也就应运而生了。农耕民族是修筑长城的主要力量，并不断根据骑兵的特征持续优化长城的防御结构。从最初期战国魏长城等只是一道墙体，到秦昭王长城便有密集分布的墩台，隔一段设置一处障城，墙体上的墩台可以加强防御，障城可以驻军。宋金时代的长城设施更趋繁密，有瞭守侦敌的墩台，有传递警情的烽火台。明代长城的设施不仅繁密，还增加了控制己方人员不得越界的二边，有了纵深，长城不仅仅是线性的防御设施，同时又加上文化对抗、经济互市的手段，堵疏结合，全方位实现了边境安全。有明一代，长城防线起到了基本的作用，北侧的蒙古与后来的女真一直没有突破这道防线，尽管中间有多次大大小小的冲突，有多次位置上的前进或退缩，还是达到了修建长城的军事目的。

长城 · 经济

长城南侧是农耕经济区，长城北侧是牧业经济区，长城分开了两个经济形态区域，这是长城在经济方面最重要的意义。这两种不同的经济形态在长城地带发生接触、交换，是长城在经济方面作用的重要体现。由于这两种经济形态需要一定的互补，尤其是牧业需要农业的补充，布匹、粮食、铁器、牧草等。所以，游牧民族需要与农业民族发生贸易交换，朝贡、互市、边市、马市，甚至走私等各种经济形式在此发生。因此，经济也成了长城南侧农业文明政权控制北方游牧民族的手段，或作为军事手段的辅助用来平衡双方的关系。完善的经济手段更符合双方的利益，往往能起到比军事手段更强、更持久的效用。以清平堡为例，其作为互市的场所，附近还有石人坪、麻叶河两处市场，也体现该处平时均有繁荣的交易活动，文化的交流与融合、民族的交流与融合就在此同时发生。

长城 · 文化

长城两侧有不同的文明形态，便会有不同的社会文化。具体到明代的时候，北侧蒙古族信仰的是藏传佛教，在长城北侧分布着很多以喇嘛命名的地方，像陕西神木县高家堡北侧有喇嘛河、喇嘛沟等，陕西府谷县麻镇现在还有很多居民去世后坟头作覆钵式的塔状。针对这种藏传佛教的传播，明朝当局采取的措施是加强汉地传统宗教的推行，具体表现是在清平堡揭露出的城隍庙，超规格的修建（副总兵杜松主持修建，比清平堡的级别高出两等）就能说明当局对于这种宗教手段的重视与使用。清平堡显应宫中的小鬼塑像与陕西三原城隍庙壁画中的小鬼形象一致，可知是有来自关中地区的因素，这究竟是有意模仿关中的工艺，还是关中的工匠参与修建，甚至是明朝对于城隍庙的塑像就有统一标准，还不得而知，但都能说明显应宫的修造就是将明朝的文化移植，加强了明朝文化在边境地区的影响。同样的例子还有陕西高家堡的龙泉寺、榆林卫的红石峡等，这也是明朝采取的文化安边政策，这类长城沿线的文化宗教遗迹体现了南北两侧在文化方面的对抗与交融。

长城与文明的融合

长城是农业文明与游牧文明的边界，也是两者交融的中心。长城是两种文明冲突的产物，两种文明在此冲突中渐渐产生了融合。中华文明源远流长，2000 多年持续修建的长城就是证明。长城见证了黄河流域的农业文明与沙漠草原区域的游牧文明持续地交流，参与了中华民族的形成。

长城沿线，正是南北双方互市的场所，是二者驻军的前沿。边境地方虽然是战争发生的地方，但是和平是主流，交往融合是长期的。

这从中国历史上可以看到，经济中心逐渐南移，而都城不断向北发展。这是加强北方军事或政治影响的需要，也是文明融合之后的需要。定都北京最早的是战国时期的燕国，后来的辽金，再后来的元明清，都反映了两种文明融合之后产生的需要。所以，长城是东亚大陆上农耕文明与游牧文明的边界，在二者融合之后，长城就成了新的文明的中心，就是中华文明的中心，也就成了中华民族的象征。

长城与长城地带

长城，因其独特的地理位置与历史作用，被赋予了越来越多的文化意义。长城分布的区域有一个专有名词，被称为长城地带，但并不是所有存在长城的地方都属于长城地带。长城地带被用作这个特殊地域的称呼，特殊

长城 © 李勋 / 高品图

之处在于自然条件上是半干旱区域，是季风敏感地带，是农牧交错带，是两种文明交错碰撞的地带，也是最具活力的文明区域之一。长城地带的长城是指划分开农业区域和牧业区域，具有经济属性与文化属性的长城，像战国齐长城、后来的金界壕等，其所分布的区域并不能算作长城地带。

长城地带处于黄河文化区域的北侧，有独特的经济形态，有独特的文化发展模式。这种独特的基础是半干旱的气候、黄土区域与沙漠之间的区域，这里的土壤比较疏松，植物生长较慢，以草地和灌木为主。在石器时代，这

类地方更容易开垦耕作，也就更容易发展出较为高等的文明。石峁遗址、夏家店遗址便是这种文明的典型遗址；在金属工具时代，相比之下，南侧黄土区域有更好的农耕条件，长城地带一度成为文明的凹地。直到游牧业产生后，这一带便是农业文明与牧业文明之间的界线，由于农牧之间的冲突，长城在此诞生；进入工业时代，长城失去了军事作用，成为遗址。长城地带作为一个特殊区域的专有名词被学者提出，用于标识前工业时代文明发展的区域特征。

长城保护与长城考古

长城保护，在于保护长城遗址的本身与周边的风貌不受破坏。保护长城的原因是由于长城可以使我们知道中华民族是如何形成的，知道中华文明是怎样发展的。长城的保护依然要秉持最小干预的原则，因为长城是作为现在的文化遗产被保护的，而不是作为过去的军事设施来保护的。作为最大的土筑遗址，按照我国传统的五行相克理论中“木克土”的观点，长城保护工作中最重要的是消除乔木在遗址上生长。

长城考古是通过考古学的理念与方法探索长城，复原长城发展的过程，进而说明长城是如何参与中华民族的形成过程，说明长城是如何促进中华文明的发展，说明中华文化的特征与优越性并以此实现增强民族凝聚力，提升民众文化自信心的目标。

考古小知识

文物与遗迹

文物一般指由人类创作的可以移动的物品，而遗迹是不可移动的，如城墙。文物可分为无机物和有机物。前者包括陶土、金属、石头等，后者包括骨头、草木、植物种子等。一般情况下，无机物较易保存，有机物只有在干燥的沙漠、极寒或者饱水（隔离氧气）的环境下才可能保存下来。如沙漠中的居延汉简、雪山里保存完好的冰人、南海 I 号上的食物遗存都是极端环境下有机物得以保存的例证。

相关遗址

镇北台遗址

位于陕西榆林北侧的红山顶上，红山实际上只是榆林城北侧一处比较高的高地，是周边一带的制高点。由于地理的优势，战国秦长城与明长城均在此处分布，明代增设款贡城用于明蒙之间的朝贡贸易与日常交易。

统万城

位于陕西榆林靖边红墩界乡白城子村，是十六国时期赫连勃勃所建的匈奴都城遗址。该遗址反映了匈奴民族的兴衰，体现了中国历史上北方游牧文化与中原农耕文化的交融。

相关阅读

[1] 段清波等：《中国历代长城研究》，经济科学出版社，2019 年。
[2] 徐永清：《长城简史》，商务印书馆，2021 年。
[3] 国家文物局编：《明长城》，文物出版社，2012 年。

附录 1

致敬中国考古人[1]

他们栉风沐雨、风餐露宿、远离都市，他们用手铲进行着上下五千年的求索。

致敬，中国考古人！

致敬，为考古事业献出生命的人！

仰韶

梁思永（1904—1954）：梁启超次子。1923 年毕业于清华学校留美预备班，1930 年获哈佛大学考古学和人类学硕士学位。1950 年后任中国科学院考古研究所副所长。通过后冈遗址的发掘，第一次从地层学上判定仰韶文化、龙山文化和殷商文化的相对年代关系。著有《小屯、龙山与仰韶》《梁思永考古论文集》等。

苏秉琦（1909—1997）：历任中国科学院考古研究所研究员，中国考古学会第二、三届理事会理事长。曾主持河南、陕西、河北等地新石器时代和商周时期主要遗址的发掘。提出中国文明起源“满天星斗”说、中国文明起源形成发展的“多元一体模式”，影响深远。主要论文编为《苏秉琦考古学论述选集》。

石兴邦（1923—2022）：1949 年毕业于南京大学边政系，是中国考古学会第一、二届理事会理事，第三、四届理事会常务理事。建立了中国史前考古体系，对中国民族社会的考古学研究亦有较大贡献，曾主持仰韶文化西安半坡遗址等重要遗址的考古发掘。主编《西安半坡——原始氏族公社聚落遗址》《临潼白家村》等。

安志敏（1924—2005）：1948 年毕业于北京中国大学史学系，1950 年任职于中国科学院考古研究所。曾任中国考古学会第一、二、三届理事会常务理事。通过对仰韶文化庙底沟遗址发掘材料的整理和分析，确立了庙底沟二期文化，初步揭示了仰韶文化与中原地区龙山文化之间的传承发展关系。出版专著十余种，主编《庙底沟与三里桥》，论文先后结集为《中国新石器时代论集》《东亚考古论集》。

严文明（1932—2024）：北京大学考古资深教授，中国考古学会第三届理事会常务理事，从事中国新石器时代考古、中国文明的起源研究。先后主持和参

1. 本附录所列的考古人是与本书主要遗址相关并作出重大贡献的中国考古人，由于篇幅所限，无法全部列出。如仰韶村首次发掘中瑞典学者安特生未列入其中，但其对中国考古学的贡献不会被忘记。谨以此书向百年来所有为考古事业奋斗的人致敬！

加了洛阳湾遗址、河南大司空村遗址等的田野考古和室内整理工作。著有《仰韶文化研究》《史前考古论集》等。

张忠培（1934—2017）：吉林大学考古专业的创建者。曾任故宫博物院院长。先后在陕西、吉林、河南等地主持大规模的考古研究工作，开创了史前仰韶时期新石器时代的考古研究，在考古学的理论与方法等方面都提出了自成体系的认识。著有《中国考古学：实践理论方法》等。

巩启明（1935—　）：1959年毕业于西北大学历史系考古专业。1972年调入西安半坡博物馆，曾任副馆长。主要从事中国史前考古和唐代帝陵研究。曾主持仰韶文化临潼姜寨、渭南史家等数十处遗址的发掘。著有《姜寨——新石器时代遗址发掘报告》（合著）《仰韶文化》等。

殷墟

李济（1896—1979）：中国最早独立进行田野考古的学者。1929年，领导并参加了安阳殷墟、章丘城子崖等田野考古发掘，对殷墟陶器和青铜器进行了系统的研究，使得发掘工作走上科学轨道。著有《殷墟器物甲编·陶器》上辑、《李济考古学论文集》等。又与他人合著有《古器物研究专刊》。

梁思永（1904—1954）：近代田野考古学的奠基人之一。1931年参与安阳发掘，在安阳后冈发掘过程中以自然分层法处理地层，辨识出殷代、龙山、仰韶3种考古学文化，确立了三者之间的年代关系。该地层关系被称为“后冈三叠层”。它标志着中国考古学走向成熟。1934—1935年，主持安阳殷墟西北冈商代王陵发掘。1950年出任中国科学院考古研究所副所长。

郑振香（1929—2024）：女，河北东光人。新中国培养的第一代考古学家。1950年入北京大学博物馆专修科。1955年攻读研究生，师从尹达先生。1959年毕业，分配到中国科学院考古研究生。自1962年到2002年，长期在安阳殷墟从事田野发掘与研究工作。出版论著有《殷墟妇好墓》《殷墟的发现与研究》《安阳小屯殷墟建筑遗存》。代表性论文有《论妇好墓对殷墟文化分期和卜辞断代的意义》《论殷墟文化分期及其相关问题》等。学术贡献突出表现在殷墟文化分期体系的建立和妇好墓的发掘与整理。

李伯谦（1937—　）：1961年毕业于北京大学历史系考古专业。曾任北京大学考古文博院院长、兼任中国考古学会常务理事。参加和主持过河南偃师二里头、安阳小屯殷墟等多处遗址的发掘。主持国家“十五”科技攻关重大项目《中国文明探源工程预研究》课题的工作。著有《中国青铜器文化结构体系研究》等。

唐际根：南方科技大学社会科学中心讲席教授、博士生导师。曾长期主持殷墟遗址发掘与研究；提出商王朝考古学编年新框架；发现洹北商城；主持殷墟成功申报世界文化遗产；绘制出“大邑商”布局图等。多次主持国家社科基金重大课题、重点课题。出版论著12部、发表论文140余篇。

三星堆

陈德安：1979年毕业于四川大学历史系考古专业。1984—2006年，担任三星堆遗址考古发掘领队，1988—2005年，担任四川省文物考古研究院三星堆遗址工作站站长，主持了包括一号、二号“祭祀坑”在内的一系列三星堆遗址的重要发掘工作，1999年撰写出版《三星堆祭祀坑》。

陈显丹（1955—　）：1980年毕业于四川大学历史系考古专业，曾任四川省文物考古研究院副院长。1986年三星堆“一号、二号坑”的主要发掘者。1988年，经过他的努力奔走，使三星堆遗址申请成为全国重点文物保护单位。曾应邀在伦敦大学、大英博物馆、剑桥大学、丹麦哥本哈根大学主办关于三星堆遗址发掘的讲座。著有《东汉雒县古城墙》等。

雷雨：1984年毕业于北京大学历史系考古专业，2006年至今，担任三星堆遗址考古发掘领队，2005年至今，担任四川省文物考古研究院三星堆遗址工作站站长，主持了包括三号—八号“祭祀坑”在内的一系列三星堆遗址的重要发掘工作，即将出版《三星堆：1986—2005》考古发掘报告。

阿房宫

李毓芳（1943—2023）：女，1967年北京大学历史系考古专业毕业。原中国社会科学院考古研究所研究员，曾任中国社会科学院考古研究所汉长安城考古队队长、阿房宫考古队队长。2003年退休后返聘主持完成中国社会科学院重点课题——“汉长安城骨签考古发现与研究”。受国家文物局委托，2002—2008年开展秦阿房宫考古工作，得出秦阿房宫没有建成亦没有被火焚烧的重要结论。2011年以来，先后参加上林苑窝头寨铸币遗址、上林苑纪杨寨遗址、中渭桥遗址、栎阳城遗址、昆明池遗址的考古钻探和发掘。在国内外出版、发表了中国古代都城、帝王陵墓和汉唐考古学研究专著多部、论文数十篇。

刘瑞：中国社会科学院考古研究所研究员，博士。任汉唐研究室副主任，陕西五队（阿房宫与上林苑考古队）队长、中国考古学会秦汉考古专业委员会副秘书长等职。2011年至今在西安参与或主持秦阿房宫遗址、秦汉栎阳城遗址、秦汉上林苑遗址、秦郑国渠遗址等的考古工作。著有《汉长安城的朝向、轴线与南郊礼制建筑》等，主编出版《阿房宫考古发现与研究》《秦汉上林苑2004—2012年考古报告》等。

良渚

牟永抗（1933—2017）：浙江省文物考古研究所研究员，浙江省考古事业的学术带头人。对于中国史前玉器及中国文明起源的研究作出了重要贡献。瑶山遗址发掘领队。

王明达（1943— ）：浙江省文物考古研究所研究员，曾任良渚工作站站长，反山墓地发掘领队。1986年提出“良渚遗址群”概念。

刘斌（1961— ）：原浙江省文物考古研究所研究员、所长。现任浙江大学考古与文博学院教授、博士生导师。良渚古城发现者。

石峁

戴应新（1938— ）：陕西省考古研究所研究员，从事田野发掘和考古学研究工作，参与或主持了秦都咸阳遗址、周原遗址、统万城遗址、青龙寺遗址、府谷宋代墓葬等考古发掘工作。发表了《陕西岐山贺家西周墓葬》《陕西神木县石峁龙山文化遗址调查》等论文和报告，并出版有《折氏家族史略》《赫连勃勃与统万城》《泾阳高家堡戈国墓》等专著。

吕智荣：陕西省考古研究所研究员，研究方向为夏商周考古及陕北龙山考古学文化。主持发掘了神木寨峁、府谷郑则峁、靖边郝滩汉墓等考古项目，调查试掘了石峁遗址。发表论文60余篇，出版考古报告3部、图录1部。提出了李家崖文化，解决了陕晋北部区域商周青铜器的考古学文化与族属等重要问题，代表作《试论陕晋北部黄河两崖地区出土的商代青铜器及有关问题》《李家崖》等。

孙周勇：陕西省考古研究院院长，博士、研究员，石峁考古队队长。先后荣获“百千万人才国家级人选”“万人计划”哲学社会科学领军人才等称号，国务院政府特殊津贴专家。长期从事新石器考古及商周考古发掘与研究，主持国家社科基金重大项目《石峁遗址考古发现与研究》，完成多项国家社科基金项目。

二里头

徐旭生（1888—1976）：原名炳昶，字旭生。1933年起在关中做考古调查多年，主持宝鸡斗鸡台遗址的发掘工作。中华人民共和国成立后，任中国科学院考古所研究员。1959年，率队在豫西考古调查“夏墟”，发现的二里头等重要遗址是从考古学上探索夏文化最重要的对象。著有《略谈研究夏文化的问题》《1959年夏豫西调查“夏墟”的初步报告》等。

赵芝荃（1928—2016）：1955年毕业于北京大学历史系考古专业，入中国科学院考古研究所任职，长期从事田野考古工作，先后主持洛阳东周城、偃师二里头、偃师商城、临汝煤山、永城王油坊、密县新寨等遗址的发掘，试掘、调查古遗址百余处。主要著作有《偃师二里头》（合著）、《赵芝荃考古文集》。

郑光：中国社会科学院考古研究所研究员，博士生导师，1980—1999年任二里头考古队队长，1996年主持“夏商周断代工程”中有关“二里头遗址分期和夏商分界”的专题研究工作，重点发掘了以铸铜作坊为代表的遗址，以实物证据证明二里头文化已经进入青铜文明阶段。著有《二里头陶器集萃》《河南偃师二里头二号宫殿遗址》《河南偃师市二里头遗址的环境信息》等。

许宏（1963— ）：博士。中国社会科学院考古研究所研究员，中国社会科学院研究生院考古系教授、博士生导师。主要从事中国早期城市、早期国家和早期文明的考古学研究。1999—2019年，主持河南偃师二里头遗址的考古工作。著有《先秦城邑考古》、

“解读早期中国”系列丛书（4册）、《发现与推理》等书，主编考古报告《二里头（1999—2006）》、集成性专著《二里头考古六十年》等。

秦始皇帝陵

袁仲一（1932— ）：曾多年担任秦始皇兵马俑博物馆馆长，被尊称为“秦俑之父”，一直致力于秦俑及秦陵的考古发掘与研究工作。编著《秦始皇陵兵马俑坑一号坑发掘报告(1974—1984)》《秦始皇陵兵马俑研究》《秦兵马俑的考古发现与研究》《秦始皇陵考古发现与研究》《秦陵铜车马发掘报告》《秦代陶文》《秦文字类编》《秦文字通假集释》等，发表论文百余篇。众多学术观点早已深入人心，被大众普遍接受。

吴永琪：继袁仲一先生之后，多年担任秦始皇兵马俑博物馆馆长。致力于秦兵马俑及秦陵出土文物的保护与研究工作，对铜车马的保护与修复作出了杰出贡献。他主持的“秦陵一号铜车马修复技术”项目1995年获“国家文物局科技进步奖二等奖”；1997年获“国家科技进步奖二等奖”；“秦俑彩绘保护技术研究”项目2003年获陕西省科技成果奖一等奖；2004年获“国家科技进步奖二等奖”。出版《秦始皇陵铜车马修复报告》《秦始皇陵铜车马》等专著和论文。

段清波（1964—2019）：曾长期在陕西省考古研究所从事田野考古工作，担任秦始皇帝陵考古队长期间，主持秦始皇帝陵的考古调查与发掘及报告编写。发现了数十座陵园陪葬坑；发现了中国最早、规模最大的三出阙遗址；首次发现陵园城墙内外长达近8000米的廊坊建筑；发现规模惊人的秦陵地宫阻排水系统；发现了陵区内地位仅次于秦始皇帝的高级贵族“中字形”大墓；主持发掘了石铠甲坑（K9801）、百戏俑坑（K9901）、文官俑坑（K0006）、青铜水禽坑（K0007），出土了大批石质铠甲、石胄、文官俑、百戏俑及青铜水禽、青铜大鼎等珍贵文物。主持编写《秦始皇帝陵园考古报告》3部；后又完成《秦始皇帝陵园考古研究》一书，将秦始皇帝陵考古发掘与研究工作推向一个新的高度。

南越王墓

夏鼐（1910—1985）：中国现代考古学的奠基人。1934年毕业于清华大学历史系。1950—1982年任中国科学院考古研究所副所长、所长。著有《考古学论文集》等。夏鼐先生为南越王墓的发掘作出了卓越的贡献。在发掘的关键时期，夏鼐先生亲赴象岗考古工地，指导墓室第二道石门打开的办法、起取玉衣等。1983年12月中旬，夏鼐先生再赴象岗参观出土文物、赴番禺莲花山采石场调研，考察南越王墓石料来源问题，题写“莲花山古采石场遗址”。南越王墓发掘完毕之后，夏鼐先生还在发掘简报、发掘消息刊发和文物修复等方面予以关心。

麦英豪（1929—2016）：历任广州市文物管理委员会考古队队长、广州博物馆馆长、中国考古学会第一、二、三届理事会理事等职，广州现代考古发掘与研究工作的主要开拓者。著有《广州汉墓》（合著）、《西汉南越王墓》（合著）等。麦英豪先生针对南越王墓的挖掘工作制订了周密详细的挖掘计划，并亲自赶往北京上报国务院。国务院指示下来后，不慎摔断肋骨的麦先生仅修养了20多天就重回挖掘现场指导工作。发掘完成后又立即编写考古发掘简报，使南越王墓备受关注。正是麦英豪的建议，再加上国家文物局领导专家的支持，发掘结束后，广州市政府决定对墓室实施原址保护，建立博物馆，展出墓内出土文物。

法门寺地宫

石兴邦（1923—2022）：曾任陕西省考古研究所所长，后任陕西省考古所名誉院长。任陕西省考古所副所长、所长期间，重点负责发掘秦咸阳、凤翔和周原等周秦遗址和李家村、下孟村等原始文化遗存。主要著作有：《半坡氏族公社》《西安半坡——氏族部落文化聚落的发掘研究》等。是法门寺地宫考古队领队。

韩伟（1937—2011）：曾任陕西历史博物馆副馆长，陕西省考古研究所所长、研究员。他在考古界主张“秦人东来说”，并论述了“屈肢葬”的渊源和意义；系统整理了唐代金银器工艺、图案，建立了唐代金银器编年谱系；阐释了法门寺金刚界大曼荼罗成身会图像，从而揭开失传千年的唐密之谜。曾出版《海内外唐代金银器萃编》《陕西石窟概论》《磨砚书稿：韩伟考古文集》《天涯足痕——海外考古访问录》等10部专著，90余篇简报、论文。是法门寺地宫考古队副领队。

南海Ⅰ号

俞伟超、张威、崔勇、孙键、吴建成等都是参加过南海Ⅰ号水下考古工作的著名学者。

俞伟超（1933—2003）：1954 年毕业于北京大学历史系考古专业。是我国水下考古之父，南海Ⅰ号水下考古工作的第一任总负责人。著有《先秦西汉考古学论集》等。

张威：南海Ⅰ号第一次水下调查时，以专业人员身份第一位采集到南海Ⅰ号遗物的资深水下考古专家。

崔勇：伴随着南海Ⅰ号水下考古工作成长起来的专家，并在第二次南海Ⅰ号水下考古调查中，率先在水下探摸到南海Ⅰ号，现任南海Ⅰ号考古项目领队。

孙键：资深水下考古专家，并以古代航海和造船技术的研究见长，现任南海Ⅰ号考古项目领队。

吴建成：以资深水下工程专家的身份参与了整体打捞方案的制订，并在整体打捞工程实施过程中，担任水下工程现场总指挥，出色地完成了整体打捞任务。

海昏侯墓

杨军：南昌西汉海昏侯墓考古队领队，江西省文物考古研究院研究员，第一位走进海昏侯墓的科研人员。

海昏侯墓的考古发掘得到了国家文物局的高度重视，派出专家组常驻考古工地指导发掘工作。

信立祥：专家组组长，国家博物馆终身研究员，秦汉考古学家。

张仲立：专家组副组长，陕西省考古研究院研究员，主持过秦始皇陵兵马俑二、三号坑和西安凤栖原西汉大墓（张安世墓）的发掘。

吴顺清：专家组成员，湖北荆州文物保护技术研究中心主任，漆木器文物保护专家。

杜金鹏：专家组成员，中国社会科学院考古研究所研究员，实验室考古专家。

胡东波：专家组成员，北京大学教授，金属文物保护专家。

王亚蓉：专家组成员，中国社会科学院考古研究所研究员，纺织品文物保护专家。

焦南峰：城址勘探顾问，陕西省考古研究院研究员，长期主持汉阳陵等秦汉帝陵的考古勘探和发掘工作。

后司岙

陈万里（1892—1969）：中国近代享誉世界的陶瓷专家，故宫博物院研究员。研究瓷器发展的历史，文献史料与实物史料是不可缺少的两大方面，实物史料除传世品外，即来源于古瓷窑址的调查与古墓葬发掘两个方面。以这两者相互印证的研究方法，是陈万里先生创导的科学方法，为我国陶瓷学研究奠定了基础。1946 年，陈先生撰著的《瓷器与浙江》一书堪称是从传统的“书斋考古”走向窑址考古的一座里程碑。

冯先铭（1921—1993）：古陶瓷研究专家。原籍湖北汉口（归武汉市管辖），生于北京。1942 年至 1943 年就读于北平辅仁大学西语系。受其父冯承钧（著名历史学家、翻译家）的影响，对历史有浓厚的兴趣。1947 年供职于北京故宫博物院，1956 年以后，专门从事陶瓷艺术的研究，任陶瓷组组长。

沈岳明：1986 年毕业于北京大学考古系，1986—2018 年在浙江省文物考古研究所工作。2018 年起，任复旦大学科技考古研究院教授、博士生导师。兼任中国古陶瓷学会常务副会长；中国考古学会理事、宋元明考古专业委员会副主任委员；龙泉青瓷研究会会长等职。著有《两宋之际的中国制瓷业》《秘色越器》等。

郑建明：复旦大学教授、博士生导师，原浙江省文物考古研究所研究员。主要从事考古研究工作，先后主持过越窑、龙泉窑、婺州窑、瓯窑、德清窑等一系列窑址的调查与发掘工作。近几年主要负责“瓷之源”课题研究，重点探索中国瓷器起源与发展问题，先后发现多个节点性窑址，将中国瓷器的烧造历史上溯至夏代，同时初步建立从夏商至秦汉时期中国瓷器起源的完整发展过程，确定中国是世界瓷器的起源地。已出版多部专著和大型考古发掘报告，在国内外杂志发表文章 100 余篇。

清平堡

段清波（1964—2019）：主持了陕西省长城资源调查，提出了“长城是汉文明核心的物化表现”的观点，对长城考古的理论方向有深远影响。

附录 2：

全国十大考古新发现（1990—2020）

从 1990 年开始，国家文物局委托中国文物报社和中国考古学会举行每个年度的全国十大考古新发现评选（红色为本书涉及的遗址）。

2020

1. 贵州贵安新区招果洞遗址
2. 浙江宁波余姚井头山遗址
3. 河南巩义双槐树遗址
4. 河南淮阳时庄遗址
5. 河南伊川徐阳墓地
6. 西藏札达桑达隆果墓地
7. 江苏徐州土山二号墓
8. 陕西西安少陵原十六国大墓
9. 青海都兰热水墓群 2018 血渭一号墓
10. 吉林图们磨盘村山城遗址

2019

1. 陕西南郑疥疙洞旧石器时代洞穴遗址
2. 黑龙江饶河小南山遗址
3. 陕西神木石峁遗址皇城台
4. 河南淮阳平粮台城址
5. 山西绛县西吴壁遗址
6. 甘肃敦煌旱峡玉矿遗址
7. 湖北随州枣树林春秋曾国贵族墓地
8. 新疆奇台石城子遗址
9. 青海乌兰泉沟吐蕃时期壁画墓
10. 广东“南海 I 号”南宋沉船水下考古发掘项目

2018

1. 广东英德青塘遗址
2. 湖北沙洋城河新石器时代遗址
3. 陕西延安芦山峁新石器时代遗址
4. 新疆尼勒克吉仁台沟口遗址
5. 山西闻喜酒务头商代墓地
6. 陕西澄城刘家洼东周遗址
7. 江苏张家港黄泗浦遗址
8. 河北张家口太子城金代城址
9. 重庆合川钓鱼城范家堰南宋衙署遗址
10. 辽宁庄河海域甲午沉舰遗址（经远舰）水下考古调查

2017

1. 新疆吉木乃通天洞遗址
2. 山东章丘焦家遗址

3. 陕西高陵杨官寨遗址
4. 宁夏彭阳姚河塬商周遗址
5. 河南新郑郑韩故城遗址
6. 陕西西安秦汉栎阳城遗址
7. 河南洛阳东汉帝陵考古调查与发掘
8. 江西鹰潭龙虎山大上清宫遗址
9. 吉林安图宝马城金代长白山神庙遗址
10. 四川彭山江口明末战场遗址

2016

1. 宁夏青铜峡鸽子山遗址
2. 贵州贵安新区牛坡洞洞穴遗址
3. 湖北天门石家河遗址
4. 福建永春苦寨坑原始青瓷窑址
5. 陕西凤翔雍山血池秦汉祭祀遗址
6. 北京通州汉代路县故城遗址
7. 浙江慈溪上林湖后司岙唐五代秘色瓷窑址
8. 上海青浦青龙镇遗址
9. 山西河津固镇宋金瓷窑址
10. 湖南桂阳桐木岭矿冶遗址

2015

1. 云南江川甘棠箐旧石器遗址
2. 江苏兴化东台蒋庄遗址
3. 浙江余杭良渚古城外围大型水利工程
4. 海南东南部沿海地区新石器时代遗存
5. 陕西宝鸡周原遗址
6. 湖北大冶铜绿山四方塘遗址墓葬区
7. 江西南昌西汉海昏侯刘贺墓
8. 河南洛阳汉魏洛阳城太极殿遗址
9. 内蒙古多伦辽代贵妃家族墓葬
10. 辽宁“丹东一号”清代沉船（致远舰）水下考古

2014

1. 广东郁南磨刀山遗址与南江旧石器地点群
2. 河南郑州东赵遗址
3. 湖北枣阳郭家庙曾国墓地
4. 云南祥云大波那墓地
5. 浙江上虞禁山早期越窑遗址
6. 西藏阿里故如甲木墓地和曲踏墓地
7. 内蒙古正镶白旗伊和淖尔墓群
8. 河南隋代回洛仓与黎阳仓粮食仓储遗址
9. 北京延庆大庄科辽代矿冶遗址群
10. 贵州遵义新蒲播州杨氏土司墓地

2013

1. 陕西宝鸡石鼓山商周墓地
2. 湖北随州文峰塔东周曾国墓地
3. 山东沂水纪王崮春秋墓葬
4. 湖南益阳兔子山遗址
5. 四川成都老官山西汉木椁墓
6. 河南洛阳新安汉函谷关遗址
7. 陕西西安西汉长安城渭桥遗址
8. 江苏扬州曹庄隋唐墓（隋炀帝墓）
9. 四川石渠吐蕃时代石刻
10. 江西景德镇南窑唐代窑址

2012

1. 河南栾川孙家洞旧石器遗址
2. 江苏泗洪顺山集新石器时代遗址
3. 四川金川刘家寨新石器时代遗址
4. 陕西神木石峁遗址
5. 新疆温泉阿敦乔鲁遗址与墓地
6. 山东定陶灵圣湖汉墓
7. 河北内丘邢窑遗址
8. 内蒙古辽上京皇城西山坡佛寺遗址
9. 重庆渝中区老鼓楼衙署遗址
10. 贵州遵义海龙囤遗址

2011

1. 河南郑州老奶奶庙旧石器时代遗址
2. 福建漳平奇和洞遗址
3. 浙江余杭玉架山史前聚落遗址
4. 内蒙古通辽哈民史前聚落遗址
5. 四川宜宾石柱地遗址
6. 湖北随州叶家山西周早期曾侯墓地
7. 辽宁建昌东大杖子战国墓地
8. 江苏盱眙大云山江都王陵
9. 山西大同云冈石窟窟顶北魏辽金佛教寺院遗址
10. 山东京杭大运河七级码头、土桥闸与南旺分水枢纽

2010

1. 河南新郑望京楼夏商时期城址
2. 山东济南大辛庄商代遗址
3. 山西翼城大河口西周墓地
4. 江苏苏州木渎古城遗址
5. 陕西西安凤栖原西汉家族墓地
6. 新疆鄯善吐峪沟石窟群和佛寺遗址
7. 陕西蓝田北宋吕氏家族墓园
8. 湖南永顺老司城遗址
9. 江苏南京大报恩寺遗址
10. 广东汕头“南澳I号”明代沉船遗址

2009

1. 河南新密李家沟旧石器—新石器过渡阶段遗址
2. 安徽固镇垓下大汶口文化遗址
3. 江苏张家港东山村遗址
4. 内蒙古赤峰二道井子夏家店下层文化聚落遗址
5. 山东高青陈庄西周城址
6. 陕西富县秦直道遗址
7. 陕西西汉帝陵考古调查及发掘
8. 河南安阳西高穴曹操高陵
9. 河北曲阳涧磁村定窑遗址
10. 江西高安华林造纸作坊遗址

2008

1. 陕西高陵杨官寨遗址
2. 甘肃临潭磨沟齐家文化墓地
3. 山东寿光双王城盐业遗址群
4. 陕西岐山周公庙遗址
5. 云南剑川海门口遗址
6. 江苏无锡阖闾城遗址
7. 河南荥阳娘娘寨遗址
8. 安徽蚌埠双墩一号春秋墓
9. 河南新郑胡庄墓地
10. 四川成都江南馆街唐宋街坊遗址

2007

1. 河南许昌灵井旧石器遗址
2. 河南新郑唐户遗址
3. 浙江余杭良渚文化古城遗址
4. 湖北郧县辽瓦店子遗址
5. 河南荥阳关帝庙遗址
6. 江西靖安李洲坳东周墓葬
7. 新疆巴里坤东黑沟遗址
8. 河南洛阳偃师东汉帝陵与洛阳邙山墓群
9. 新疆库车友谊路晋十六国时期砖室墓
10. 河北磁县东魏元祜墓与河南安阳固岸东魏北齐墓地

2006

1. 云南富源大河旧石器洞穴遗址
2. 广东深圳咸头岭新石器时代遗址
3. 河南灵宝西坡新石器时代大型墓地
4. 广东高明古椰贝丘遗址
5. 山西柳林高红商代遗址
6. 福建浦城管九村土墩墓
7. 甘肃张家川马家塬战国墓地
8. 甘肃礼县大堡子山遗址
9. 安徽六安双墩墓地
10. 上海志丹苑元代水闸遗址

2005

1. 浙江嵊州小黄山遗址
2. 湖南洪江高庙遗址
3. 河南鹤壁刘庄遗址
4. 福建浦城猫耳弄山商代窑群
5. 贵州威宁中水遗址
6. 山西绛县横水西周墓地
7. 江苏句容、金坛周代土墩墓群
8. 河南内黄三杨庄汉代聚落遗址
9. 陕西韩城梁带村两周遗址
10. 山西大同沙岭北魏壁画墓

2004

1. 广东广州大学城南汉二陵
2. 易县北福地遗址
3. 偃师二里头遗址宫殿区
4. 湖南宁乡炭河里西周城址
5. 江苏无锡鸿山越国贵族墓
6. 辽宁朝阳十六国三燕龙城宫城南门遗址
7. 山西芮城清凉寺墓地

8. 四川绵竹城关镇剑南春酒坊遗址
9. 新疆罗布泊小河墓地
10. 浙江杭州严官巷南宋御街遗址

2003

1. 辽宁凌源牛河梁新石器时代遗址
2. 河南郑州大师姑夏代城址
3. 陕西眉县杨家村西周青铜器窖藏
4. 陕西扶风周原李家西周铸铜作坊遗址
5. 山东章丘危山汉代墓葬与陪葬坑及陶窑
6. 山东临沂洗砚池晋墓
7. 陕西唐昭陵北司马门遗址
8. 内蒙古通辽吐尔基山辽墓
9. 内蒙古集宁路古城遗址
10. 江西景德镇珠山明、清御窑遗址

2002

1. 广西百色革新桥石器时代石器加工场遗址
2. 湖南里耶古城及出土秦简牍
3. 山东日照海曲汉代墓地
4. 河北临漳邺城遗址
5. 山西太原王家峰北齐徐显秀墓
6. 湖北巴东旧县坪遗址
7. 吉林延边西古城城址（唐渤海）
8. 黑龙江阿城刘秀屯金代大型宫殿基址
9. 江西李渡元代烧酒作坊遗址
10. 浙江宁波元代庆元路永丰库遗址

2001

1. 吉县柿子滩旧石器时代遗址
2. 萧山跨湖桥新石器时代遗址
3. 民和喇家齐家文化遗址
4. 深圳屋背岭商代遗址
5. 成都金沙商周遗址
6. 贵州赫章可乐遗址墓葬
7. 浙江杭州雷峰塔遗址
8. 河南禹州神镇钧窑遗址
9. 浙江杭州老虎洞南宋窑址
10. 浙江杭州南宋恭圣仁烈皇后宅遗址

2000

1. 福建三明万寿岩旧石器遗址
2. 河南新密古城寨龙山时代古城
3. 湖北潜江龙湾宫殿遗址
4. 南京钟山六朝坛类建筑遗址
5. 河南宝丰清凉寺汝官窑遗址
6. 江苏连云港藤花落龙山时代遗址
7. 广东博罗横岭山先秦墓地
8. 四川成都古蜀国大型船棺独木棺墓葬遗址
9. 浙江杭州南宋临安府治遗址
10. 山东章丘洛庄汉墓陪葬坑和祭祀坑遗址

1999

1. 江苏江阴高城墩新石器时代遗址
2. 吉林通化万发拨子遗址
3. 云南羊甫头墓地
4. 安徽淮北隋唐大运河考古
5. 辽宁桓仁五女山山城
6. 山西太原市晋源区隋代虞弘墓
7. 河北元中都
8. 四川成都水井街酒坊遗址
9. 遗址出土陶鬲址夯筑遗迹
10. 湖南虎溪山一号汉墓

1998

1. 泥河湾盆地于家沟旧石器遗址
2. 含山凌家滩新石器时代祭坛和墓地
3. 金坛三星村新石器时代遗址
4. 忠县中坝遗址
5. 北票康家屯夏家店下层文化石城址
6. 绍兴印山越国王陵
7. 三峡库区云阳李家坝遗址
8. 小浪底水库东汉漕运建筑基址
9. 南京六朝家族墓地
10. 林湖寺龙口越窑窑址

1997

1. 洛阳盆地旧石器地点群
2. 章丘西河遗址
3. 邕宁顶蛳山遗址

4. 香港东湾仔北遗址
5. 偃师商城小城
6. 新郑郑韩故城郑国祭祀遗址
7. 湖南澧县城头山大溪文化城墙及汤加港文化水稻田
8. 辽宁绥中县石碑地秦汉遗址
9. 广东广州市南越国御苑遗迹
10. 新疆尉犁县营盘汉晋墓地

1996

1. 重庆丰都烟墩堡遗址
2. 洛阳妯娌新石器时代聚落遗址
3. 成都平原史前古城址群
4. 平顶山应国墓地
5. 四川南宋安丙家族墓地安丙墓
6. 长沙走马楼三国吴纪年简牍
7. 辽宁北票喇嘛洞墓地
8. 山东青州龙兴寺佛教造像窖藏
9. 长清双乳山西汉济北王陵
10. 青海都兰吐蕃墓群的发现

1995

1. 江西万年县大源乡仙人洞和吊桶环遗址
2. 湖南省道县寿雁镇玉蟾洞遗址
3. 河南郑州市北郊西山仰韶文化城遗址
4. 郑州西北石佛乡小双桥商代遗址
5. 山东长清县仙人台国贵族墓地
6. 广州中山四路南越国宫署遗址
7. 江苏徐州狮子山西汉楚王陵
8. 新疆民丰县尼雅遗址
9. 黑龙江省宁安市渤海镇渤海国遗址
10. 杭州市中山南路南宋太庙遗址

1994

1. 三峡工程淹没区考古调查
2. 江苏南京市江宁县汤山旧石器时代遗址
3. 河南邓州市白庄村八里岗新石器时代聚落遗址
4. 安徽蒙城县毕集村尉迟寺新石器时代聚落遗
5. 河南辉县孟庄遗址
6. 山东滕州前掌大商周贵族墓地
7. 河南永城汉梁孝王寝园
8. 西安隋灞桥遗址
9. 陕西麟游隋仁寿宫·唐九成宫 37 号遗址
10. 内蒙古阿鲁科尔沁旗东沙布日台乡宝山辽贵族墓

1993

1. 贵州盘县大洞遗址
2. 江苏高邮龙虬庄遗址
3. 浙江余杭莫角山良渚遗址大型建筑基址
4. 山西大同晋侯邦父及夫人墓
5. 湖南长沙国王后“渔阳”墓
6. 山西大同云冈石窟第三窟遗址
7. 江苏扬州唐城遗址
8. 江西丰城洪州窑窑址
9. 河北宣化下八里辽代壁画墓群
10. 辽宁绥中元代沉船水下考古调查

1992

1. 湖北鸡公山遗址
2. 内蒙古兴隆洼原始聚落遗址
3. 湖南澧县城头山屈家岭文化古城址
4. 江苏赵陵山良渚文化遗址
5. 山西晋侯墓地的发现与研究
6. 河南丹江口水库楚国贵族墓
7. 安徽天长三角圩汉墓群
8. 云南江川李家山古墓群
9. 内蒙古辽代耶律羽之墓
10. 河南洛阳北宋衙署庭园遗址

1991

1. 山东邹平丁公龙山文化城址
2. 浙江余杭汇观山良渚文化祭坛和大墓遗址
3. 西藏拉萨曲贡遗址
4. 河南殷墟花园庄商代甲骨窖藏
5. 河北定州商代方国贵族墓葬
6. 江西瑞昌铜岭商周铜矿矿冶遗址
7. 河南三门峡上村岭西周虢仲墓
8. 甘肃敦煌汉悬泉置遗址
9. 河南永城芒砀山汉梁孝王王后墓
10. 黑龙江渤海国王陵区大型石室壁画墓

1990

1. 湖北郧县人头骨化石
2. 山东城子崖龙山与岳石文化遗址
3. 河南殷墟郭家庄 160 号墓
4. 河南三门峡上村岭周代虢季墓
5. 山东后李春秋车马坑和淄河店 2 号战国大墓
6. 陕西汉景帝阳陵从葬坑及其彩绘陶俑
7. 陕西汉长安城陶俑官窑窑址
8. 河南隋唐洛阳城应天门东阙遗址
9. 宁夏宏佛塔天宫西夏文物
10. 北京金中都水关遗址

附录 3：

中国重要考古遗址（新石器时代—清）

满天星斗——邦国时代（60 个）

新石器时代主要遗址

1. 凌家滩遗址（安徽）
2. 东胡林遗址（北京）
3. 转年遗址（北京）
4. 宝墩文化（四川）
5. 大溪文化（重庆）
6. 昙石山文化（福建）
7. 马家窑文化（甘肃）
8. 齐家文化（甘肃）
9. 独石仔遗址（广东）
10. 黄岩洞遗址（广东）
11. 大龙潭遗址（广西）
12. 石峡文化（广东）
13. 甑皮岩遗址（广西）
14. 豹子头贝丘遗址（广西）
15. 磁山文化（河北）
16. 南庄头遗址（河北）
17. 贾湖遗址（河南）
18. 裴李岗文化（河南）
19. 仰韶文化（河南）
20. 大河村文化（河南）
21. 后冈一大司空类型（河南）
22. 庙底沟二期文化（河南）
23. 王湾类型（河南）
24. 后冈类型（河南）
25. 造律台类型（河南）
26. 城背溪文化（湖北）
27. 屈家岭文化（湖北）
28. 石家河文化（湖北）
29. 玉蟾岩文化（湖南）
30. 彭头山文化（湖南）
31. 皂市文化（湖南）
32. 汤家岗遗址（湖南）
33. 万年仙人洞吊桶环遗址（江西）
34. 新乐文化（辽宁）
35. 小珠山文化（辽宁）
36. 兴隆洼文化（内蒙古）
37. 赵宝沟文化（内蒙古）
38. 红山文化（内蒙古）
39. 富和文化（内蒙古）
40. 小河沿文化（内蒙古）
41. 老虎山文化（内蒙古）
42. 喇家遗址（青海）
43. 后李文化（山东）

44. 北辛文化（山东）
45. 大汶口文化（山东）
46. 龙山文化（山东）
47. 岳石文化（山东）
48. 陶寺文化（山西）
49. 老官山文化（陕西）
50. 客省庄文化（陕西）
51. 崧泽文化（上海）
52. 卑南文化（台湾）
53. 曲贡遗址（西藏）
54. 卡若文化（西藏）
55. 上山文化（浙江）
56. 河姆渡文化（浙江）
57. 罗家角类型（浙江）
58. 跨湖桥文化（浙江）
59. 马家浜文化（浙江）
60. 良渚文化（浙江）

月明星稀——王国时代（70 个）

夏代主要遗址

1. 下七垣文化（河北）
2. 新砦遗址（河南）
3. 二里头遗址（河南）
4. 稍柴遗址（河南）
5. 王城岗遗址（河南）
6. 瓦店遗址（河南）
7. 下王岗遗址（河南）
8. 大师姑遗址（河南）
9. 洛达庙遗址（河南）
10. 东干沟遗址（河南）
11. 郑窑遗址（河南）
12. 灰嘴遗址（河南）
13. 马桥文化（环太湖地带）
14. 夏家店下层文化（内蒙古东南部和辽宁西部）
15. 朱开沟文化（内蒙古）
16. 大坨头文化（河北）

商代主要遗址

1. 大城墩遗址（安徽）
2. 三星堆文化（四川）
3. 辛店文化（甘肃）
4. 寺洼文化（甘肃）
5. 曹演庄文化（河北）
6. 北庄子墓地（河北）
7. 偃师商城（河南）
8. 郑州商城（河南）
9. 焦作府城（河南）
10. 琉璃阁遗址（河南）
11. 洹北商城（河南）
12. 小双桥遗址（河南）
13. 殷墟遗址（河南）
14. 罗山天湖墓地（河南）
15. 盘龙城遗址（湖北）
16. 吴城文化（江西）
17. 瑞昌铜岭商周矿冶遗址（江西）
18. 新干大洋洲墓地（江西）
19. 湖熟文化（江苏）
20. 大辛庄遗址（山东）
21. 珍珠门文化（山东）
22. 垣曲商城（山西）
23. 东下冯商城（山西）
24. 北村遗址（陕西）
25. 老牛坡遗址（陕西）
26. 李家崖文化（陕西山西）

西周主要遗址

1. 白浮村燕国墓地（北京）
2. 邢国遗存（河北）
3. 洛邑城址（河南）
4. 虢国都城、墓地（河南）
5. 应国墓地（河南）
6. 太清宫长子口墓（河南）
7. 曲阜鲁故地（山东）
8. 天马—曲村晋侯墓地（山西）

9. 周原遗址（陕西）
10. 宝鸡纸坊头遗址（陕西）
11. 丰镐遗址（陕西）
12. 东周王城遗址（河南）

春秋部分主要遗址

1. 新郑郑韩故城（河南）
2. 中山国灵寿城（河北，春秋—战国）
3. 靖安李洲坳墓地（江西）
4. 沂水莒国墓（山东）
5. 侯马晋城（山西）
6. 魏都安邑（山西）
7. 秦雍城（陕西，春秋—战国）
8. 印山越王陵（浙江）

战国部分主要遗址

1. 邯郸故城（河北）
2. 中山王墓（河北）
3. 燕下都遗址（河北）
4. 曾侯乙墓（湖北）
5. 临淄齐故城遗址（山东）
6. 秦栎阳城（陕西）
7. 秦都咸阳（陕西，战国—秦）
8. 秦始皇兵马俑坑（陕西，战国—秦）

皓月凌空——帝国时代（40个）

秦汉部分主要遗址

1. 云梦睡虎地秦墓（湖北，秦）
2. 阿房宫（陕西，秦）
3. 里耶古城（湖南，秦汉）
4. 西汉长安城（陕西，秦汉）
5. 老山汉墓（北京，汉）
6. 罗泊湾一二号墓（广西，汉）
7. 徐州楚汉王陵（江苏，汉）
8. 大葆台汉墓（北京，汉）
9. 马王堆汉墓（湖南，汉）
10. 东汉帝陵（河南，汉）

两晋南北朝部分主要遗址

1. 高句丽国内城（吉林，东汉—北魏）
2. 武昌城（湖北，三国吴）
3. 邺城遗址（河北，曹魏—北齐）
4. 统万城（陕西，东晋）
5. 京口铁瓮城（江苏，南朝）
6. 孝文帝长陵（河南，北魏）
7. 平城（山西，北魏）
8. 北周武帝孝陵（陕西，北周）
9. 赤壁古战场遗址（湖北，三国）
10. 北魏洛阳城遗址（河南，北魏）

隋唐部分主要遗址

1. 唐长安城（陕西，隋唐）
2. 灞桥遗址（陕西，隋唐）
3. 华清宫（陕西，唐）
4. 扬州城（江苏，隋唐）
5. 唐太宗昭陵（陕西，唐）
6. 唐玄宗泰陵（陕西，唐）
7. 唐宪宗景陵（陕西，唐）
8. 大明宫遗址（陕西，唐）
9. 法门寺（陕西，唐）
10. 大运河（河南、北京、浙江等，隋唐）

宋元明清部分主要遗址

1. 后司岙遗址（浙江，宋）
2. 泉州湾沉船遗址（福建，宋）
3. 宋代衙署建筑（重庆，宋）
4. 龙泉窑遗址（浙江，宋元）
5. 北宋东京城遗址（河南，宋）
6. 元大都遗址（北京，元）
7. 元上都遗址（内蒙古，元）
8. 明十三陵（北京，明）
9. 明孝陵（江苏，明）
10. 圆明园遗址（北京，清）

出版后记

考古学连接着过去与未来，承担着展示和构建中华民族历史、中华文明瑰宝的重要使命，帮助我们更好地认识源远流长、博大精深的中华文明。史学界曾有观点认为“东周以上无信史”，西方更是不承认中国拥有 5000 年文明。然而通过考古发掘，殷墟甲骨文的发现与《史记》中记载的商王世系实现了一一对应，从而实证了商王朝的存在。良渚古城、双槐树等遗址的发现，更是实证了光辉灿烂的 5000 年中华文明史。

对于很多人来说，考古是神秘的，与普通大众有一定的距离。考古学家像侦探一样，利用各种先人遗留下的蛛丝马迹，还原历史的真相。掘地三尺、科学严谨的考古发掘，已经不止一次推翻了人们对历史、对世界的认知。沧海变成桑田，是考古把未知慢慢变成已知。

事实上，田野考古工作是枯燥、琐碎且艰辛的。一本本大部头的古代典籍，一刮一铲发现遗迹遗物，历史文献与出土文物不断比对，一页页的发掘记录，一叠叠的器物卡片……所有的辛苦付出可能一无所获，也可能多年的发掘仍然推理不出重要结论、陷入迷茫。在发掘工地“蹲得住”，在冷板凳上“坐得住”，是每个考古人的必经之路。一位著名的考古学家曾说：孤独是人生的常态，你努力的每一件工作并不一定掌声雷动。想必是几十年从事考古工作所总结出来的人生真理。

近年来，随着越来越多文博、考古相关主题的纪录片、电视节目的出现，也让这个原本小众冷门的领域，逐渐进入大众视野。本书出版的初衷就是要将考古的学术研究成果以通俗易懂的方式带给大众读者。本书的主要内容来自艺旅文化的在线直播课“12 位考古学家说中国”，课程中的 11 处遗址本身就非常具有代表性，且涵盖了都邑、陵墓、水下等丰富的场景。今年正值中国考古100周年，我们在内容策划上增加标志着中国现代考古学诞生的仰韶村遗址、被称为“河洛古国”的双槐树遗址、被誉为“中华文明前夜”的石峁遗址以及代表着中华文明标志的长城遗址。在编排顺序上，我们按考古发现的时间从1921年（仰韶村）到2020年（清平堡）排列，像秦始皇帝陵这样封土一直存在于地表的遗迹则按系统考古工作开始的时间排序。这样，本书不仅呈现了中华文明5000年的文明史，更见证了中国考古百年来的发展。除了这些影响中国历史的大遗址，我们还与作者一起编撰了一些入门级的考古小知识、相关遗址简介以及百年来49位考古人的简介，希望通过这本书能够让广大读者不仅了解考古发现成果，更对考古工作及背后的考古人有一个基本的认识。

虽说已经有了相对丰富的内容，但出版的过程并不轻松。在内容方面，艺旅文化的团队先对直播课的内容进行了精心的编辑整理，我们再根据兼顾专业度、通识性、趣味性的标准提出建议请老师修改，很多内容几乎等于重写。为了读者更好地理解，我们在文字和配图方面也是精心打磨，老师们更是倾情提供了种类丰富的一手考古资料图。在与老师沟通方面也不容易，15位老师在天南地北，很多老师都仍在紧张的考古发掘中，有的考古工地手机信号欠佳，因此往往几天才能与老师联系上。在此也非常感谢15位老师的全力配合，在结束了一天忙碌的工作之余，还挑灯夜战，保证了本书的顺利出版。

在此，感谢艺旅文化原直播课程的策划组成员聂梦乔、许艳、吴樱蕾、杨超超，编辑路鹤鸣、周方园、方尧娟、胡建楠、郭彦麦、刘丽亚、高丽、冯瞰、王科力在本书出版过程中的辛勤付出。

中国考古走过了百年，从最初的探铲、尺、本子、笔这样的“简配”，到如今多学科协作，引入大量高科技技术到考古工作中，中国考古正迎来最好的时代。中国特色、中国风格、中国气派的考古学也正逐步建立。

谨以此书，献给一代代上下求索的中国考古人！

中信出版集团 · 大方

2021年10月

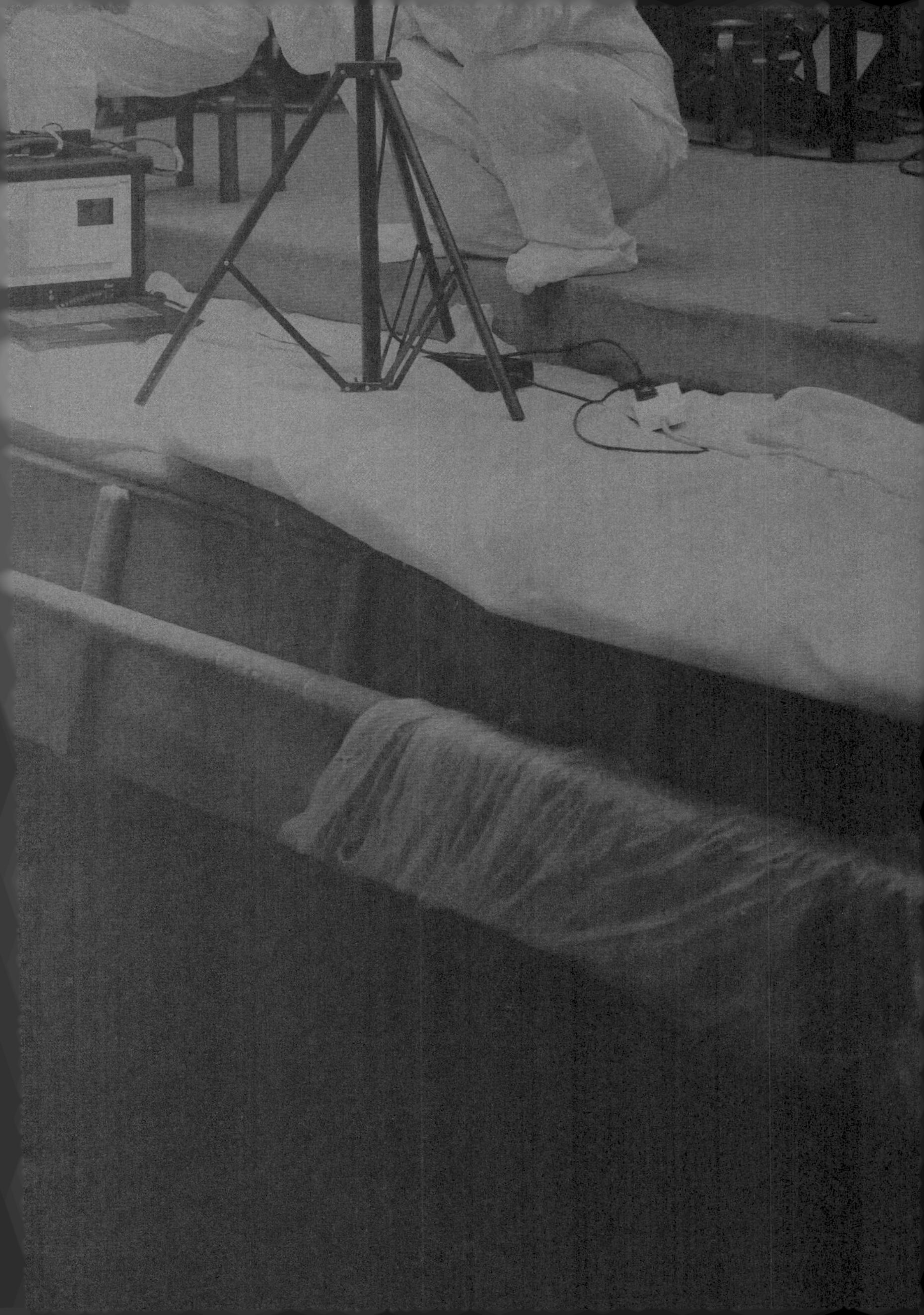

图书在版编目（CIP）数据

考古中国：15位考古学家说上下五千年 / 许宏等著
. -- 北京：中信出版社，2022.1（2025. 8 重印）
ISBN 978-7-5217-3616-8

I. ①考… II. ①许… III. ①考古发现－中国 IV.
① K87

中国版本图书馆 CIP 数据核字（2021）第 198382 号

考古中国——15 位考古学家说上下五千年
著者： 许宏 等著
出版发行：中信出版集团股份有限公司
（北京市朝阳区东三环北路 27 号嘉铭中心 邮编 100020）
承印者： 河北鹏润印刷有限公司

开本：787mm×1092mm 1/16 印张：25.5 字数：360 千字
版次：2022 年 1 月第 1 版 印次：2025 年 8 月第 7 次印刷
书号：ISBN 978-7-5217-3616-8
定价：168.00 元